# A era da loucura

Michael Foley

# A era da loucura

Como o mundo moderno tornou a felicidade
uma meta (quase) impossível

Tradução de Eliana Rocha

Copyright © 1986, 2005 Michael Foley
Copyright da tradução © 2011 Alaúde Editorial Ltda.

Título original: *The age of absurdity - Why modern life makes it hard to be happy*

Todos os direitos reservados. Nenhuma parte desta edição pode ser utilizada ou reproduzida – em qualquer meio ou forma, seja mecânico ou eletrônico –, nem apropriada ou estocada em sistema de banco de dados sem a expressa autorização da editora.

O texto deste livro foi fixado conforme o acordo ortográfico vigente no Brasil desde 1º de janeiro de 2009.

PRODUÇÃO EDITORIAL:
Editora Alaúde

REVISÃO:
Cacilda Guerra e Leandro Rego Morita

CAPA:
Andrea Vilela de Almeida

FOTO DE CAPA:
© Bernd Juergens / Dreamstime.com

IMPRESSÃO E ACABAMENTO:
Bartira Gráfica

1ª edição, 2011 (1 reimpressão)

Dados Internacionais de Catalogação na Publicação (CIP)
(Câmara Brasileira do Livro, SP, Brasil)

Foley, Michael
    A era da loucura : como o mundo moderno tornou a felicidade uma meta (quase) impossível / Michael Foley ; tradução de Eliana Rocha.
-- São Paulo : Alaúde Editorial, 2011.
    Título original: The age of absurdity : why modern life makes it hard to be happy.

ISBN 978-85-7881-077-1

1. Civilização moderna 2. Felicidade I. Título.

11-05638      CDD-158

Índices para catálogo sistemático:
1. Felicidade : Psicologia   158

2012
Alaúde Editorial Ltda.
Rua Hildebrando Thomáz de Carvalho, 60
04012-120, São Paulo, SP
Tel.: (11) 5572-9474 e 5579-6757
www.alaude.com.br

Para Jane

# Sumário

PARTE 1 – Os problemas
   1. O absurdo da felicidade ................................................................11
PARTE 2 – As fontes
   2. O *ad* e o *id* ...................................................................................25
   3. A justiça do direito e o charme do potencial.................................36
   4. O velho ser e a nova ciência.........................................................51
   5. A busca e o Graal ........................................................................64
PARTE 3 – As estratégias
   6. A corrosão da responsabilidade ...................................................77
   7. O ataque ao isolamento................................................................92
   8. A rejeição da dificuldade e do conhecimento.............................107
   9. A atrofia da experiência .............................................................121
   10. A perda da transcendência .......................................................134
PARTE 4 – As aplicações
   11. O absurdo do trabalho ..............................................................149
   12. O absurdo do amor...................................................................166
   13. O absurdo do envelhecimento..................................................182
PARTE 5 – O final feliz
   14. A felicidade do absurdo............................................................198
Agradecimentos.................................................................................205
Notas..................................................................................................207
Índice remissivo ................................................................................221

# Parte 1

# Os problemas

# 1
# O absurdo da felicidade

Aqui estou eu, diante de uma estante de livros que vai do teto ao chão, tão cheia que não há um só espaço vazio, e penso: Nem um único livro que eu queira ler. Depois passo às torres de CDs, que, apesar do tamanho e da divisão seletiva em clássico, *jazz*, *world music* e *rock* para adultos, não contêm uma única música que mereça ser tocada. Evidentemente, tenho que procurar estímulo em outro lugar. Consulto o guia de restaurantes, bares e diversão de Londres, provavelmente a maior e mais variada coleção de críticas de restaurantes do mundo, com capítulos substanciais sobre cada uma das 22 principais cozinhas regionais e nacionais. Folheio rápida e furiosamente as páginas diante da falta de pelo menos um lugar novo e excitante onde se possa comer. A solução talvez seja ir mais longe, em busca da mais pura e completa bem-aventurança de uma temporada de férias no exterior. Mas os *sites* só me provocam descrença e indignação. Por que cargas-d'água não existe um único apartamento de preço razoável naquela pitoresca cidade antiga, a poucos passos do mar e servida por uma extensa rede de transporte, com uma cobertura com churrasqueira e linda vista para uma movimentada e colorida feira? Será que alguém deveria se contentar com menos?

Agora olho meu rosto no espelho – uma gárgula enraivecida e corroída por chuva ácida. Como isso foi acontecer com um jovem *hippie* dos anos 1960? Especialmente um que ainda não desfrutou plenamente a variedade sexual prometida à geração da paz e do amor? Sem falar de todas as novidades que surgiram nesse campo. Alguém hoje pode afirmar ter vivido uma vida plena sem ter experimentado sexo grupal, sadomasoquismo e um transexual pré--operado? Isso é loucura, naturalmente. Mas quem no mundo ocidental não ficaria enlouquecido com um coquetel tóxico de insatisfação, desassossego, desejo e ressentimento? Quem não ansiou ser mais jovem, mais rico, mais talentoso, mais respeitado, mais celebrado e, acima de tudo, mais atraente sexualmente? Quem não se sentiu merecedor de mais, e ressentido quando esse mais não chegou? É possível que um africano faminto se sinta menos injustiçado que um ocidental de meia-idade que nunca recebeu sexo oral.

Naturalmente, muita gente tem consciência de que querer tudo é absurdo. E então vem a pergunta. Como é que surgiu essa expectativa desmedida? Existe alternativa? Se existe, como se pode alcançá-la? Será que as melhores cabeças do passado e do presente podem oferecer algum conselho útil? Existe um consenso no que elas dizem? Se existe, qual é e como se aplica à vida do século XXI? São questões como essas que este livro levanta – mas não há respostas simples.

Até mesmo definir um objetivo é difícil. A alternativa à loucura da insatisfação é a sanidade do contentamento – a felicidade. Mas esta palavra apresenta todo tipo de problema. Muitos, inclusive eu, dificilmente conseguiriam pronunciar uma palavra tão contaminada pelos excessos da autoajuda e das manifestações religiosas de bem-aventurança. Ela imediatamente me lembra expressões de beatitude, tambores, túnicas laranja e camisetas com os dizeres: "Hoje é o primeiro dia do resto da sua vida" (que o poeta Derek Mahon completou com outra frase: "Diga isso ao seu fígado; diga isso à sua ex-mulher").[1] Somos muito informados, muito sofisticados, muito irônicos, muito espertos, muito pós-tudo para usar uma palavra tão gasta e fora de moda como "felicidade", que provocaria uma expressão sarcástica de um filósofo, um romancista, um poeta ou um taxista, embora todos eles com certeza almejem secretamente a experiência. Muitos podem alegar que a vida fede – mas ninguém quer se *sentir* uma merda.

Os termos alternativos são ainda menos satisfatórios. A comunidade acadêmica propôs "bem-estar subjetivo", que pode ser reduzido a uma sigla impressionante, BES, mas não tem vida. Espantosamente, o dicionário *Oxford* oferece uma definição errônea, corrigida há mais de 2.000 anos por Sócrates: "boa sorte; sucesso, prosperidade". Tentativas mais escrupulosas de definir o conceito se perderam em infinitas ramificações. O reino budista do Butão, no Himalaia, criou uma Comissão Nacional de Felicidade, que teve como uma de suas primeiras tarefas definir aquilo que deveria promover. Até agora identificou quatro pilares, nove domínios e 72 indicadores. Mas o país ainda não está melhor que outros na capacidade de resistir a tendências lamentáveis. Como um porta-voz tristemente concordou: "No século passado, um

## O absurdo da felicidade

jovem que fosse solicitado a identificar um herói invariavelmente escolheria o rei – mas hoje o escolhido seria o astro do rap 50 Cent".[2]

Na prática, é tão difícil encontrar um testemunho útil de felicidade quanto uma teoria convincente. Diferentemente de seu oposto, a depressão, a felicidade é avessa a definições. A lembrança do sofrimento é um gênero estabelecido, mas não existe equivalente para a felicidade (na verdade, uma infância feliz é uma condição paralisante para um escritor). Parece que só as experiências dolorosas são fonte de inspiração.

Talvez o estado de felicidade surja da recusa de analisar a situação, porque qualquer tentativa de definição a mataria. Talvez nem seja possível ser feliz *conscientemente*. Talvez esse estado só seja percebido retrospectivamente, depois que o perdemos. Jean-Jacques Rousseau foi o primeiro a elaborar essa ideia: "A vida feliz da idade de ouro foi sempre uma condição estranha à raça humana, seja por não tê-la reconhecido quando poderia tê-la desfrutado, seja por tê-la perdido quando poderia conhecê-la".[3] Em outras palavras, se você a tem, não pode ter consciência dela; e, se você está consciente dela, não pode tê-la.

A felicidade costuma ser vista como um estado permanente, quando na verdade só pode ser alcançada ocasionalmente. A filósofa Hannah Arendt argumentou que a condição humana é um ciclo de exaustão e renovação, de modo que os altos só são possíveis depois dos baixos, e qualquer tentativa de se manter permanentemente no alto está destinada ao fracasso.

> Não há felicidade duradoura fora do ciclo de dolorosa exaustão e prazerosa regeneração, e qualquer coisa que perturbe o equilíbrio desse ciclo – pobreza e sofrimento quando à exaustão segue-se a desgraça em lugar da regeneração, ou grande riqueza e uma vida sem esforço quando o tédio ocupa o lugar da exaustão[...] – arruína a felicidade elementar que nasce de estarmos vivos.[4]

Quando examinada com mais atenção, a condição de felicidade se revela não um ponto, mas uma faixa, na qual o contentamento é o ponto mais baixo e a exaltação, o mais alto.

Outra hipótese é de que a felicidade não seja um estado, mas um processo, uma luta contínua. Aristóteles a definiu como uma atividade. O romano Marco Aurélio, mais direto, ligou-a à luta. Ou talvez ela seja ao mesmo tempo um estado *e* um processo. O termo grego *"eudaimonia"* capta algo das duas interpretações e a traduz *grosso modo* como "florescimento". Essa é uma ideia interessante: ser feliz é *florescer*. (E eudemonismo acabaria definindo a doutrina da busca da felicidade – nada como uma palavra grega para dar peso intelectual.)

Mais uma vez, presume-se que só uma versão de felicidade é alcançada por uns poucos afortunados. Mas, dada nossa bizarra singularidade, é improvável que duas pessoas felizes estejam experimentando exatamente o mesmo fenômeno. É provável que existam tantas formas de felicidade quantas de depressão.

Como alcançar essa coisa indefinível? A Declaração de Independência dos Estados Unidos tem uma expressão famosa: "a busca da felicidade". Mas muitos acreditam que a felicidade não pode ser buscada, porque é uma consequência acidental de algo que se faz – uma ideia manifestada pela primeira vez por John Stuart Mill no século XIX: "Só são felizes [...] aqueles que têm a mente voltada para outro objetivo que não sua própria felicidade. [...] Almejando outra coisa, acabamos encontrando a felicidade. A única chance é o prazer, não a felicidade, mas algum fim externo a ela, como o propósito da vida".[5] Mais uma pergunta: o que é essa "outra coisa", esse "fim externo"? Viver bem? Virtude? Sabedoria? São conceitos tão difíceis de definir quanto a própria felicidade. Uma das dificuldades da reflexão sobre a felicidade é que cada linha de pensamento desemboca numa vasta controvérsia, com uma literatura contraditória que remonta a séculos. Arendt disse que atos virtuosos são, por definição, aqueles que não têm a intenção de ser vistos. Assim, estamos diante de uma dupla maldição: a bondade é invisível, e a felicidade é muda.

E a bondade apresenta a mesma dificuldade de acesso. Não é possível ser bom tentando ser bom. Isso também é verdade em relação a muitas outras aspirações – a originalidade, por exemplo. Não é possível ser original tentando ser original. Os que tentam isso nas artes serão meramente vanguarda. A originalidade é produto de um impulso tão forte e avassalador que explode as convenções e produz algo novo – mais uma vez, mais por acaso do que por propósito. Inalcançáveis a não ser indiretamente, também são a sabedoria e a autoridade, e talvez até mesmo o humor e o amor. Existe nisso uma teoria geral dos desejos?

Apenas os substitutos da felicidade – sucesso, fama, *status*, riqueza, diversão, alegria – podem ser perseguidos, embora o nível mais baixo da felicidade, o contentamento, talvez possa ser alcançado diretamente. Gustave Flaubert acreditava nisso: "A felicidade não é atingível, mas a tranquilidade é",[6] o que mais parece uma admissão de fracasso e rendição. Mas, sendo mais

# O absurdo da felicidade

um homem de letras que um filósofo, Flaubert era um tanto incoerente e deixou aberta a estreita janela da oportunidade: "Ignorância, egoísmo e boa saúde são os três pré-requisitos da felicidade, embora, se a ignorância faltar, os outros sejam inúteis".[7]

Na verdade, essas citações são dos dias bons de Flaubert. Na essência, ele acreditava, como muitos antes e depois dele, numa espécie de maniqueísmo, a crença de que o homem é uma criatura decaída, que *jamais* encontrará a felicidade.

E existe ainda a ideia de que a busca da felicidade é a principal causa de infelicidade, de que essa busca é intrinsecamente autodestrutiva. Immanuel Kant traduziu isso da seguinte forma: "Descobrimos que, quanto mais uma razão esclarecida se dedica ao objetivo de desfrutar a vida e a felicidade, mais o homem se afasta do verdadeiro contentamento".[8]

Portanto, o absurdo da felicidade reside no fato de que sua discussão, ou mesmo sua mera menção, gera constrangimento; de que ela é impossível de definir ou medir; de que não pode ser conquistada plenamente – na melhor das hipóteses, só de maneira intermitente e inconsciente – e pode até se transformar no seu oposto se perseguida diretamente, mas muitas vezes se revela inesperadamente quando se busca outra coisa. Não há nada mais irritante.

Além disso, os pensadores que desde Sócrates ponderaram sobre tudo isso não deixaram o mundo mais sábio. Perguntas parecem só provocar mais perguntas. A angústia só gera perplexidade e frustração. Ou banalidades – assista menos tevê e sorria mais para os estranhos. É uma tentação esquecer tudo isso e simplesmente cair no sofá com o controle remoto numa das mãos e uma cerveja na outra.

Mas existe uma razão convincente para desenvolver uma estratégia de vida. Ignorar os problemas, o que muitas vezes parece libertação, na verdade é escravidão. Os que não criam sua própria solução devem usar a de outra pessoa. Como preveniu Nietzsche: "Aquele que não puder obedecer a si mesmo será comandado".[9] O pior é que aquele que comanda provavelmente pertencerá à média contemporânea, e a sua solução será uma fraca mistura de recomendações e anátemas contemporâneos. Isso tem uma paralelo na literatura. Muitos futuros romancistas e poetas só leem seus contemporâneos, e muitas vezes nem esses, justificando essa preguiça como coragem de se libertar de influências. Mas essa tentativa de escapar a influências específicas resulta na submissão inconsciente ao pior tipo de influência genérica: o gosto popular.

# A era da loucura

Naturalmente, existe o fenômeno do grosseiro feliz, cujos instintos e talentos combinam perfeitamente com as exigências da época e não são inibidos por qualquer sensibilidade ou escrúpulo. Esse é muito bem-sucedido e sente-se feliz em desfrutar da aprovação e dos despojos – dos palácios, dos cortesãos, dos servos e do harém. Em outra época ele seria um guerreiro. Hoje provavelmente é um empreendedor. Um dos maiores engodos do capitalismo é a ilusão de que qualquer pessoa pode ganhar milhões. Mas no topo só há espaço para poucos, e poucos têm a aptidão para reivindicar um lugar.

Existe também o fantasista feliz, que vive de ilusões. E essa não é uma maneira conveniente e inofensiva de se sentir bem? O problema é que a vida tem o maldoso prazer de despedaçar ilusões, uma experiência que é mais dolorosa e nociva do que dissipar ilusões ou evitar que elas cresçam. Uma ilusão só pode se tornar imune à realidade quando se transforma em completa desilusão. A pessoa precisa acreditar de fato que é Napoleão. Então, mais uma vez, é preciso voltar a compreender o mundo, o ser, e como eles interagem.

A natureza abomina o vazio – principalmente na mente humana. Para entender como a mente pode ser colonizada, devemos agradecer a Karl Marx e Sigmund Freud, pensadores reverenciados no século XX e muitas vezes vilipendiados no século XXI. Mas suas ideias fundamentais continuam válidas e relevantes: Marx mostrou que muito daquilo que presumimos ser um pensamento independente na verdade é imposto pela sociedade; Freud, que muita coisa na verdade brota do inconsciente. Assim, existe uma intensa e incansável pressão de ambos lados – de fora e de dentro –, e o resultado não pode ser um pensamento independente.

Entretanto, não existe como escapar inteiramente – ou mesmo em grande parte – de nenhuma das duas pressões. Viver no mundo alheio a seus preconceitos é um ideal impossível. Assim como vivemos numa época, a época também vive em nós. As épocas são tão narcisistas quanto as pessoas que nelas vivem; cada uma se acredita superior e quer ser mais amada do que as outras. Essas exigências em geral são satisfeitas. Tendemos a valorizar nossa época como valorizamos nosso país natal – ele tem que ser bom, já que *nos* produziu.

A era atual tem sido imensamente bem-sucedida em inspirar obediência – e uma razão fundamental disso é sua capacidade de promover a ilusão de que a satisfação não só é possível, mas *fácil*, e até mesmo *inevitável*. As crises econômicas recorrentes expõem essa ilusão – mas em geral apenas para algumas

## O absurdo da felicidade

pessoas, por um curto período e de uma maneira limitada. Questionam-se os mecanismos do sistema, mas não a suposição subjacente de que, se existem liberdade ilimitada e infinitas possibilidades de escolha, qualquer pessoa pode *ser* e *ter* qualquer coisa. Não é necessário qualquer pensamento ou esforço. Basta querer e você se tornará e terá o que quer – esta é a mensagem difundida dissimuladamente pela propaganda e abertamente pela indústria da autoajuda. E o ideal desta era é a "personalidade esfuziante", cujo símbolo é um rosto sorridente e cujo mantra é "tenha um bom dia!" Mas existe um axioma fundamental: você não precisa fingir ser aquilo que você é. Assim, não surpreende que esta era sorridente e esfuziante de bons dias esteja se aproximando cada vez mais dos antidepressivos. O depressivo sorridente parece ser um fenômeno do nosso tempo. A memorialista Sally Brampton, uma depressiva, fala de si mesma e de seu companheiro de sofrimento: "Nós dois sabemos que somos capazes de sorrir e conversar alegremente, enquanto ao mesmo tempo planejamos nossa morte".[10] Hoje estamos flutuando *e* afundando. E, se todo mundo apresenta uma personalidade esfuziante, é porque deve existir de fato uma satisfação automática universal. É por isso que o depressivo não consegue entender o que deu errado e sente-se terrivelmente isolado em meio aos rostos sorridentes, talvez sem ter consciência de que também exibe um sorriso resplandecente.

Esse é um exemplo do que Erich Fromm identificou como um novo fenômeno da sociedade moderna – "autoridade anônima" –,[11] uma pressão cultural ainda mais eficiente porque invisível e sem causa, e portanto difícil de detectar e de enfrentar. Como Satã, a autoridade percebeu que o movimento inteligente é convencer a todos de que não mais existe.

A autoridade anônima está se tornando ainda mais anônima, e portanto mais insidiosa e difícil de combater. Na sociedade ocidental não existe mais repressão aberta. A maioria dos velhos tabus desapareceu. No horário nobre da tevê, uma senhora séria e distinta, médica, senta-se no centro de um semicírculo de jovens atentas e ansiosas, segurando no colo o que parece ser um modelo anatômico do pênis. Trata-se de um seminário avançado de obstetrícia? Não – uma aula que ensina a fazer sexo oral, descrito com jovial familiaridade como "boquete". "Mas sempre me dá dor na mandíbula", queixa-se uma jovem. A médica explica que o segredo é fazer pressão com a mão direita, o que demonstra no modelo. Enquanto isso, a mão esquerda deve se dedicar aos quase sempre esquecidos testículos: "Eu os chamo de enteados, porque são sempre negligenciados".

# A era da loucura

Quanto à autoridade visível, seus últimos vestígios desapareceram por completo. Presidentes e primeiros-ministros conversam sobre seu animalzinho de estimação e seu time de futebol em *talk shows*, líderes religiosos tocam bongô e saltam de paraquedas para angariar fundos para uma campanha de caridade, executivos publicam nos boletins da empresa fotos suas numa festa de Natal com as calças arriadas, exibindo o traseiro cheio de queijo cremoso. Qual é o problema? Onde está a coerção? Agora todo mundo é legal. Até Deus é obrigado a tomar aulas de administração da raiva para aplacar a sua cólera. Tudo pode, desde que, naturalmente, não denigra as mulheres ou pessoas de outra raça, religião ou orientação sexual, não cause dano ao meio ambiente, nem faça sofrer os animais.

O truque mais eficiente da autoridade anônima é tornar suas recomendações óbvias. Só um louco tentaria fazer isso. Isso também é óbvio. A maneira como vivemos hoje é a lei natural.

Assim sendo, resistir vai gerar acusações de loucura. Pior: pode ser que aquele que resiste não só *pareça* um louco, mas na verdade *seja* um louco. Essa ideia alarmante me atingiu há muitos anos quando vi um filme baseado na autobiografia de Frank Serpico, um jovem e ambicioso policial de Nova York que se tornou detetive e descobriu que seus novos colegas eram todos corruptos. Eles recolhiam e dividiam as propinas com a mesma frieza com que administrariam uma cooperativa. E não eram pessoas repulsivas, mas caras comuns e amigáveis, preparados para aceitar e gostar de Frank. Então, quando ele se recusou a se juntar ao clube, foi obviamente considerado louco. Mas aí é que vem a reviravolta que torna o filme fascinante: as cenas da vida pessoal de Frank revelam que *ele era realmente um louco excêntrico*, que lindas namoradas abandonavam e que os amigos consideravam intratável.

Isso sugere que para ser louco é preciso ter princípios. Pense em algum contestador de princípios. Até Cristo era um louco.

E quem é que quer ser louco nesta era legal, tranquila, desengravatada em que todos, especialmente o chefe, são caras legais?

E ainda há as pressões internas, do ser mais profundo e inconsciente, com seu poço envenenado de desejos e agressividade, e sua perigosa capacidade de persuadir o ser consciente a obedecer suas ordens, a colocar um verniz plausível e até mesmo sofisticado em suas exigências. Assim sendo, mesmo que eu ridicularize a televisão, fantasio divulgar essa opinião em programas de entrevista. E, mesmo quando dou a impressão de ser indiferente à opinião dos outros, calculo friamente a melhor maneira de impressionar. O que quero é ser amado por nunca desejar ser amado.

Existem poderosos inimigos do exterior e do interior – o *ad* e o *id*\* –, ambos astuciosos e incansáveis, adotando constantemente novos disfarces para parecer aceitáveis. Nenhum dos dois pode ser derrotado, e mantê-los acuados exige uma vigilância incessante. Mas, como diferentes pensadores vêm exercendo essa vigilância há milhares de anos, há ricas fontes onde beber. No último século, a maioria dos filósofos abandonou a felicidade por considerá-la um tema pouco sério e, pior, fora de moda (o preto tornou-se tão *sexy* no pensamento intelectual quanto nos vestidos de coquetel), mas, mais recentemente, outros especialistas, em particular psicólogos e neurocientistas, fizeram fascinantes descobertas.

O objetivo deste livro é rastrear ensinamentos de filosofia, religião, literatura, psicologia e neurociência em busca de ideias comuns sobre a satisfação e o prazer, investigar se é fácil ou difícil aplicar essas estratégias à vida contemporânea e finalmente aplicá-las a áreas de interesse quase universais. A maioria de nós tem que trabalhar para viver. Muitos de nós gostariam de ter um relacionamento duradouro com um parceiro, e, apesar dos enormes avanços da cirurgia plástica, todos nós ainda estamos fadados a envelhecer. "É possível viver maravilhosamente neste mundo", disse Tolstói, "se soubermos trabalhar e amar; trabalhar para a pessoa que amamos e amar o próprio trabalho."[12] Ele poderia ter acrescentado que podemos até envelhecer, se não maravilhosamente, pelo menos sem nos sentirmos desprezados.

Entretanto, a investigação das fontes provavelmente não vai produzir um conjunto de instruções. Um axioma da literatura também se aplica de maneira mais genérica: a única receita é que não há receitas. A complexidade dos indivíduos e suas circunstâncias tornam as receitas universais impossíveis. Na verdade, a procura por receitas é outro sinal dos tempos. É nossa era impaciente e voraz que exige que nos digam como viver segundo uma lista de tópicos.

Mas outro axioma útil é que a definição de um problema é o começo de uma solução. Ter maior consciência dos problemas pode ser uma maneira de

---

\* "*Ad*" é uma abreviação da palavra inglesa "*advertising*", ou seja, "propaganda", "anúncio". O *id* é, segundo a teoria freudiana, o reservatório de energias psíquicas que contém os instintos, os impulsos e os desejos inconscientes e é regido pelo princípio do prazer. (N. da T.)

# A era da loucura

gerar indiretamente um subproduto milagroso: a felicidade. Que por sua vez pode gerar seus próprios subprodutos miraculosos. Que podem então valorizar o original. Porque a felicidade, como a depressão, é um ciclo de retroalimentação. A depressão é uma espiral descendente que reduz a volição, o que por sua vez aumenta a depressão... e assim por diante. A maior dádiva da felicidade talvez não seja o sentimento em si, mas a emoção da possibilidade. De repente o mundo ganha novo encanto e o ser nasce de novo. Tudo fica mais rico, novo e mais interessante. O olho vê com mais clareza, a mente pensa com maior lucidez, o coração sente com mais força. E os três se unem numa vida de entusiasmo e prazer.

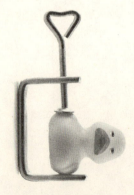

# Parte 2

# As fontes

# 2
# O *ad* e o *id*

Existe uma terra encantada, nunca assolada pelo vento ou fustigada pela chuva, sem relógios ou portas fechadas, sem mendigos, grafites, lixo, bandidos ou ruelas escuras, onde a temperatura é agradavelmente constante e a luz sempre brilhante, onde o som das flautas compete docemente com o cascatear melodioso das fontes estrategicamente situadas no cruzamento de amplas esplanadas. De todo lado, lojas resplandecentes exibem roupas, sapatos, lingerie, cremes, loções, fragrâncias, chocolates, brinquedos, telefones celulares, jogos, televisores, flores, aparelhos de som, joias, artigos esportivos e telas digitais cujo conteúdo muda incansavelmente. Na WH Smith,* em prateleiras paralelas que se estendem a perder de vista, revistas gordas e cintilantes chamam a atenção, ao lado de óculos de sol, CDs, DVDs e amostras de perfumes. Na Cards Galore, há cartões divertidos para todas as ocasiões, do nascimento à aposentadoria. Na Disney Store, uma multidão de criaturas, de vários tamanhos, cores e materiais, exibe os mesmos olhos esbugalhados e o mesmo sorriso inocente. A Build-A--Bear Workshop convida você a "fazer seu próprio amiguinho de pelúcia". A Le Munch Bunch** Sandwicherie anuncia um desconto especial em qualquer bolo ou bebida gelada. Como sobremesa, Joe Delucci propõe um "Sundae Ração de Gado", feito com sorvete de chocolate e *crème brûlée*, macios *marshmallows*

---

* Famosa rede de lojas britânica que vende jornais, livros, revistas e artigos de papelaria em estações de trem, aeroportos e hospitais. (N. da T.)
** *Munch Bunch* é o título de uma coleção de livros infantis do autor inglês Denis Bond. Os personagens são frutas e legumes desenhados por uma adolescente, Angela Mitson, que saíram dos livros para uma série de tevê e ganharam corpo na forma de bonecos. (N. da T.)

e massudos caramelos. Diante de uma tela de SingStar®, um jovem com capacete de aviador da Segunda Guerra na cabeça, vestido com várias camadas de lã e um *jeans* muito maior que o seu tamanho, o que fica evidente no cavalo na altura dos joelhos, segura três sacolas de compras na mão esquerda e um microfone na direita, e ainda assim consegue dançar e cantar animadamente junto com o vídeo de *Get this party started*.\* Atrás dele, uma fila de jovens vestidos de moletom com capuz se agita diante da visão, à porta da Essensuals, de uma jovem de quase 2 metros de altura, de sutiã, calcinha, ligas, meias pretas e saltos altos, que faz biquinho com uma expressão maliciosa no rosto. Uma manicure (da California Nails), com os cabelos dourados pela coloração orgânica (no salão Hairport) e pele igualmente dourada graças ao bronzeamento artificial (na Stand By Your Tan), passa cavalgando diante da vitrine da Sunglass Hut e de um imenso cavalo de madeira cercado por um enxame de crianças acima do peso, mas sem inimigos escondidos dentro ele. Aproxime-se, dê uma batidinha e ouça a ressonância. Madeira maciça.

Tudo num *shopping center* é criado para estimular o sentimento de que não desejar seria uma cruel grosseria. Antes de mais nada, um *shopping* elimina as distrações, como o clima deprimente ou relógios acusadores. Depois, se é um edifício de vários andares, um imenso átrio central causa imediatamente uma profunda impressão. Da construção das catedrais góticas aos conjuntos empresariais contemporâneos, os arquitetos perceberam que a chave para inspirar respeitoso temor é o espaço desnecessário, principalmente acima da cabeça. Qualquer estrutura com firmamento próprio só pode ter sido criada por Deus. Para acentuar a atmosfera religiosa, uma música de fundo suave como acordes de órgão. E com certeza haverá a presença tranquilizadora de outros fiéis. O argumento mais persuasivo para qualquer atividade é que todo mundo faz o mesmo – e aqui todo mundo está comprando. A companhia dos fiéis é imensamente reconfortante, mas, como numa igreja, ninguém precisa se relacionar. A verdadeira relação é a que se estabelece com os ícones nas vitrines, que prometem conferir distinção, elevar o *status* e aumentar o poder de sedução. Esses bens materiais aumentam até o sentimento religioso. Tomografias do cérebro revelaram que marcas sofisticadas e imagens religiosas provocam a mesma resposta neural. Por mais chocante que possa ser, um iPod causa o mesmo efeito

---

\* Canção do repertório da cantora *pop* Pink, cujo título significa "Vamos começar a festa". (N. da T.)

que Madre Teresa de Calcutá.[1] Além disso, as vitrines onde estão expostos esse ícones do consumo se estendem do chão ao teto, exibindo totalmente seu conteúdo cintilante, e as entradas são amplas e sem portas, de modo que o medo instintivo de entrar num espaço fechado e desconhecido seja superado. No interior das lojas, vendedores jovens e bonitos se aproximam, buscando contato visual com um sorriso simpático no rosto, criando no comprador a ilusão de juventude e beleza. A música alta sugere um bar ou boate onde a atração mútua pode rolar, mas, ao contrário dos bares e boates, onde o ambiente é brutalmente competitivo, aqui não há possibilidade de rejeição. Gastar dinheiro é a maneira mais fácil de ter orgasmo. Basta abrir a carteira e sacar o cartão de crédito cintilante.

Assim, o *ad* seduz o *id* da maneira tradicional: impressionando, bajulando e estimulando.

AD: Veja este imenso espaço que se eleva para o céu.

ID: NOSSA!

AD: Agora veja quantos prêmios maravilhosos.

ID: EU QUERO!

AD: Tudo isto é para você.

ID: PARA MIM!?

AD: Porque você é um ser único e maravilhoso.

ID: Luzes! Câmeras! Coloquem-me no horário nobre!

AD: E você não precisa se preocupar com os outros. Seja criança até morrer.

ID: (de cara feia) Será que você não devia dizer: para sempre?

AD: Foi o que eu disse: seja criança eternamente.

ID: OBA!!!

AD: Que seus desejos nunca diminuam e seus apetites jamais arrefeçam!

ID: QUERO MAIS!

A propaganda sorri, satisfeita. Nunca os anúncios foram tão numerosos. O americano médio está hoje sujeito a mais de 3.000 anúncios por dia.[2] E nunca foram tão abrangentes. Tendo aprendido a lição dos jesuítas – conquiste-os cedo e você os terá para sempre –, a propaganda já colonizou a infância e logo estará procurando técnicas para estabelecer fidelidade desde o ventre materno. E nunca os anúncios foram tão astuciosos. Isto é um documentário? Não, um comercial. Um novo filme? Não, uma propaganda. Um famoso estádio londrino? Não, uma peça publicitária de um país do Oriente Médio produtor de petróleo disposto a desenvolver sua marca.

## A era da loucura

Este é um banheiro de cinema? Sim, mas, quando você joga a cabeça para trás num gesto de alívio, surge no teto a imagem de um urinol de plástico vermelho com a legenda: "*Homem-Aranha 3*... Breve neste cinema". Tudo bem, os tetos não são mais seguros – mas pelo menos o céu ainda está livre. Ah, um aviãozinho! Alguém deve ter fugido para o infinito. Não, é apenas um reboque puxando uma faixa de propaganda. Ainda bem que existe a natureza. Não, uma cadeia holandesa de hotéis já coloca anúncios em ovelhas vivas.

Nunca a propaganda foi tão sub-repticiamente agressiva. Há o público--alvo, o *marketing* de guerrilha, o *marketing* viral. A propaganda não tem escrúpulos de utilizar a guerra biológica. Mas o mais sorrateiro de todos os expedientes é o *neuromarketing*, que usa a neurociência para infiltrar-se no cérebro, estudar suas defesas e encontrar meios de contorná-las.

Nunca a propaganda esteve tão próxima do entretenimento. Uma das mais rancorosas discussões que tive com minha filha foi por causa do meu costume de tirar o som da tevê durante os comerciais. Quando ela reclamou, eu lhe expliquei que a propaganda nos faz desejar coisas de que não precisamos. Irritada, ela retrucou que estava cansada de saber disso e que era totalmente impenetrável a essa persuasão, mas tinha que ver os anúncios porque eles eram discutidos por seus amigos como entretenimento, da mesma forma que os programas. Só um imbecil ia querer privá-la disso.

E, não mais satisfeita de se equiparar ao entretenimento, a propaganda começou a se infiltrar em filmes e programas de tevê através do *merchandising*. Cada vez mais, o produto determina a história. Pesquisas mostraram que fazer o produto parecer um elemento integrante da história é mais eficiente do que qualquer propaganda direta, porque ele se esquiva astuciosamente à resistência do cérebro.[3] O *marketing* de conteúdo leva essa abordagem à sua conclusão lógica, criando entretenimento apenas com o propósito de fazer propaganda.

E a propaganda não se contenta mais em ser observada passivamente. Nós não decodificamos mais o anúncio. É ele que nos decodifica. Os mais recentes *outdoors* digitais têm câmeras ocultas e um *software* que reconhece quem está olhando e lança o anúncio apropriado – assim, um jovem verá um anúncio de cerveja e uma mulher de meia-idade terá todas as informações sobre os tratamentos de um *spa*. Mais tarde, essas telas serão capazes de reconhecer cada indivíduo e personalizar a oferta – seduzindo-me com ofertas de dois livros de poesia chinesa ou dois discos de *jazz* pelo preço de um. Então, talvez seja necessário sair disfarçado, talvez até com roupas de outro sexo, para enganar o comercial.

Esse disfarce é um exemplo de "sabotagem cultural", novo movimento de resistência dedicado a sabotar a cultura do consumismo. Essa resistência é coordenada por *sites* como o do BADvertising Institute e da revista canadense *Adbusters*, que publica artigos contra o consumismo, lança anúncios (como o de uma vodca a que deu o nome de Absolut Nonsense*) e patrocina iniciativas como "Um Dia sem Compras" ou "Uma Semana sem Tevê". No Reino Unido, uma organização conhecida como Modern Toss promove eventos subversivos e fabrica camisetas, sacolas, cartazes e canecas com frases como "COMPRE MAIS MERDA" ou "ESTAMOS TODOS FODIDOS".

Essas iniciativas podem ser um bom divertimento, mas são provavelmente incapazes de deflagrar uma revolução. Em vez de tentar derrotar o *ad*, seria mais sábio tentar controlar o *id*.

Houve um tempo em que o *id* era desprezado e temido. Para Platão, ele era o cavalo mau da parelha: "companheiro de soberba e de lascívia, tem as orelhas cobertas de pelos – surdo como um poste – e só obedece ao chicote e à espora".[4] Para Marco Aurélio, ele era "a força secreta escondida no fundo de nós, que manipula nossas cordas".[5] Para os budistas, ele se manifesta como Mara; para os cristãos, como Satã. Para os sufis ele era o "*al-nafs al-amara*", a alma inferior "que só sabe comer, dormir e se satisfazer".[6] Na Europa medieval, era o gigante avarento e violento de *João e o pé de feijão* e outros contos. Para Arthur Schopenhauer, era a vontade de viver, e para Nietzsche, o *self*. Kafka o personificou na figura sombria que aparece de repente e arrebata o elmo de seu legítimo guardião. E em nossa época há uma explicação materialista: ele é o velho cérebro abjeto escondido na base do novo cérebro. Os nomes do *id* variam, mas todos concordam sobre sua natureza. Ele é ávido, impulsivo, raivoso, astucioso e insaciável. Nenhuma satisfação lhe basta, por maior que seja.

Dois milênios e meio antes de Freud, Buda percebeu que o problema crucial do ser é o desejo inconsciente. Um mito conta o confronto entre Buda e Mara, personificação do *id*, que surge montado num elefante, brandindo uma

---

* Em português, "Absoluto Absurdo". Quando este anúncio foi lançado, os produtores da vodca Absolut ameaçaram processar a revista. O anúncio dizia: "Qualquer sugestão de que nossa campanha de propaganda contribui para o alcoolismo, o espancamento de mulheres e crianças ou estimula os motoristas a dirigir bêbados é um absoluto absurdo. Ninguém presta atenção à propaganda". (N. da T.)

arma em cada um de seus mil braços e, quando isso não consegue mais intimidar, convoca nove terríveis tempestades, que fazem até os deuses fugir, apavorados. Buda fica só, mas mantém-se sentado na "posição invencível", de modo que Mara é obrigado a dialogar: "Levante-se desse lugar que não lhe pertence, mas a mim".[7] Buda continua imóvel, faz uma análise do caráter repugnante de Mara e conclui que tem mais direito a ocupar aquele lugar.

Essa é uma espécie de dramatização da ideia de Freud: "Onde estava o *id* deve estar o ego".[8] O ego expulsa o *id* e toma o seu lugar. O domínio do inconsciente é a maior vitória.

Segundo Buda, a raiz do problema está na ignorância, que estimula apegos que levam a desejos e paixões, que por sua vez geram insatisfação e descontentamento. E, se a ignorância é o problema, a solução deve ser o conhecimento. Portanto, percepção é redenção. Compreensão é salvação.

O primeiro requisito é o difícil trabalho do autoconhecimento. Muito antes de Cristo, Buda percebeu que enxergamos os defeitos dos outros com a maior facilidade, mas somos convenientemente cegos aos nossos. E a versão budista da percepção é melhor porque reconhece a infinita engenhosidade da autojustificação. "A pessoa aponta os defeitos dos outros como palha peneirada ao vento, mas esconde os próprios defeitos como um jogador desonesto esconde seu dado".[9]

O problema da ignorância pode ser analisado racionalmente, mas a solução de Buda requer uma compreensão mais profunda e total, que só se alcança através da meditação – que não é o transe sonolento sugerido nas imagens de Buda, mas uma intensa atividade mental descrita como "atenção plena", "consciência", "vigilância". O *Dhammapada*, coleção de aforismos atribuídos a Buda, tem vários capítulos dedicados exclusivamente a esses conceitos: "Os que estão vigilantes nunca morrem; os que não se mantêm vigilantes já são como mortos". Portanto, o objetivo da meditação não é a quietude e a indiferença, mas a consciência, a prontidão, a clareza de propósito. A metáfora de Buda para a mente liberada era uma espada desembainhada.

A partir da prática da meditação, Buda desenvolveu uma teoria de consciência semelhante à da neurociência contemporânea. A consciência não tem substância ou direção, mas é uma centelha que relampeja infinitamente, uma sombra flutuante de percepções, fantasias, ilusões, associações e lembranças. "A mente é agitada e inquieta, instável e distraída" – tem o capricho de um macaco que "pula de galho em galho". Assim sendo, a ideia de um ser unificado é uma ilusão. "Não existe um *self* invariável. Esta consciência da mudança constante foi outra descoberta fundamental, Tudo é fluido. Tudo é transitório – "Todas as coisas estão em chamas".[10]

Por isso não existe um ser permanente a ser atacado ou reprimido. A ambição, o desejo e a cobiça são fugazes como tudo o mais, e vão definhar à luz de uma intensa e prolongada análise. Reconhecendo-os como eles realmente são, é mais difícil ceder a eles. Buda não condena o vício; apenas despreza-o como um comportamento "inepto". O budismo não tem nada da autodepreciação tão comum no cristianismo, a execração e o medo do corpo, e a frenética mortificação da carne. Daí surge uma extensão radical de uma ideia por si só radical: o conhecimento não é apenas o começo de uma solução, mas a *total solução*. Conhecimento é transformação. Mas a transformação não é imediata nem fácil – nem mesmo perceptível: "Assim como o oceano cresce gradualmente, sem nenhuma mudança brusca, este método de treinamento, disciplina e prática faz efeito muito lentamente, sem que haja uma repentina percepção da verdade definitiva".[11]

O segredo é persistir no método até que um comportamento "racional, acurado, claro e benéfico" se torne habitual. Ser é tornar-se – assim, quem busca a iluminação deve ser "ativo, resoluto e perseverante". As últimas palavras de Buda foram: "Toda conquista é transitória. Esforçai-vos com persistência".[12]

Outra palavra-chave é "método". O budismo não é uma crença, mas um método, um conjunto de procedimentos para enfrentar a cadeia de consequências que nascem da ignorância. Mas Buda recusou-se a especular sobre as causas da ignorância, de modo que não existe uma teoria da queda do homem, nem pecado original. Na verdade, ele se recusou a responder a qualquer questão metafísica, não porque não especulasse, mas porque julgava essa especulação inútil: "É como se um homem tivesse sido ferido por uma flecha envenenada, e seus amigos procurassem um médico, e o homem dissesse: 'Ninguém vai me tirar esta flecha enquanto eu não souber o nome do homem que me feriu'".[13]

Essa recusa de construir uma "grande teoria unificada de todas as coisas" foi profundamente sábia. Porque, se não existe dogma, não podem existir disputas doutrinárias, nem heresias, nem cismas – e portanto não haverá inquisição, tortura, morte na fogueira. As duas principais linhas budistas, teravada e maaiana, sempre coexistiram em harmonia – compare com a história do catolicismo e do protestantismo. E no budismo não existem intervenções sobrenaturais, nem deuses ou milagres, nem revelação divina, divina graça ou divina encarnação. Portanto, não há necessidade de fé. Na verdade, Buda rejeitou expressamente a ideia de fé por considerá-la uma renúncia à responsabilidade pessoal – ninguém deve crer em algo só porque alguém o diz. Cada indivíduo deve encontrar uma solução pessoal.

É uma ironia que o cristianismo, a religião do Ocidente racional, seja na verdade totalmente *irracional*, incoerente e até mesmo absurdo, enquanto o budismo, a religião do místico Oriente, seja completamente racional, coerente e até mesmo prático – não uma crença que exija um salto de fé no absurdo, mas um método com benefícios comprovados. E é ainda mais irônico que as características atraentes do budismo o tornem sem atrativos na era moderna. Enquanto outras religiões estão ganhando fiéis, o budismo está perdendo terreno.[14]

A doutrina cristã atribui a queda do homem ao pecado original, que só pode ser redimido pela ação misteriosa da graça divina. Durante mais de mil anos isso excluiu qualquer investigação do ser ou da crença na satisfação terrestre. Só com o Iluminismo os pensadores passaram a admitir a esperança e o propósito individual.

As ideias de Baruch Spinoza, filósofo holandês do século XVII, são impressionantemente semelhantes às de Buda. Os pensadores do Iluminismo adoravam a razão, mas Spinoza percebeu que a razão monta um tigre em desenfreada corrida, que a natureza humana é impulsionada em grande medida por "apetites" inconscientes que penetram na consciência como "desejos". A maneira como ele expressa essa constatação pode ter nascido do *Dhammapada* ou dos escritos de Freud: "O desejo é a própria essência do homem".[15] E sua visão sobre a consciência poderia ser a de um neurobiólogo contemporâneo: "A mente humana é a própria ideia ou conhecimento do corpo humano".[16] Entretanto, como Buda, ele acreditava que os impulsos podiam ser controlados se fossem compreendidos: "Uma emoção deixa de ser paixão assim que temos uma clara ideia dela".[17]

E, como Buda, Spinoza tem sido muitas vezes desprezado como um mero buscador da tranquilidade – mas o que ele mais valorizava era a alegria, que definia como uma sensação de poder criada pela compreensão da mente. Mas, também como nos ensinamentos de Buda, a compreensão não é passiva, um estado final, mas um processo que requer esforço incessante. Num outro vislumbre que prefigura a neurobiologia, no qual define os organismos vivos como sistemas para a otimização das condições de vida, Spinoza sugeriu que lutar faz parte da nossa natureza. Sua palavra latina para definir "natureza humana", *conatus*, significa "empenho", "esforço": "O esforço com que cada coisa singular tenta perseverar em seu ser nada mais é do que a verdadeira essência da coisa".[18] E, para ser válido, o esforço tem que ser grande: "Se a salvação estivesse facilmente disponível e pudesse ser alcançada sem grande esforço, como poderia ser negligenciada por quase todo mundo? Tudo o que é excelente é raro e difícil de alcançar".[19]

Mas a Europa do século XVII não estava preparada para isso. Enquanto Buda era reverenciado como mestre, Spinoza era condenado por heresia. Sua comunidade judaica na Holanda primeiro tentou comprá-lo (com uma anuidade de 1.000 florins) para que ele se calasse, depois tentou matá-lo (a punhalada foi frustrada pelo volume de sua capa) e finalmente o excomungou no estilo do Velho Testamento:

> Com o julgamento dos anjos e a sentença dos santos nós anatematizamos, execramos, amaldiçoamos e expulsamos Baruch Spinoza [...] pronunciando contra ele o anátema com que Josué condenou Jericó, a maldição que Elias lançou sobre os filhos e todas as maldições escritas na Lei. Maldito seja ele de dia e de noite; maldito seja quando se deita e quando se levanta, e maldito seja ele quando sai e quando volta[...]

E assim vai trovejando, até ordenar que "ninguém dele se aproxime a uma distância menor do que quatro cúbitos, ou leia qualquer documento ditado por ele ou escrito por sua mão". A resposta de Spinoza foi uma só: "Isso não me obriga a nada que eu já não teria feito".[20]

Depois da morte de Spinoza, seus escritos e ideias foram brutalmente suprimidos, e só no século XIX um conjunto semelhante de pensamentos foi expresso por Schopenhauer. A palavra que ele usava para o *id* era "vontade", que definia como "um impulso cego" que leva o homem a ser controlado por "desejos desconhecidos e dos quais ele quase não tem consciência".[21] E Schopenhauer expressou com eloquência incomparável a insaciabilidade dos apetites: "Os desejos da vontade não têm limites, suas exigências são inesgotáveis, e cada desejo satisfeito gera um novo. Nenhuma satisfação neste mundo pode vencer seus anseios, pôr um limite a seus desejos infinitos e preencher o abismo insondável de seu coração".[22]

E à frente desses apetites está o desejo sexual: "O homem se engana se pensa que pode negar o instinto sexual. Ele *pensa* que pode, mas na verdade o intelecto é corrompido pelos desejos sexuais, e é nesse sentido que a vontade é "o antagonista secreto do intelecto".

O sexo é "o objetivo final de todo esforço humano" – e a repressão sexual pode causar neurose. Schopenhauer foi um psicólogo notável, mas não acreditava em progresso social ou satisfação pessoal: "Em um mundo onde nenhuma estabilidade [...] é possível, onde tudo está em constante mudança e confusão, e que só se mantém na corda bamba se continuar andando incessantemente para a frente – em tal mundo, a felicidade não é algo em que se possa pensar".[23]

Nietzsche também lançou ideias semelhantes, que ele acreditava novas, mas que na verdade já tinham milhares de anos. Ele também reconhecia a existência de uma força impulsora, que chamou de *self*: "Seu *self* ri de seu ego e de seus esforços. 'O que significa essa ginástica mental para mim?', ele se pergunta. 'Apenas uma maneira de me desviar de meu objetivo. Sou o primeiro violino do ego; sou eu que desperto todas as suas ideias.'"[24]

E esse *self* emboscado é o adversário mais persistente e perigoso: "Mas você mesmo sempre será seu inimigo mais perigoso; você mesmo está à espreita em florestas e cavernas".[25] Nietzsche também intuiu que o impulso de obter o melhor possível é a essência de todas as coisas vivas: "Em qualquer lugar onde encontro uma criatura viva, encontro desejo de poder".[26] O esforço incessante do organismo humano ele definiu como "superação de si": "Eis o segredo que a vida me confiou: 'Vê', disse-me ela, 'eu sou *aquela que deve sempre superar a si mesma.*'"[27] E o atrito do ser superando o ser vai gerar calor e luz suficientes para tornar a vida satisfatória. Nietzsche saudava a dificuldade com sua típica grandiloquência: "Aquilo que não me mata me fortalece".[28]

No século XX Freud propôs um modelo semelhante de *self*, que ele alegava ser não apenas novo, mas rigorosamente científico. E para estabelecer o domínio do *id* pelo ego existe o método "científico" da terapia psicanalítica, que busca vencer a astúcia do *id* apanhando-o desprotegido, exposto em neuroses, em livres associações ou em sonhos (depois de um dia de intensa manipulação do ego, o *id* gosta de se soltar a noite toda). Mas o terapeuta precisa ser uma pessoa especial: "O analista precisa estar de alguma forma numa posição superior, para que possa servir de modelo para o paciente em certas situações analíticas, e em outras atuar como professor".[29] Em outras palavras, o analista precisa inspirar como um mestre budista. Mas existe uma contínua e aguda carência universal de mestres. Poucos analistas estão dispostos ou são capazes de ser modelos ou professores, e muitos decidiram ser bem pagos para ouvir neuróticos endinheirados por uma hora por semana ou, pior ainda, tornar-se cirurgiões plásticos psicológicos. Lembro que fiquei horrorizado quando o crítico teatral Kenneth Tynan revelou numa entrevista, sem nenhum constrangimento ou ironia, que tinha pagado um analista para livrar-se da culpa de estar abandonando a mulher.

Recentes pesquisas da neurociência confirmam o modelo de *self* proposto por pensadores – exceto pelo fato de que a separação entre razão e emoção, entre ego e *id*, não é tão clara quanto Freud e seus seguidores pensavam. Segundo neurocientistas como Joseph LeDoux, a reação emocional do cérebro é ativada em grande parte pela amígdala (parte do sistema límbico), enquanto a resposta racional é ativada pelo córtex pré-frontal (bem atrás dos olhos).[30] Então, colocada a questão de uma forma muito rudimentar, o ego é o córtex pré-frontal e o *id* é a amígdala. Mas o cérebro emocional é capaz de pensar, e o cérebro racional, que tem um caminho direto para a amígdala, é imensamente influenciado pela emoção. Muitas das reações impulsivas do cérebro emocional (a intuição, por exemplo) são boas, enquanto muitas das respostas do cérebro racional (o autoengano, por exemplo) são más. Portanto, não é rigorosamente verdade que o ego seja o herói, e o *id*, o vilão. Mas em geral o cérebro racional toma decisões mais sensatas que o cérebro emocional. Tomemos como exemplo o caso de Mary Jackson, uma estudante de 19 anos inteligente e muito motivada, que planejava formar-se em medicina, casar-se com o namorado e estabelecer uma clínica pediátrica em seu bairro carente. De repente, parou de frequentar as aulas e começou a beber, a usar *crack*, a dormir por aí e a ter violentos ataques de raiva quando censurada. Quando mais tarde foi encaminhada ao neurologista Kenneth Heilman, uma tomografia do cérebro revelou que um imenso tumor tinha danificado o córtex pré-frontal, tornando-a incapaz de resistir a impulsos ou manter objetivos de longo prazo.[31] Em meados do século XX, muitos cirurgiões chegaram a causar efeitos semelhantes realizando a lobotomia pré-frontal, um procedimento que se supunha capaz de curar muitas doenças, da epilepsia à esquizofrenia. Esse método brutal, usado em milhares de pessoas em prisões e hospícios, envolvia inserir um bisturi sob a pálpebra e, com um martelada, fazê-lo atravessar o osso para cortar as conexões entre o córtex pré-frontal e o resto do cérebro. (Qualquer pessoa que admire o Prêmio Nobel deve ter em mente que o prêmio de medicina de 1949 foi concedido aos dois cirurgiões que criaram esse procedimento para realizar a lobotomia.)

O neurocientista Jonathan Cohen constatou o conflito entre os cérebros emocional e racional submetendo os pacientes a uma tomografia e lhes dando a opção de receber um vale-brinde imediatamente ou um valor maior dentro de algumas semanas. A possibilidade de receber um presente imediatamente ativava o cérebro emocional, enquanto a hipótese de uma quantia maior no futuro ativava o cérebro racional, o córtex pré-frontal – e a região que fosse ativada mais fortemente fazia a escolha. Assim, Cohen pode ter sido a primeira pessoa a testemunhar a luta mais antiga da história humana: a queda de braço entre o ego e o *id*. E devo dizer que causa sofrimento ao meu córtex pré-frontal revelar que o *id* quase sempre venceu.[32]

# 3
# A justiça do direito e o charme do potencial

A limitação de muitas das teorias sobre o ser é que elas o consideram uma entidade isolada e imutável, independente da história pessoal e das circunstâncias sociais. Mas, naturalmente, esse ser não existe. Todo mundo é influenciado por seu temperamento, sua história e pelo ambiente social predominante.

Marx foi o primeiro a reconhecer a importância do condicionamento social: "Não é a consciência do homem que determina seu ser social, mas, ao contrário, é seu ser social que determina sua consciência".[1] Freud acrescentou ao *id* e ao ego o conceito de superego, o repositório internalizado dos preceitos sociais, que, como o *id*, operam abaixo da consciência. Mas ambos os modelos eram muito simplistas. O condicionamento não é uma simples transferência de mão única, mas um complexo processo circular alimentado por constantes *feedbacks*. O que muitas vezes acontece é que os mutáveis comportamentos sociais fazem com que algumas pessoas desenvolvam uma nova necessidade ou uma versão mais urgente de uma velha necessidade, e, percebendo essa mudança, um empresário astuto se apressa a produzir um produto ou serviço para satisfazê-la. Isso legitima, reforça e dissemina o novo comportamento, de modo que mais pessoas passam a expressar essa necessidade, levando mais empreendedores a satisfazê-la com produtos ou serviços. Em pouco tempo o fenômeno se torna uma norma e todo mundo está fazendo aquilo. Posteriormente, torna-se lei natural e influencia até aqueles que não têm aquela necessidade e não desejam tê-la.

Marx também foi demasiado simplista ao presumir que o condicionamento sempre nasce da direita. Em épocas recentes, ele tem vindo com a mesma frequência da esquerda. Os anos 1970 foram uma década de liberação, de revolta contra a injustiça e de exigência de reconhecimento de direitos. Mas, com o tempo, a demanda por reconhecimentos específicos foi se transformando numa exigência generalizada de atenção, e o ódio a determinadas injustiças, num sentimento generalizado de descontentamento e ressentimento. O resultado é uma cultura de reivindicação de direitos, de busca de atenção e de reclamações.

A demanda por atenção é cada vez mais forte e variada, consequência do vazio interior que requer uma identidade conferida de fora: sou visto, logo existo. No nível mais baixo, isso se expressa numa necessidade de ser fisicamente visto. Então, num exemplo típico de *feedback*, o espaço social é organizado cada vez mais para oferecer visibilidade: a arquitetura de espaços abertos é hoje a norma em casas, escritórios, bares e restaurantes; durante o ano todo, há cada vez mais lugares onde comer e beber ao ar livre; e cada vez mais áreas públicas são concebidas para que as pessoas se vejam e onde o prazer é ser visto. Se as divisões forem indispensáveis, as paredes são transparentes, tanto nos escritórios quanto nos elevadores. A casa transparente foi uma consequência inevitável, a ponto de que em Manhattan a parede de vidro é hoje tão característica da arquitetura quando o tijolinho vermelho foi nos anos 1920. E se toda essa visibilidade não conferir atenção suficiente, aqueles que tiverem dinheiro podem pagar para serem vigiados e/ou seguidos. Por mais improvável que essa maneira de gastar dinheiro possa parecer, tais serviços estão se tornando cada dia mais populares, porque oferecem a seus clientes uma sensação única de importância. Como disse o criador de um desses serviços: "Alguns de nossos clientes afirmam que usam roupas íntimas mais bonitas ou começam a se cuidar mais por saberem que estão sendo observados. Muitas vezes, basta-lhes saber que são alvo de atenção".[2]

No nível seguinte de busca de atenção está a necessidade de ser reconhecido como indivíduo. Em sua forma extrema, torna-se uma ânsia de celebridade, desejo de ser notado, não de vez em quando e por uns poucos, mas de ser envolvido numa aura universal de reconhecimento, admiração, inveja e desejo. A oração contemporânea reza: Que a luz eterna dos refletores brilhe sobre nós. E essa demanda de celebridade é hoje tão avassaladora (31 por cento dos adolescentes americanos acreditam sinceramente que vão ficar famosos)[3] que o meio tradicional de atribuição – talento festejado pela mídia – se tornou totalmente inadequado. É inevitável que a celebridade esteja disponível para os sem talento (os astros de *reality shows*, por exemplo) e que novos canais se abram para todos (como a autopromoção na internet).

## A era da loucura

E, no nível acima do individual, há a exigência de reconhecimento da identidade de grupo. Nesse caso, a busca de atenção, a reivindicação de direitos e as reclamações se misturam num fenômeno cada vez mais comum: os processos por ofensa, quando um grupo poderoso decide que seu direito ao reconhecimento reverente foi violado e que merece ser indenizado por isso. O melhor dessa situação é que as ameaças de intimidação podem ser apresentadas como vitimização, de modo que o ego pode se regozijar em virtude enquanto o *id* exulta em agressividade. A arbitrariedade também é fascinante. Qualquer pessoa pode processar por qualquer coisa, e esse sempre presente potencial cria um clima de medo.

Naturalmente, ninguém previa essas consequências nos anos 1970, durante os emocionantes movimentos pela libertação das mulheres, dos *gays*, dos negros, da juventude e do sexo. A libertação era excitante, um bem inqualificável. Assim que o jugo da opressão fosse eliminado, seria inevitável o florescimento de todos.

Muitos dos que pertenciam à ala direita da política ficaram horrorizados; outros viram naquele momento uma oportunidade. O dinheiro também exigia ser libertado – e seu desejo era a desregulamentação financeira.

Finalmente livre para expressar sua alma cigana, o dinheiro se tornou impaciente, promíscuo e irresponsável. Ia para a cama com qualquer pessoa atraente, mas raramente ficava uma noite inteira. Os investidores não estavam mais dispostos a esperar um retorno de longo prazo; exigiam um retorno rápido revendendo seus dividendos – de modo que, mais do que o desempenho, o preço das ações se tornou a medida do sucesso de uma empresa. E o preço das ações tendia a subir quando as companhias pareciam fazer algo novo e excitante. Assim, a sensualidade financeira passou a depender de uma aparência dinâmica, flexível e inovadora. A estabilidade, por outro lado, tornou-se uma figura desleixada – *ugh*!

A ação brilhante era atacar a própria organização com uma motosserra. Então começou a mania da reestruturação, até em instituições sem acionistas, como departamentos do governo, universidades e a BBC. Mas o número de estruturas era limitado, de modo que quem estivesse numa organização havia um certo tempo descobria que sua primeira estrutura, descartada como irremediavelmente desatualizada, mais tarde se restabelecia como a última novidade. Foi só depois de muitos anos de emprego que comecei a entender o conceito de eterno retorno de Nietzsche.

## A justiça do direito e o charme do potencial

O dinheiro recentemente liberado era ainda mais *sexy* do que as mulheres liberadas, de modo que a mudança mais significativa foi o culto à mudança, que se espalhou na cultura como uma crença supersticiosa na magia do potencial. Uma consequência é que hoje, porque se acredita que a mudança é intrinsecamente boa, os políticos podem montar campanhas baseadas totalmente na promessa de "mudança".

Como disse Schopenhauer, a natureza humana sempre teve a tendência de viver em antecipação, outro atributo do *id* – mas o direito e o culto à mudança se combinaram para colocar a era contemporânea totalmente sob o feitiço do potencial, sob o encantamento da iminência. O resultado é que os meios se tornaram fins.

É assim que o dinheiro, meio universal, se torna fim universal. Mas o fenômeno tem muitas manifestações. Nos relacionamentos, por exemplo, a capacidade de atração sexual tende a se separar do sexo que deveria promover. Cada vez mais, a atratividade quer ser admirada em vez de tocada. Com certeza não espera ter de *trabalhar* – Deus me livre! Ofereço à psicologia a teoria de que, quanto maior o poder de atração, mais preguiçosa a performance sexual. Essa hipótese pode acabar se revelando inválida – mas com certeza será divertido testá-la.

No local de trabalho, reestruturação, inovação, flexibilidade, talento, treinamento e mobilidade são reverenciados como bens em si mesmos. Isso explica a obsessão pelos programas de treinamento e a valorização de profissionais "talentosos" como *designers*, curadores de museus, artistas gráficos e *chefs* de cozinha.

A valorização do potencial é uma forma de cobiça que acredita que sempre existe algo melhor logo ali. Mas o charme do potencial está em valorizar o futuro às custas de desvalorizar o presente. Seja o que for que esteja acontecendo, hoje já é ontem, e a única verdadeira excitação é a Próxima Novidade – o próximo amor, emprego, projeto, férias, destino ou refeição. Por isso, a solução mais atraente para os problemas é a fuga. Se há dificuldades no relacionamento ou no trabalho, a tentação é mudar. Isso exclui qualquer possibilidade de desfrutar a satisfação de enfrentar e superar problemas e destrói a capacidade de transformar adversidades em vantagens, aconteça o que acontecer.

E, naturalmente, para quem tem aversão a problemas, seja o que for que aconteça deve ser agradável. A única sorte possível é a boa sorte – uma falta de sorte eventual não é aceitável. O filósofo Julian Baggini conduziu uma pesquisa sobre a natureza das queixas contemporâneas e descobriu que as pessoas se queixam principalmente de má sorte, do destino, de tudo o que está fora de seu controle.⁴ Poucos estão dispostos a aceitar que, como afirmam sucintamente os neoestoicos, a merda acontece. A tragédia tem que significar alguma coisa – e algo bom deve nascer dela. Assim, familiares enlutados aparecem na tevê para garantir que uma coisa tão terrível jamais voltará a acontecer: "Que ninguém precise passar por esse sofrimento".

No mundo do ócio, compras e viagens se tornaram fins em si porque são atividades de puro potencial – cheias de possibilidades e promessas. O consumo combina muitas formas de potencial: a embriaguez da aventura, o mistério da busca, o perigo do risco, a possibilidade de um trabalho criativo, a transcendência da fé religiosa e a sensualidade do jogo amoroso. Não admira que todo mundo adore comprar. E a excitação do potencial pode ser prolongada mesmo depois da compra. Há alguns anos, um adolescente de 17 anos, Nick Bailey, ficou tão encantado com o Nintendo que acabara de comprar que filmou a si mesmo retirando-o da caixa, e, como se faz com tais experiências capazes de mudar uma vida, postou o filme no YouTube. Mas quem é que ia querer ver um *nerd* adolescente desempacotando seu último brinquedinho? Nada mais que 71.000 pessoas só na primeira semana. Logo surgiram *sites* dedicados exclusivamente à emoção de abrir um pacote.⁵ E assim nasceu uma nova experiência de compra virtual.

Esse é um exemplo extremo da tendência de dissociar o prazer da compra da realidade e utilidade dos bens. Comprar não é tanto a gratificação do desejo quanto a emoção do próprio desejo, que precisa ser constantemente renovada. A compra real se torna cada vez menos satisfatória. O potencial é sempre infinito, mas o que se escolhe é sempre finito. Para o viciado em potencial, qualquer clímax é um anticlímax. A magia do talismã se revela mundana, e o comprador transcendente volta a seu conhecido e decepcionante ser. Muitas vezes, as lindas roupas nunca são vestidas, o aparelho incrível jamais é usado, o livro fascinante nunca chega a ser lido e o emocionante CD jamais é ouvido.

Minha compulsão é comprar livros e CDs, na esperança de adquirir um conhecimento esotérico secreto e desfrutar de fortes emoções. Mas tenho em minha estante CDs que jamais foram tocados (embora nenhum esteja ainda fechado, porque rasgar o celofane que os envolve é parte do potencial, das preliminares), e há muitos outros CDs que só ouvi uma vez. Assim que a música sai pelas caixas acústicas o CD perde sua aura mágica e se torna apenas outro CD. E, como os livros são mais baratos, mas levo mais tempo para lê-los, tenho cada vez mais livros comprados e não lidos. Um livro novo preserva seu

## A justiça do direito e o charme do potencial

potencial fascinante por cerca de seis semanas e depois deixa de ser um possível portador de conhecimento secreto para se transformar em obrigação, censura, fonte de embaraço e vergonha.

Uma solução para o problema da compra desnecessária é justificá-la como destinada a uma coleção. Não admira portanto que coleções de todos os tipos estejam em alta. Com isso, o comprador comum pode ser reclassificado como colecionador, com o consequente rótulo de especialista e *connoisseur*, o que faz do lixo inútil objeto colecionável, uma palavra que não sugere extravagância injustificável, mas sagaz investimento. E o comprador compulsivo de livros e CDs pode se sair melhor ainda, porque não está apenas comprando livros, mas "formando uma biblioteca".

As viagens também se baseiam em expectativas. O novo destino será exótico, diferente, inesperado, e dali nascerá um novo ser transfigurado. Mas o novo lugar, embora provavelmente mais empolgante, não passa de outro *lugar*, com céu, edifícios, pessoas e árvores – e o *self* ansioso e triste insistiu em vir junto. Em *A arte de viajar*, Alain de Botton conta uma temporada de férias que passou no Caribe com uma namorada. Antes de partir, eles sonhavam com a harmonia que praias, mar azul, palmeiras e magnífico pôr do sol com certeza inspirariam, mas, assim que chegaram, começaram a discutir sobre o tamanho e a aparência das sobremesas servidas no restaurante. Ambos pediram a mesma sobremesa, mas a porção dele tinha uma apresentação melhor, enquanto a dela era maior. Ela trocou os pratos e se justificou alegando que fazia aquilo para agradar a ele, quando na verdade agradava a si mesma. Eles discutiram e voltaram ao hotel de mau humor, indiferentes ao glorioso cenário que deveria inspirá-los.[6] Todos já tivemos experiências como essa – e convenientemente as esquecemos. Porque as próximas férias já estão planejadas e com certeza trarão a verdadeira felicidade.

Tal é a compatibilidade entre comprar e viajar que as duas coisas andam cada vez mais juntas. Pode-se comprar no aeroporto, no avião, na estação de trem, no saguão do hotel e até mesmo no quarto do hotel via internet – mas, naturalmente, tudo isso é só uma preparação para o principal: experiências de compras inteiramente novas no novo destino.

A combinação perfeita entre viajar e comprar, porém, é o cruzeiro de luxo. Na verdade, como um cruzeiro também envolve diversão e outros mimos, o navio é o símbolo perfeito da era contemporânea: um enorme palácio móvel do prazer, que transporta crianças crescidas, vestidas em roupas informais de cor pastel, circulando em volta de uma série de lojas.

# A era da loucura

O relato hilariante e terrível de David Foster Wallace sobre um cruzeiro pelo Caribe, *A supposedly fun thing I'll never do again*\*, é de um escrupuloso realismo documental, mas também uma fábula do nosso tempo – porque o cruzeiro apresenta, embora de maneira exagerada, todas as novas tendências culturais. Ali está a incapacidade de vivência direta e a necessidade de filmar tudo para acreditar que aquilo de fato aconteceu – todos os passageiros estão equipados com câmeras sofisticadas. Ali está a universal sensação de direito a privilégios – todo mundo acredita que merece aquelas férias mais do que ninguém. Ali está a infantil necessidade de ser mimado – o navio de cruzeiro oferece serviços diuturnos, prestados por um exército de diligentes funcionários. Ali está a incansável, quase fanática, alegria da equipe de serviço. Ali está a recusa a pensar dos passageiros infantilizados. Wallace observa:

> Ouvi cidadãos americanos adultos de classe alta perguntarem ao funcionário na mesa de informações se para mergulhar com *snorkel* era preciso se molhar, se o tiro ao alvo móvel seria praticado ao ar livre, se a tripulação dormia a bordo, e a que horas seria servido o bufê da meia-noite.[7]

Ali estão as infinitas oportunidades de compras a bordo e nos portos, e as infindáveis oportunidades de distração e entretenimento: piscinas, academias, instalações para a prática de vários esportes (inclusive um local para treinamento de golfe), cassinos, *piano bars*, discotecas, cinemas e um salão de *shows*, onde se apresentam um imitador, um ilusionista, um casal que canta um *pot-pourri* de canções da Broadway e um hipnotizador que alega ter colocado em transe a rainha Elizabeth II e o dalai-lama.

Muitas dessas tendências contemporâneas estão inter-relacionadas. A tendência à infantilidade é com certeza uma reação à era de liberação. É um erro comum presumir que a liberação é por si só suficiente para a realização, que tudo vai ficar bem se conseguirmos escapar de um emprego que corrói a alma, de um relacionamento opressivo, de uma cidade sombria. Mas acontece que liberdade não gera automaticamente realização. Pelo contrário, liberdade requer trabalho duro e incessante. As velhas tradições podiam ser opressivas, mas viver sem elas é incerto, complicado, confuso e estressante. Ter que tomar uma decisão a partir da análise

---

\* "Uma coisa supostamente divertida que jamais farei de novo". (N. da T.)

A justiça do direito e o charme do potencial

das premissas é exaustivo. O potencial de infinitas possibilidades se transforma na perplexidade diante de infinitas opções. E daí o retrocesso: um profundo desejo de agir por impulso e não por deliberação, de seguir a emoção em vez da razão, de preferir o que é certo, simples, fácil e passivo. A árdua responsabilidade de ser adulto gera uma profunda nostalgia do prazer de desfrutar um amor incondicional, de comer, beber, usar fraldas e adormecer ouvindo uma canção de ninar.

Naturalmente, a propaganda fica felicíssima de estimular a emoção e o impulso, e a indústria do entretenimento, de cantar para o bebezão dormir. A única coisa boa do novo infantilismo é que a necessidade de mimar o bebê quase sempre é anulada pela necessidade de protegê-lo. Um hotel londrino, conhecido por serviços inovadores como casamento de cães e um *sommelier* de mostarda, saiu-se com uma ideia digna de um cruzeiro de luxo: mediante uma taxa, dois membros da equipe podiam ir ao quarto do hóspede, onde um deles recriaria a magia da infância iniciando uma batalha de travesseiros com o cliente, enquanto o outro atuava como árbitro. Esse novo serviço foi muito procurado, mas, naturalmente, precisou ser interrompido "por razões de saúde e segurança". Entretanto, se as exigências de mimo e atenção não são satisfeitas, o bebezão fica muito zangado. O novo infantilismo tem contribuído para uma sensação cada vez maior de autovalorização e prerrogativa de direitos, e uma sensação cada vez menor de autoconhecimento e obrigação, com o consequente aumento de ressentimento e afronta. O vermelho da cólera quase sempre está presente na face do bebezão.

E o novo infantilismo é uma das razões do surgimento do PC – não o "politicamente correto", mas o "profissional contente". Uma súbita e exagerada expressão de alegria é o comportamento de um adulto para com uma criança. Outra possível fonte de PC é a mudança da economia da manufatura para a economia de serviços, o que tornou a interface do usuário cada vez mais importante. Não só o cliente tem sempre direito; o serviço tem que ser brilhante. Essa obrigação se espalhou pelo setor de serviços do mundo todo. Até os garçons de Paris, donos de um sublime desdém, tiveram que se adaptar. Ninguém desdenha como os franceses – uma característica que, como seus vinhos e queijos, tem séculos de tradição –, mas até eles tiveram que aprender a desejar à sua desprezível clientela "um bom dia". Jean-Paul Sartre, orgulhoso da maneira como Paris se opôs ao "veneno nazista", ficaria horrorizado ao vê-la sucumbir à doçura americana.

Um fator adicional é a tendência moderna a tornar-se uma mercadoria num mundo de consumo, a se desenvolver não como pessoa, mas como marca – e no mercado contemporâneo isso significa ser jovial e sorridente.[8]

# A era da loucura

Essa tendência mercadológica foi ainda mais estimulada pelo surgimento da equipe. As novas e "flexíveis" empresas costumam substituir departamentos e equipes de longo prazo por outras destinadas a realizar projetos específicos mediante contratos de curto prazo. Assim, para o indivíduo, a lealdade empresarial perdeu o significado, e o talento crucial é a capacidade de trabalhar como "membro de uma equipe". A colaboração é tão importante quanto o esforço individual, e a capacidade de se adaptar a ela, tão importante quando o desempenho.

Nos anos 1970, dois americanos combinaram uma carinha amarela sorridente com o *slogan* "Tenha um bom dia" e registraram um símbolo cuja popularidade rivaliza com a da cruz. Na verdade, o rosto sorridente original foi criado por um publicitário americano anterior, Harvey R. Ball. Mas isso aconteceu no inocente ano de 1964, antes que o dinheiro se tornasse mais *sexy* que o sexo, de modo que Ball nunca se preocupou em patentear seu símbolo e só recebeu 45 dólares por seu trabalho. Um sujeito de outros tempos, apesar de ser publicitário, quando lhe perguntaram como se sentia por ter perdido uma renda estupenda, Ball respondeu com um comentário digno de um filósofo estoico: "Só posso comer um filé de cada vez".

Todos esses fatores se combinaram para produzir uma mudança de valores, com a primazia da mudança sobre a estabilidade, do potencial sobre a realização, da antecipação sobre a apreciação, da colaboração sobre a individualidade, do oportunismo sobre a lealdade, da transação sobre o relacionamento, do infantilismo sobre a maturidade, da passividade sobre o empenho, da fuga sobre o enfrentamento, do direito sobre a obrigação, da exteriorização sobre a interiorização, e da animação sobre a preocupação.

Seduzidos da direita pelas prerrogativas de direitos e da esquerda pelo charme do potencial, somos levados a acreditar que a satisfação não é apenas um direito fundamental, mas algo totalmente merecido, e que alcançá-la não requer mais reflexão, esforço ou paciência, mas uma escada rolante para o piso seguinte de um *shopping center*.

O problema é que as principais consequências parecem todas benéficas. "Liberdade" não é a palavra mais inspiradora e o conceito mais inestimável da sociedade moderna? A potencialidade não é a essência da felicidade? Não somos obrigados a mudar? E obrigados a agir com os outros como gostaríamos que eles agissem conosco? Mas a liberdade, que originalmente significava liberdade de participar do governo, acabou significando liberdade de resistir à intervenção

## A justiça do direito e o charme do potencial

do governo. Uma sensação de possibilidades é de fato necessária para fazer a vida valer a pena – mas estamos falando de um potencial interior, e não do potencial contemporâneo, que é inteiramente exterior, dependente de coisas como aventuras sexuais, promoção, compras ou viagens. "Você precisa mudar" é uma ordem fundamental, mas não implica venerar a mudança em proveito próprio – a mudança deve sempre ser temperada com responsabilidade e comprometimento. A alegria é desejável – ninguém gosta de mau humor e grosseria –, mas não esse aparente bom humor sem substância que proíbe reações mais profundas como ironia, ceticismo e divergência; que desencoraja até mesmo um entusiasmo apaixonado, fazendo-o parecer perigosamente excessivo; e, pior de tudo, que desacredita o próprio sorriso, fazendo-o parecer insincero e manipulador, a ponto de a única expressão sincera ser a careta furiosa de uma gárgula.

O que podemos fazer? Há pouca perspectiva de mudança cultural. Uma das forças do capitalismo é a capacidade de cooptar todos para o seu projeto, encorajando-os a se tornarem proprietários, acionistas e empreendedores. E, à promessa de que qualquer um pode se tornar um milionário, recentemente se acrescenta a promessa de que qualquer um pode ser uma celebridade. Outro poder do capitalismo é sua capacidade de absorver a dissidência para neutralizá-la. Foi assim que o capitalismo assimilou a classe trabalhadora, como mais tarde engoliu os *beats* dos anos 1950, a contracultura dos anos 1960, os *punks* dos anos 1970 e, mais recentemente, até o movimento de *culture jamming*.\* A Adbusters hoje fabrica um tênis de corrida, que, naturalmente, é anunciado na *Adbusters*.\*\* Você será punido por transgressão se publicar um romance sobre o prazer de pendurar rapazes de cabeça para baixo num ritual perverso, ou exibir um crânio em decomposição habitado por uma colônia de moscas varejeiras, ou atirar intestinos de porco sobre a plateia e depois morder uma cabeça de morcego?\*\*\* Não; pelo contrário, você será recompensado com fama e riqueza. O capitalismo consome a contracultura como se fosse um alimento rico em fibras numa dieta saudável.

---

\* *"Culture jamming"* é a prática de subverter as peças publicitárias, principalmente *outdoors*, adulterando sua mensagem, porque rejeita a ideia de que o *marketing* deve ser aceito passivamente. (N. da T.)
\*\* A Adbusters Media Foundation é uma organização anticonsumista fundada em 1989 no Canadá, responsável também pela publicação da revista *Adbusters*, cujo nome pode ser traduzido literalmente por "detonador de propaganda". (N. da T.)
\*\*\* Referência ao romance *The Soft Machine*, de William Burroughs, a uma escultura de Damien Hirst e ao comportamento do músico Ozzy Osbourne durante um show. (N. da T.)

# A era da loucura

Da mesma forma, a televisão e a propaganda aprenderam a neutralizar a oposição com um autodeboche irônico. Uma das séries de maior sucesso da tevê mostrava uma família ignorante e passiva que não fazia nada a não ser desmoronar no sofá para ver tevê. Mas é claro que as famílias que ficavam em casa vendo aquela família ver tevê não se consideravam ignorantes e passivas, mas espertas e superiores – afinal, elas entendiam a piada. E a publicidade oferece paródias de anúncios e até faz piada com a ideia da propaganda. Esse é o truque do trapaceiro sofisticado, que garante cumplicidade com uma piscadela.

E os pensadores? Oferecem algum conselho para resistir às pressões condicionantes do mundo? Raramente. Os pensadores costumam se refugiar no desprezo e no horror – a solução de Buda para o mundo foi abandoná-lo.

Mas os estoicos gregos e romanos – Epíteto, Sêneca e Marco Aurélio – não fugiram do mundo: Marco Aurélio foi imperador; Sêneca, um rico banqueiro, talvez o único banqueiro a escrever filosofia; e Epíteto, um ex-escravo. E o mundo em que eles atuavam era uma civilização rica, que apresentava muitas semelhanças com a nossa. Seus textos são surpreendentemente cheios de vida, nem um pouco "estoicos" no sentido contemporâneo da palavra, de triste resignação diante da adversidade. Esses três não eram tristes (Sêneca: "É mais civilizado aproveitar a vida do que lamentá-la")[10], nem resignados (Marco Aurélio: "A arte de viver mais parece uma luta que uma dança")[11], e tão preocupados em manter a prosperidade quanto em suportar a adversidade (Sêneca: "Embora todos os excessos sejam de certa forma nocivos, o maior perigo é a boa sorte sem limites")[12]. O problema, segundo eles, não é a riqueza em si, mas o fato de ela estimular defeitos de caráter como arrogância, desdém, ressentimento, impaciência, desassossego e, pior de tudo, desejo de mais riqueza. Os estoicos entendiam muito bem a loucura que faz com que nada seja suficiente. Epíteto comparou-a a uma febre que dá uma sede que nenhuma quantidade de água pode aplacar. Sêneca cita a necessidade insaciável de Alexandre, o Grande, de conquistar novas terras: "Ele ainda desejava ir além do Oceano e do Sol".[13] O problema, então como hoje, é o feitiço do potencial numa sociedade rica. Como Sêneca afirmou: "O maior obstáculo à vida é a expectativa, que depende do amanhã e não aproveita o hoje".[14] Assim, embora não escritas expressamente para o século XXI, as obras dos estoicos estão cheias de lembretes da futilidade da busca de atenção, do consumismo, da raiva e de fazer da viagem um fim em si mesmo ("Nada aqui é diferente do que seria no alto da montanha ou no fundo do mar").[15]

## A justiça do direito e o charme do potencial

A maior virtude estoica é o desapego – se não é possível influenciar o mundo, pelo menos é possível moderar a influência do mundo sobre o ser –, mas o propósito desse desapego é entender e não desdenhar. E ele não implica retrocesso ou indiferença fatalista. A estratégia estoica não é evitar a experiência ou aceitá-la passivamente, mas transformá-la em outra coisa.

> Se nossa força interior for fiel à natureza, sempre se ajustará às possibilidades oferecidas pelas circunstâncias. Ela não exige nada predeterminado e está disposta a conceder. Os obstáculos são simplesmente transformados em material de uso. É como uma fogueira domando um monte de lixo.[16]

Queixas, é claro, estão totalmente fora de questão – Epíteto: "O objetivo adequado de nossa atividade é praticar como eliminar da vida tristezas e lamentos, e gritos de 'Ai de mim!' e 'Pobre de mim!'"[17] E Marco Aurélio disse: "Abster-se de imitar é a melhor vingança".[18]

Infelizmente, esta fecunda especulação sobre a maneira de viver no mundo foi obliterada durante mais de mil anos pela rejeição do cristianismo à possibilidade de felicidade terrena. Entretanto, Cristo, quase sempre considerado o menos mundano dos homens, na verdade se preocupava muito com o mundo e ofereceu conselhos para enfrentá-lo. Em primeiro lugar, rejeitou com espantosa veemência a lealdade à família e à tribo: "Os inimigos do homem serão os da sua própria casa".[19] Depois ele ponderou sobre o fenômeno dos fariseus, os escribas. Eram homens com poder, mas sem nenhuma autoridade – uma diferença fundamental. A autoridade merece respeito, o poder o exige; a autoridade não requer ornamentos, o poder precisa de vestes imponentes; a autoridade é direta, o poder é dissimulado; a autoridade é um coração aberto, o poder é um punho fechado. E Mateus diz de Cristo: "Porque ele as ensinava como quem tem autoridade, e não como os escribas".[20] Os escribas acreditavam mais em regras que em princípios, mais em posição que em realização, mais em hipocrisia que em virtude. Assim, estavam sempre tentando enquadrar Jesus na lei e impor-lhe proibições – e Cristo sempre recusou regras e insistia que cada caso fosse decidido à luz de princípios. Se uma ovelha cair num poço no sabá, você obedece à proibição de trabalhar no sabá ou a tira de lá?[21] E denunciava constantemente a hipocrisia, tema fundamental do Novo Testamento, mas raramente mencionado pelos cristãos.

# A era da loucura

O conflito entre Cristo e os fariseus é permanentemente relevante porque existem fariseus em todas as épocas e culturas. Raramente tomam o poder ou definem sua ideologia, mas servem a qualquer regime e implementam qualquer plano. São os funcionários públicos franceses que entregaram seus companheiros judeus aos nazistas, os membros do partido comunista que delataram seus vizinhos à polícia secreta, os fanáticos justiceiros que impuseram o conceito de "politicamente correto" no fim do século XX – e os colegas que fazem discursos intermináveis em cada reunião, num tom alto e confiante que indica independência crítica, mas nunca se afastam da linha oficial. Os fariseus estão entre os mais importantes transmissores de normas culturais, e não terão a menor dificuldade de adotar novos valores sem a menor consciência da mudança. Aprenderam a ser PC nos dois sentidos: de politicamente correto e de profissional contente. Solenes durante séculos, hoje são simpáticos profissionais, embora continuem sem um pingo de senso de humor. E, como Cristo sabia, nunca podem ser derrotados, porque sempre estão do lado do poder, divulgam as ideias oficiais e seguem os procedimentos oficiais. O conselho de Jesus foi: "A César o que é de César"[22] – ou seja, dê ao poder apenas o mínimo necessário e nada mais. O fariseu é o tipo definido por Fromm como "caráter autoritário"[23], aquele que adora o poder pelo poder, reverencia os poderosos e despreza os impotentes. Em outras palavras, a orientação é sadomasoquista: bajule quem está em cima e pise em quem está embaixo. Esse tipo também teme, odeia e tenta eliminar aqueles que, como Cristo, têm autoridade e não buscam nem precisam de poder.

Essas ideias – a crença estoica no aproveitamento da adversidade inevitável, a insistência de Cristo numa moralidade baseada em princípios e não em prescrições, e a compreensão freudiana da natureza sadomasoquista do poder – se juntaram, em meados do século XX, no existencialismo, um dos poucos movimentos filosóficos a considerar o relacionamento entre o ser e o mundo. Seu conceito fundamental é a responsabilidade pessoal. Como disse Sartre: "O homem é totalmente responsável por sua natureza e suas escolhas".[24] Mas isso não é uma desculpa para a fuga e o isolamento. Ao contrário, torna o engajamento necessário em todos os níveis, dos relacionamentos pessoais às relações de grupo. Porque a responsabilidade exige o exercício contínuo de escolhas, que, embora muitas vezes doloroso, é a única maneira de transcender as circunstâncias e o ser. Mas toda escolha é finita, de modo que não há como viver em perpétua antecipação. Soren Kierkegaard, o protoexistencialista, escreveu: "Este é o desespero da possibilidade. A possibilidade então parece ao ser cada vez maior, mais e mais coisas se tornam possíveis, porque nada se torna real. No fim, é como se tudo fosse possível".[25] Kierkegaard argumentava que o ser precisa equilibrar necessidade e possibilidade. Ao longo da história, esmagar a necessidade foi o problema, mas o ser contemporâneo está ficando louco diante das infinitas possibilidades. A rejeição da necessidade é a doença contemporânea.

Para Sartre, a essência da liberdade não estava no potencial, mas na finitude: "Ser finito é escolher a si mesmo, ou seja, conhecer-se projetando-se em direção a um possível, à exclusão dos outros. O próprio ato de liberdade é portanto a presunção e a criação da finitude".[26] Mas a finitude escolhida precisa ser plenamente aceita – é necessário *ir até o fim*. E esse exercício de responsabilidade exclui o sofrimento: "Portanto não há sentido em lamentar-se, já que nada estranho decidiu o que sentimos, o que vivemos ou o que somos".[27]

Assim, a insistência estoica em fazer uso do que acontece atinge o nível de uma crença fundamental – seja o que for que você seja interiormente, pode criar alguma coisa disso. De fato, essa construção é uma obrigação. Sartre criticou a aceitação passiva dos papéis sociais e do condicionamento cultural como "má-fé", falta de "autenticidade", a desculpa preguiçosa do "é assim que eu sou". O ser precisa ser constantemente construído, e essa construção se torna uma maneira de transcender o ser. A vida é uma perpétua autotranscendência.

Quanto às relações com os outros, a liberdade do indivíduo é o fator crucial. Assim, no amor não há questionamento entre entregar-se ou exigir a entrega – masoquismo ou sadismo. É difícil existir um relacionamento sem alguma luta de poder, mas o ideal é que a autonomia do parceiro seja sempre respeitada; a consequência desse ideal, porém, não é a felicidade eterna, mas o eterno conflito. Perigo e risco são inevitáveis, mas dão ao relacionamento intensidade – intensidade, em vez de serenidade, é o objetivo existencialista.

De maneira semelhante, nas relações de grupo não deve haver submissão ao *éthos* do grupo, que Sartre definiu como "consciência de nós mesmos", nem o uso do poder para subjugar a liberdade do outro. Como no amor, o exercício do poder dentro do grupo é quase sempre sadomasoquista. O que a personalidade autoritária, o fariseu, geralmente exige é obediência à hierarquia, a regulamentos e procedimentos, mas o que ela realmente deseja é a perda da liberdade interior. Portanto, pode ser frustrante receber *apenas* obediência externa. Este é o triunfo existencialista: preservar um ser secreto e a liberdade pessoal dando a César apenas o que é de César.

Assim sendo, o existencialismo rejeita a maleabilidade do membro do grupo, prioriza a finitude sobre o potencial, aconselha a utilização dos acontecimentos e aceita a dificuldade porque ela confere intensidade. Não admira que essa filosofia esteja fora de moda.

Outro conceito fundamental é o absurdo, de novo uma extensão do pensamento estoico. Se a vida é insignificante e sem sentido, deve ser absurda. Portanto, esta é a era do absurdo também no sentido filosófico.

Para Sartre, sempre solene, a falta de sentido era trágica, justificando até mesmo o suicídio e eliminando qualquer possibilidade de felicidade. Mas Albert Camus viu que não só a felicidade é possível, mas está simbioticamente ligada ao absurdo, à falta de sentido – um pode reforçar o outro: "A felicidade e o absurdo são filhos da mesma terra. São inseparáveis. Seria um erro dizer que a felicidade nasce necessariamente da descoberta do absurdo. Também acontece que o sentimento de falta de sentido brote da felicidade".[28] Camus aplicou essa ideia à situação de Sísifo, condenado a rolar uma rocha montanha acima por toda a eternidade:

> Sísifo ensina a fidelidade superior que nega os deuses e ergue rochedos. Ele também conclui que tudo está bem. Aquele universo de agora em diante sem um senhor não lhe parece estéril ou fútil. Cada átomo daquela pedra, cada centelha mineral daquela montanha cheia de noite, é por si só um mundo. A luta em direção ao topo é suficiente para encher o coração do homem. Devemos imaginar que Sísifo é feliz.[29]

Infelizmente, os existencialistas não tinham um pingo de humor. *O mito de Sísifo* é a obra clássica de Camus sobre o absurdo, mas também tem momentos impressionantes, especialmente sobre o tema do suicídio. Na verdade, a morte de Camus foi apropriadamente absurda. Embora tivesse a intenção de voltar de Marselha a Paris de trem, foi convencido a aceitar uma carona de seu editor – que saiu da estrada e bateu numa árvore. Assim sendo, Camus morreu num acidente de carro com um bilhete de trem no bolso – uma parábola absurda sobre as consequências de aceitar o caminho de outros.

Outros escritores chegaram a conclusões opostas às de Sartre – de que o absurdo não é trágico, mas cômico, razão para não rejeitar a vida, mas para extrair dela novo sustento e prazer. Como afirma a personagem de uma das peças de Samuel Beckett: "Não há melhor maneira de engrandecer o Todo-Poderoso do que rir de suas piadas, particularmente as piores". A personagem é Winnie, que foi enterrada até a cintura e depois até o pescoço na peça *Dias felizes* – que outro título poderia ter? "Ah, este será mais um dia feliz!", ela exclama.[30]

# 4
# O velho ser e a nova ciência

Você pode ter tudo o que quiser e tornar-se qualquer pessoa que deseje ser. Não há limites ao potencial, à realização e à recompensa. O universo é uma infinita esteira rolante de prêmios. São inúmeras as seduções da indústria de autoajuda em sua safra anual de livros que levam títulos como *Tudo e mais um pouco – Consiga o melhor da vida: a melhor carreira, o melhor namorado e tudo o que você sempre quis*.

São capas coloridas, títulos longos e pretensiosos, com tom freneticamente alegre e um argumento que parte de três premissas básicas: a satisfação é consequência do sucesso mundano (*Deus quer que você enriqueça*); existem alguns passos simples para alcançar a realização (*A vida é curta – use suas roupas de festa: 10 verdades simples que levam a uma vida maravilhosa*); e quem seguir os conselhos prescritos vai descobrir um imenso e inexplorado potencial (*Desperte seu gigante interior*). Cabe à autoajuda uma parte da culpa por alimentar a ilusão de que a realização é fácil.

A ilusória facilidade proposta pela autoajuda pode ter provocado uma rejeição à psicologia, tida como descartável e inútil. Mas a visão da psicologia séria é o oposto da mensagem da autoajuda: a realização não é fácil, mas, pelo contrário, exaustivamente difícil. Os teóricos do ser insistem na compreensão e na transformação, mas a psicologia mostrou como isso pode ser difícil. Tentativas de autoconhecimento são arduamente dificultadas pela esperteza do *id*, que utiliza o autoengano e a autojustificação. Parece não haver ilusão demasiado absurda, nem justificativa demasiado irracional.

A ilusão começa pela ideia de felicidade. Todos, em todo lugar, independentemente de idade, gênero, condição social ou financeira, relatam um nível de felicidade acima de 5 numa escala de 1 a 10 – e, ainda mais estranho, têm certeza de uma felicidade ainda maior no futuro. O psicólogo americano Jonathan Haidt alega que existem ilusões semelhantes em relação a todos os desejos, e que a maioria dos europeus e americanos se classificam acima da média em relação a uma grande variedade de talentos, entre eles honestidade, inteligência e, naturalmente, desempenho sexual. Isso me fez pensar nos meus arrogantes colegas de magistério e no que Haidt diz sobre seus colegas professores: "Noventa e quatro por cento de nós acham que nosso trabalho está acima da média".[1] Nem preciso dizer que estou entre esses 94 por cento. E os professores são ainda mais iludidos que os estudantes: apenas 70 por cento deles se consideram acima da média. A tentação de rir é contida por outro pensamento perturbador: a maioria dos meus colegas julgam-se tremendamente divertidos; todos têm um senso de humor acima da média.

Mas, como costuma acontecer, há uma intrigante exceção à regra. Haidt observou que a ilusão é menor nos países do leste da Ásia e praticamente não existe no Japão. Será isso uma evidência da influência benéfica da cultura budista, que tenta combater a ilusão e reduzir o apego ao *self*?

Mas só exageramos nossas virtudes. Em relação às dos outros, somos realistas. Dois psicólogos, Nicholas Epley e David Dunning, pediram que as pessoas previssem se iam se comportar de maneira egoísta ou solidária num jogo que envolvesse dinheiro. O resultado: 84 por cento afirmaram que jogariam de maneira solidária – mas calculavam que a cooperação seria o comportamento de apenas 64 por cento. Na verdade, 61 por cento jogam de maneira solidária.[2] Em outras palavras, como Buda e Cristo disseram muitas vezes, somos hipócritas.

Resta ao menos o consolo de que muitas das descobertas da psicologia reforçam as ideias de mestres religiosos e filósofos, em particular a conclusão a que chegaram os gregos, repetida por todo mundo desde então, mas ainda não aceita de modo geral: a de que, isoladamente, sucesso e prosperidade não fazem ninguém feliz. Naturalmente, um certo grau de prosperidade é necessário para prover o básico, como reconhecia Aristóteles, mas o excesso pouco fará para aumentar a satisfação. Muitos especialistas traçaram um gráfico para analisar a felicidade em função da renda. O nível de felicidade cresce acentuadamente no início e depois se nivela. A partir de certo ponto, ter mais não faz nenhuma diferença. Um gráfico equivalente dos países mostra que o nível de felicidade cresce nas primeiras fases de desenvolvimento e depois vai decrescendo. Portanto, o aumento da riqueza é ineficaz tanto para as nações quanto para os indivíduos. E o mesmo fenômeno é observado ao longo do tempo: a riqueza crescente do Ocidente ao longo das últimas gerações não acarretou um correspondente aumento de felicidade.³

Também há evidências de que, como afirmaram Buda e Spinoza, resistir ao desejo de imediata gratificação pode trazer satisfação a longo prazo. Em 1970, Walter Mischel colocou um prato de *marshmallows* diante de um grupo de crianças de 4 anos de idade e explicou que precisava sair da sala por um momento, e que, se os *marshmallows* ainda estivessem ali quando ele voltasse, cada criança receberia dois *marshmallows* em vez de um. Cerca de um terço das crianças atacou a guloseima imediatamente, outro terço tentou se conter, mas acabou sucumbindo em vários estágios, e o último terço conseguiu esperar pela recompensa em dobro. Quinze anos depois, ao pesquisar as mesmas crianças, Mischel descobriu que as que tinham tido mais autocontrole eram mais bem-sucedidas no campo pessoal e educacional, enquanto as que tinham sido incapazes de adiar a gratificação não eram em geral tão bem-sucedidas, tinham problemas de drogas e álcool e – o mais interessante – tinham se tornado pessoas opressoras, uma confirmação de que o desejo de poder é uma espécie de cobiça dos insatisfeitos. Estudos posteriores revelaram que o principal talento dos que possuem autocontrole não é tanto a força de vontade, mas o desapego, a capacidade de pensar em outra coisa que não a guloseima no prato.⁴ É animador saber que um terço das crianças de 4 anos são pequenos Budas – mas essa clássica experiência foi conduzida em 1970, antes da era de consumismo furioso. As crianças de 4 anos de hoje provavelmente engoliriam os *marshmallows* e depois reclamariam que eles são puro lixo.

Outros experimentos confirmaram a antiga visão de que, quanto mais temos, mais queremos; de que a vida é uma progressão, não de uma satisfação a outra, mas de um desejo a outro. O economista Richard Easterlin pediu a jovens que identificassem os produtos de consumo que julgavam essenciais para uma boa vida e, dezesseis anos depois, repetiu a pergunta às mesmas pessoas. O que aconteceu foi que eles tinham subido na escala de desejos – televisor, carro, casa, viagem internacional, piscina, segunda casa etc. – e, aonde quer que tivessem chegado, o próximo item era o que finalmente os faria feliz. Mal conseguiam uma coisa, logo se cansavam dela, davam-na como natural e já desejavam a próxima.⁵ Esse estudo investigou apenas a atitude em relação a bens de consumo, mas o resultado se aplica a tudo o que é desejável: assistência social, aumentos de salário, promoções, férias, produtos gastronômicos e sexo. Como afirmou Schopenhauer: "Com a posse, ou certa expectativa de posse, nossas exigências crescem imediatamente, o que aumenta nossa capacidade de mais posses e maiores expectativas [...] conseguir algo que se deseja é descobrir como isso é vão".⁶ Os termos da psicologia para isso são "habituação" e "adaptação hedônica".

Ocorre-me que existe também uma adaptação negativa – pensamos que seremos menos infelizes se realizarmos tarefas menos desagradáveis, mas, quanto menos fazemos, menos queremos fazer. Isso acontece quando nos sentimos sobrecarregados de trabalho, conseguimos reduzir a carga de trabalho, mas logo nos sentimos novamente sobrecarregados. Na verdade, a expectativa de alívio pode significar que ter que fazer menos é ainda mais problemático.

Pela minha experiência, posso acrescentar que a habituação não se aplica apenas a dinheiro, bens e prazeres, mas também à fama. Os artistas costumam dizer que nada mais querem a não ser um modesto reconhecimento – publicação, exposição, oportunidades de atuar –, mas, assim que essa meta é alcançada, passam a desejar mais. E não existe teto. Até os mais famosos ficam irritados com uma única voz discordante. Essa é uma vulnerabilidade que vale a pena lembrar: recusando-se à adulação, até o mais insignificante de nós pode enfurecer uma celebridade.

A capacidade de se iludir é extraordinária, mas há outra capacidade ainda mais impressionante. O talento para a autojustificação é com certeza a fina flor da evolução humana, a maior conquista do cérebro humano. Quando se trata de justificar os próprios atos, todo ser humano adquire a inteligência de um Einstein, a imaginação de um Shakespeare e a astúcia de um jesuíta. Um exemplo que me impressionou foi o argumento de um homem que espancava a mulher. Ele explicou pacientemente que os socos e pontapés, que exigiram internação hospitalar, eram uma prova do comportamento abominável da esposa, e não do seu – se um ser gentil como ele foi levado à violência, é porque a provocação fora insuportável. E esse era um homem inteligente e sensível, conhecido poeta, famoso por sua honestidade, tolerância e pelo amor que dedicava às mulheres.

O clássico experimento de autojustificação foi conduzido há mais de cinquenta anos por um psicólogo chamado Leon Festinger. Ele se infiltrou numa seita que acreditava que um disco voador chegaria à Terra à meia-noite do dia 20 de dezembro de 1954 para salvar os verdadeiros crentes do fim do mundo, que ocorreria dia 21 de dezembro. Depois de abandonar o emprego e distribuir suas economias, muitos membros da seita se reuniram com seu líder na noite de 20 de dezembro para aguardar a salvação. Quando a meia-noite chegou e passou sem

## O velho ser e a nova ciência

o surgimento de uma espaçonave, houve naturalmente uma certa apreensão. Mas, às 4h45, o chefe finalmente percebeu o que tinha acontecido: a fé inabalável dos verdadeiros crentes tinha poupado o mundo da destruição: "Desde o começo dos tempos não houve sobre a Terra uma tal força de Deus e de Luz como a que agora inunda esta sala".[7] Aleluia! Em êxtase, o grupo procurou a imprensa para relatar o milagre e depois saiu às ruas para converter o mundo descrente.

Além de não conseguir destruir uma ilusão, uma prova irrefutável na verdade reforça e intensifica a falsa crença. A esse impressionante ciclo de truques mentais Festinger chamou de "dissonância cognitiva". Incapaz de tolerar duas crenças dissonantes, a mente simplesmente elimina a mais inconveniente das duas. Dessa forma, enquanto a evidência contraditória é rejeitada sem crítica, a evidência confirmatória é aceita também sem questionamentos. E, se não houver evidência de nenhum dos lados, isso também é tomado como uma confirmação. Descobri isso por mim mesmo durante as revoltas na Irlanda do Norte, quando um grupo exultante de nacionalistas me informou que, em consequência do sucesso de uma ação do IRA, o necrotério do hospital local estava lotado de corpos de soldados britânicos baleados. "Mas não há nada sobre isso nos jornais ou na tevê", argumentei. Eles riram com desdém e responderam: *"Exatamente"*.

Nenhum fato está imune à autojustificação – e a distorção da memória é um dos truques mais fáceis. Como todos os ditadores sabem, quem quiser alterar o futuro precisa primeiro alterar o passado. Assim, a capacidade de enfrentar o futuro é aumentada quando exageramos os problemas superados no passado – daí o número cada vez maior de pais acusados de maus-tratos ou negligência, o que justifica qualquer defeito persistente dos filhos. Naturalmente, nosso passado também pode ser convenientemente suprimido. Nietzsche entendeu isso: "'Eu fiz isso', diz minha memória. 'Não posso ter feito isso', diz meu orgulho, e continua inflexível. Posteriormente, a memória cede".[8]

Criar lembranças, mesmo as mais bizarras e implausíveis, não é muito mais difícil do que distorcê-las. Milhões de americanos acreditam sinceramente ter sido abduzidos por alienígenas.[9] A psicóloga clínica Susan Clancy entrevistou centenas de pessoas que disseram ter passado por essa experiência e encontrou o mesmo padrão. Todos tinham passado por sofrimento mental e disfunção, e posteriormente por um fenômeno alarmante conhecido como "paralisia do sono", que eles explicavam com uma história de abdução. Os alienígenas eram então culpados pelos problemas anteriores. Como explicou uma mulher que sofria de disfunção sexual: "Sei que isso está relacionado com o que os seres me disseram. Eu fui objeto de um experimento sexual deles desde tenra idade".[10] Essa é uma maneira extrema de fugir à responsabilidade, mas pode causar menos dano do que culpar os pais... a não ser que os alienígenas tenham acesso às entrevistas de Clancy, percebam que foram feitos de bodes expiatórios e decidam que, sendo vítimas inocentes, têm todo o direito de invadir os Estados Unidos.

Naturalmente, as pessoas que passam por essa experiência conhecem a explicação científica, mas a rejeitam ("Juro por Deus, se alguém voltar a falar em paralisia do sono, eu vou vomitar"), apoiadas nas histórias de outros que experimentaram a mesma coisa, porque a autojustificação também pode ser coletiva. A "consciência de nós mesmos" descrita por Sartre cria uma urgência esmagadora de justificar qualquer coisa que *nós* fizemos e condenar qualquer coisa que *eles* fizeram. Essas distinções entre *nós* e *eles* podem se basear em diferenças insignificantes – e ter sido criadas artificialmente pelos pesquisadores –, mas são mais fortes quando duradouras. A religião, é claro, oferece a diferenciação definitiva: *nós* somos ungidos pela divindade, enquanto *eles* são condenados. Qualquer pessoa que tenha vivido numa região de prolongado conflito provavelmente conhece a frase: "As atrocidades deles são sempre mais abomináveis que as nossas" ou "Nossas atrocidades foram na verdade cometidas por *eles* para *nos* desacreditar".

A violência quase sempre segue um ciclo em que a inocência da vítima requer uma reação drástica que na verdade intensifica o ódio e a raiva. Assim, quanto mais indefesa a vítima, mais violento o ataque e mais desesperada a necessidade de restabelecer a superioridade moral. Os ditadores invariavelmente se veem como patriotas que se sacrificam trabalhando pelo bem de seu país. O escritor Louis Menand cita o texto de um cartaz do ditador do Haiti, Jean-Claude 'Baby Doc' Duvalier: "Eu gostaria de me apresentar perante o tribunal da história como a pessoa que fundou irreversivelmente a democracia no Haiti", seguido da assinatura: "Jean-Claude Duvalier, presidente vitalício".[11]

Os romancistas sempre compreenderam as sutilezas da autojustificação. Em *Guerra e paz* há um episódio tão horrível que sua lembrança permaneceu comigo por muito tempo, quando já tinha esquecido todas as cenas de guerra. Depois da Batalha de Borodino, o exército russo, derrotado por Napoleão, abandona Moscou – e quem pode pagar por transporte foge da cidade. A multidão, furiosa por ter sido enganada e abandonada, reúne-se diante da residência do governador, o conde Rostoptchin. Percebendo a necessidade de um bode expiatório, esse sagaz oficial ordena a seus soldados que tragam um jovem preso por ter distribuído panfletos com críticas às autoridades. "Este homem", grita Rostoptchin para a multidão, "é o canalha que nos fez perder Moscou." O jovem é uma figura patética: pobre, magro, arrastando grilhões. E, pior, espera justiça e compaixão: "Conde", ele implora timidamente, "há um Deus que nos julga." Mas, em vez de mostrar misericórdia, Rostoptchin é tomado por um ataque de fúria: "Matem--no!", grita para seus homens, e, a um comando apenas resmungado pelo oficial, um soldado da cavalaria atinge o jovem na cabeça com um golpe da espada. Um grito de choque e dor incita a multidão a acabar o serviço. E, enquanto ela se ocupa em socar e chutar o jovem, Rostoptchin abre caminho em direção aos fundos da casa e é levado numa carruagem puxada por "cavalos velozes".

Então começa o trabalho de autojustificação. No começo, enojado pela própria covardia e crueldade, Rostoptchin treme à lembrança da menção do jovem a Deus. Mas, pouco a pouco, se convence de que seu comportamento foi não só irrepreensível, mas necessário "para o bem comum". Como indivíduo, teria agido de outra maneira, mas, como governador, era essencial salvaguardar a dignidade do cargo e a vida de seu atual ocupante. Em pouco tempo, ele já se cumprimentava pela astúcia de matar dois coelhos com uma só cajadada – aplacar a multidão e punir um criminoso – , e, quando chegou à sua propriedade no campo, já "recuperara totalmente a compostura".[12]

Mas, se tudo tem justificativa, que esperança existe para o autoconhecimento e a autotransformação? Os psicólogos afirmam que a ilusão, a justificação e a prerrogativa de merecimento têm sucesso porque atuam abaixo do nível consciente. Uma vez expostas à consciência, perdem a maior parte de sua força. Essa é, naturalmente, a visão de Buda, de Spinoza e de Freud.

Mas a psicologia identificou outro obstáculo à mudança: o *setpoint*,[13] uma espécie de homeostase do *self*. É o que Schopenhauer define como "nosso caráter inato".[14] Assim sendo, até os efeitos de algo tão positivo quanto ganhar na loteria, ou tão negativo quanto uma paralisia, mais tarde perdem intensidade. O tempo limite para efeitos extremos é de cerca de um ano; distúrbios menores são revertidos muito mais rapidamente. Isso explica por que sempre superestimamos o impacto de eventos futuros – nunca somos tão felizes nem tão infelizes como esperávamos. Em outras palavras, nosso temperamento está sempre se reafirmando, e as pessoas podem se acostumar com quase tudo. Na *Metamorfose*, de Kafka, Gregor Samsa sente apenas uma "leve contrariedade" por ter se transformado numa barata e logo se põe a correr feliz pelo teto do quarto.

## A era da loucura

Mas há interessantes exceções que resistem à força da gravidade do *setpoint*. Do lado positivo, afirma-se que a cirurgia plástica tem um efeito benéfico duradouro que se recusa a se dissipar.[15] Por isso, talvez eu deva dar mais atenção àqueles *e-mails* que prometem um pênis capaz de executar tarefas extras como coçar as costas. E, do lado negativo, ninguém aprende a suportar um barulho excessivo. Isso foi surpreendente a princípio, mas logo fez sentido. Gosto de pensar que sou um indivíduo capaz de suportar forte pressão psicológica, mas qualquer regime maligno que quisesse me dobrar só teria que me trancar num quarto ouvindo um *rap* em alto volume. Em algumas horas, eu seria capaz de trair minha mulher, minha filha, meus amigos e todos os ideais que me foram caros até então.

Essa aparente fixidez do *setpoint* gerou afirmações de que ele é determinado geneticamente. David Lykken e Auke Tellegen analisaram o temperamento e traços de personalidade de milhares de pares de gêmeos e concluíram que o bem-estar subjetivo de gêmeos idênticos era semelhante, tivessem eles sido criados juntos ou separados. Entretanto, isso não era verdade em gêmeos não idênticos. A conclusão de Lykken foi inequívoca: "Quase 100 por cento da variação dos *setpoints* de felicidade parece se dever a diferenças individuais da constituição genética".[16] Isso nos leva a outra conclusão: "Tentar ser feliz é como tentar ser mais alto" – o que explica uma charge da *New Yorker* que mostra dois homens de meia-idade em roupas informais sorvendo coquetéis diante de um castelo, e um diz ao outro: "Sinto vontade de chorar quando lembro dos anos que perdi acumulando dinheiro, para depois descobrir que minha disposição para a felicidade é genética".[17]

Há várias objeções possíveis às conclusões de Lykken. Primeiro, é difícil medir com precisão algo tão abstrato quando um *setpoint* psicológico. Em segundo lugar, o estudo parece não ter considerado, muito menos investigado, as tentativas deliberadas de *mover* o *setpoint*. As pessoas estudadas pareciam ser tão fatalistas quanto a maioria em relação à aceitação de seu temperamento, mas qual seria o efeito de uma tentativa consciente, informada, determinada e prolongada de alterar o padrão? Na verdade, existe um equivalente físico ao *setpoint* psicológico: o equilíbrio bioquímico que nosso corpo mantém graças a um sistema regulador conhecido como homeostase, uma espécie de termostato. Mas, como explicou o neurobiólogo Steven Rose, esses valores padrão não são permanentes: "Os *setpoints* ao redor dos quais as flutuações ocorrem momento a momento na bioquímica de um indivíduo oscilam durante a trajetória de uma vida".[18]

## O velho ser e a nova ciência

Portanto, se o *setpoint* físico pode mudar, por que não seu equivalente mental? As evidências em relação à cirurgia plástica e ao barulho mostraram que isso é possível. E uma recente pesquisa sugere que o *setpoint* segue uma curva em U ao longo da vida, começando alto e depois caindo a um mínimo nos anos da meia-idade, para subir de novo, surpreendentemente, ao nível da juventude.[19]

Outros fatores além da idade fazem diferença. Pessoas que têm religião são mais felizes que os ateus. Os casados são mais felizes que os solteiros.[20] Mas não haveria uma confusão entre causa e efeito? Para começar, pessoas felizes podem dar melhores esposos. E os países registram diferentes níveis de felicidade, com os antigos países comunistas no ponto mais baixo da tabela, o que confirma que o projeto de felicidade em massa levou a sofrimento em massa.

Além disso, algumas condições sociais conferem benefícios significativos. Os profissionais liberais são mais felizes, não porque ganhem mais ou tenham maior prestígio, mas porque têm mais controle sobre o que fazem. Eles têm a dádiva inestimável da autonomia, e portanto estão livres para exercer suas responsabilidades.

Mas, na maioria dos casos, a importância das condições sociais é relativa. Seremos felizes com pouca coisa se todo mundo tiver um pouco menos – e infelizes, se essa diferença for eliminada ou reduzida. Portanto, os sindicatos de trabalhadores têm tido razão de protestar contra a "erosão das diferenças" – de fato uma genuína e dolorosa aflição. Isso explica por que um aumento de salário pode deixar um empregado furioso. Se alguém de nível equivalente ganhou mais, então o aumento menor não é apenas inútil, mas um *insulto*. A questão não é o dinheiro, mas a posição que ele confere. Antes, o dinheiro comprava *status*; hoje *é status*.

Mas quase nada é simples na psicologia. Uma pesquisa com medalhistas olímpicos mostrou que os que ganhavam a medalha de bronze em geral ficavam mais felizes do que os medalhistas de prata.[21] Como isso é possível? Vamos considerar as diferenças. O medalhista de bronze vê a imensa distância que o separa dos que não ganharam medalha, muitos dos quais *nem se aproximaram do pódio*, enquanto o ganhador da prata só vê o medalhista de ouro num odiado degrau acima.

E, se não existem distinções verdadeiras, é preciso criar diferenças artificiais. Toda comunidade é minuciosamente graduada em termos de superioridade social – não só bairro a bairro ou rua a rua, mas muitas vezes casa a casa. Não tenho dúvidas de que mesmo numa favela existe um esnobismo virulento – os primeiros ocupantes se consideram elite e veem os recém-chegados como escória.

## A era da loucura

Todo mundo quer parecer superior aos outros, mas está difícil ou impossível adquirir as marcas tradicionais de superioridade, como berço, riqueza, *status* profissional e bairros exclusivos. A solução é criar novas formas de superioridade – por exemplo, ser bacana, e portanto infinitamente superior à multidão dos que não são bacanas. É uma forma de exclusividade barata e disponível a qualquer pessoa – como o esnobismo cultural, meu próprio diferencial. Ser superior aos filisteus não só é barato, mas relativamente inatacável. São poucas as chances de que uma multidão venha a ler e se apaixonar por Proust (e eu ficaria profundamente chateado se muitos seguissem minha recomendação e fizessem de Proust um autor popular). Mas não é nada fácil manter o diferencial, já que ele é constantemente anulado pela adoção da massa. Era ousado ter uma tatuagem quando isso era uma insígnia dos fora da lei, mas em pouco tempo até as donas de casa do subúrbio tinham uma tatuagem no traseiro.

É desnecessário dizer que a cultura do consumo tem consciência da fome universal por diferenciais e providenciou uma forma artificial de exclusividade: a grife. A genialidade da grife foi transformar a indesejável conformidade do consumo em seu oposto altamente desejável, a distinção. Portanto, a conformidade resulta do desejo comum de distinção.

Vez ou outra, as grifes são apanhadas em sua contradição de tentar fazer todo mundo desejar ter o que nem todo mundo pode ter. A Burberry, uma grife de roupas baseada numa imagem *country chic*, lançou uma campanha de *marketing* para aumentar as vendas e foi adotada pelos *hooligans*, que destruíram a imagem da marca. Mas as grifes continuam a florescer, com os consumidores pagando preços exorbitantes pelo que supostamente devia distingui-los da multidão, mas só os torna parte dela. Muitos atos de consumo são impulsionados pela inútil tentativa de estar à frente do bando – ou por uma necessidade defensiva de não ficar para trás.

Outra descoberta da psicologia é que as emoções são assimétricas, sendo as negativas mais fortes e duradouras que as positivas. Schopenhauer também percebeu isso: "A fraqueza do bem-estar e da felicidade em contraste com a força do sofrimento".[22] As emoções positivas são viajantes de um dia, mas as emoções negativas são imperialistas – determinadas a invadir, dominar, ocupar e subjugar. E a chave do sucesso do imperialismo é conseguir que os nativos façam o trabalho sujo. Pense quanta raiva existe dentro daquele ser que se alimenta de todas as maneiras possíveis, obrigando a inteligência a criar justificativas e a memória a ressuscitar velhos ressentimentos. As emoções positivas, por outro lado, são borboletas que esvoaçam, pousam brevemente e logo voam para longe. O mesmo desequilíbrio ocorre aos olhos do observador. Costumamos esquecer favores rapidamente, mas lembramos os golpes baixos para sempre. Esse é um dos problemas do casamento – anos de bom comportamento desmoronam com um único deslize. É fácil pecar e difícil reparar o erro. Jonathan Haidt estendeu esse princípio às finanças e ao jogo, explicando que o prazer de ganhar uma quantia em dinheiro é menos intenso do que a dor de perder a mesma quantia. O mau é sempre mais forte que o bom. Mas Shakespeare já sabia disso há muito tempo: "O mau comportamento do homem está gravado em metal; suas virtudes, registramos na água".[23]

Isso explica a facilidade com que a ansiedade e a depressão podem se tornar crônicas. Elas ocupam a mente e a convencem a estimular sentimentos com pensamentos negativos. O psicólogo Aaron Beck identificou uma trindade nada sagrada de pensamentos comuns a muitos depressivos: "Não sou bom"; "O mundo é sombrio"; "Não há esperança em meu futuro".[24] E, sustentando essa trindade de visões gerais, há um quarteto de reações negativas a determinadas situações: personalização (culpar-se por acidentes ou má sorte), generalização (acreditar que se é sempre a vítima de acontecimentos terríveis), magnificação (exagerar as consequências adversas) e inferência arbitrária (extrair conclusões negativas sem evidências). Beck então criou a terapia cognitiva, que ensina os sofredores a identificar esses pensamentos, registrá-los por escrito e classificá-los segundo a "gangue dos quatro" – versão da psicologia para as técnicas budistas e freudianas de alcançar a transformação através do entendimento.

Num trabalho independente do de Beck, o psicólogo Albert Ellis também criou uma versão de terapia cognitiva, que chamou de terapia racional emotiva comportamental. O alvo dessa terapia não é a multidão dos que sofrem de depressão, mas a multidão ainda maior dos que sofrem de expectativas irrealistas. A trindade profana de Ellis é formada por três "deveres" paralisantes: "Devo ter sucesso"; "Todo mundo deve me tratar bem"; "O mundo deve ser agradável".[25] Ellis chamou a crença nesses três "deveres" de "*musturbation*",* que ele acreditava ser ainda mais generalizada que a masturbação. O primeiro

---

* Trocadilho intraduzível entre "*masturbation*" ("masturbação") e "*musturbation*", um neologismo que contém a palavra "*must*", que significa "dever". (N. da T.)

"dever" é a maldição do perfeccionismo; o segundo, a maldição da carência; e o terceiro, a maldição da ignorância. Quanta angústia poderia ser evitada se as prefeituras fizessem flutuar todos os dias sobre as ruas das cidades três gigantescos balões com as mensagens: "O fracasso é mais comum que o sucesso"; "Muita gente não vai gostar de você independentemente do que você faça"; e, num balão ainda maior que os outros dois, "O mundo não faz concessões". A essência da abordagem de Ellis é que o problema não está nos fatos, mas nas ilusões que construímos sobre eles e na maneira como reagimos a eles – duas coisas que podem ser controladas.

Trata-se da estratégia clássica dos estoicos, e a visão e o estilo de Ellis são extraordinariamente semelhantes aos de Epíteto. Ambos entenderam o caminho tortuoso do animal humano, mas acreditavam na racionalidade e detestavam a lamentação. E ambos se recusaram a ser respeitosos com seus ilustres antecessores. Epíteto chamou Epicuro de "bastardo indecente", enquanto Ellis acusou Freud de ter dito "um monte de asneiras".[26] Talvez seu forte pragmatismo fosse consequência de experiências da infância: Epíteto foi escravo, e Ellis foi negligenciado pelos pais e, durante a Depressão, ganhava a vida comprando calças e paletós de segunda mão e revendendo-os como ternos. Chegou tarde à academia e nunca foi afetado pelo esnobismo intelectual, tendo publicado livros intitulados *Como conquistar sua própria felicidade* ou *Como se recusar a ser infeliz por causa de qualquer coisa – sim, qualquer coisa!*

A teoria cognitivo-comportamental não é universalmente aceita. O psicólogo clínico Oliver James argumenta que seus efeitos são meramente cosméticos e temporários, e que ela não resolve problemas profundamente arraigados causados por maus-tratos na infância.[27] Isso provavelmente é verdade. Buda, Spinoza e Freud concordavam que o processo de autoconhecimento e transformação é demorado, de modo que umas poucas sessões de terapia cognitiva-comportamental provavelmente não conseguiriam mudar uma vida. Mas qualquer coisa que combata a ilusão vale a pena, e há evidências de que os que se submeteram à terapia cognitiva-comportamental são menos vulneráveis ao autoengano e à autojustificação.[28]

Ecoando muitos pensadores anteriores, o psicólogo Daniel Nettle postula que é a luta que faz sentido: "O propósito do programa de felicidade na mente humana não é aumentar a felicidade do homem; é nos manter lutando".[29] A criatura humana é concebida para lutar. Buda, Spinoza e Schopenhauer, entre muitos outros, estavam de acordo. Schopenhauer colocou a ideia com sua típica clareza: "Não tiramos nenhum prazer da existência, exceto quando estamos lutando por alguma coisa".[30] O neurocientista Antonio Damasio alega que essa luta se baseia em nossa neurobiologia: "O equipamento inato da regulação da vida não visa um estado neutro [...]. Ao contrário, o objetivo do esforço homeostático é fornecer uma vida melhor do que esse estado neutro, que nós, criaturas pensantes e prósperas, identificamos como bem-estar".[31]

Assim sendo, não nascemos apenas para lutar, mas para lutar por *bem-estar*.

E lutar implica esforço aplicado ao longo do tempo, com obstáculos, dificuldades e a possibilidade, até mesmo a probabilidade, de fracasso. Se pudéssemos nos sentir bem sem esforço, nunca mais nos sentiríamos bem. Na década de 1970, antes que a realidade virtual fosse inventada, o filósofo Robert Nozick previu a existência de uma máquina geradora de vida que parecesse real em todos os sentidos, mas oferecesse apenas experiências agradáveis. E sugeriu que ninguém ia querer uma vida como essa, porque lhe faltaria autenticidade.[32] Mas talvez a verdadeira falta seja de esforço. A dificuldade é crucial. Tudo o que vale a pena tem que ser *merecido*.

# 5
# A busca e o Graal

"Finalmente a ciência descobriu por que o azul é para os meninos e as meninas realmente preferem o rosa" – foi a manchete do *Times*.[1] O artigo relata uma pesquisa que demonstrou que essa diferença de gênero na verdade existe. Mas por quê? A pista é a teoria do momento: a psicologia evolucionária, que explica o comportamento humano como mecanismo de sobrevivência desenvolvido no Pleistoceno: as mulheres, que exercem primordialmente a função de coletoras, desenvolveram a capacidade de distinguir as frutas vermelhas em meio a um fundo verde. A possibilidade de condicionamento cultural não foi considerada, nem pelos autores do estudo nem pelo jornalista, embora seja preciso reconhecer que as evidências de influência cultural estão em fontes obscuras. Por exemplo, no *Ladies' Home Journal* de 1918: "A norma geralmente aceita é de que o rosa é uma cor para o menino, e o azul para a menina. A razão é que, sendo uma cor mais decidida e mais forte, o rosa é mais adequado ao menino, enquanto o azul, que é mais delicado e gracioso, é mais bonito para uma menina".

A explicação cultural é que o gosto mudou durante o século XX, quando o azul foi associado aos uniformes dos trabalhadores e o rosa à homossexualidade. Mas teorias de condicionamento cultural estão fora de moda.

Hoje, a psicologia evolucionária explica tudo. Esse é o problema das teorias. Toda "grande ideia" é uma tendência megalomaníaca de dominar o mundo: os marxistas interpretavam tudo em termos de classe; os freudianos, em termos de infância; e as feministas, em termos de gênero. No fim, a nova maneira de ver se torna um novo par de viseiras. Todas essas três grandes ideias saíram de moda – mas há sempre novos candidatos ao imperialismo intelectual.

# A busca e o Graal

Muitos velhos contendores ainda lutam por domínio. As religiões são os imperialistas intelectuais mais ferozes. Uma religião é, por definição, uma grande teoria unificada sobre tudo, oferecendo, a quem estiver disposto a jurar lealdade absoluta à marca, um hipermercado para todas as necessidades intelectuais e espirituais (o budismo é uma honrosa exceção). É um luxo ter uma solução para todos os problemas.

A tentação de se submeter a um sistema é forte, e a mera ideia de independência pode ser aterrorizante. Além disso, há evidências de que os crentes são mais felizes. Então, por que não crer? É até possível acreditar sabendo que a crença é absurda. O famoso salto de fé de Kierkegaard era um salto consciente no absurdo.

Mas para aqueles incapazes de tal salto há a responsabilidade de escolher e misturar ideias. Segundo Freud, "Todo homem deve descobrir por si de que maneira particular pode ser salvo".[2] O filósofo inglês John Armstrong definiu essa abordagem como "pandoxia"[3] – mais uma vez os gregos fornecem um termo impressionante. Assim sendo, quando lhe perguntarem qual é a sua crença, você pode dar de ombros e dizer: "Oh, sou pandoxista, naturalmente". Mas isso não resolve o problema fundamental do que escolher, como misturar e, ainda mais desconcertante, de que maneira aplicar a mistura à vida cotidiana.

As ideias de Buda são atraentes – mas pode a iluminação ser alcançada num país ocidental permeado pelas "quatro verdades ignóbeis"?

1 - Não posso me sentar imóvel.
2 - Não posso ficar calado.
3 - Não posso me livrar da obsessão por mim mesmo.
4 - Não posso parar de desejar coisas.

Nietzsche é estimulante – mas quem tentaria pôr suas ideias em prática? Viver como um super-homem seria tão impossível quanto viver como cristão.

Um dos muitos absurdos de tentar decidir como viver é que os melhores guias se privaram do que a maioria das pessoas consideram um modo de viver. Poucos tiveram esposa e filhos ou sofreram a indignidade de ganhar a vida com o suor de seu rosto. Spinoza, por exemplo, é invariavelmente descrito como um polidor de lentes, mas na verdade só trabalhou nesse ofício poucos anos. E poucos foram homens de família. Buda abandonou mulher e filho para viver como asceta. Sócrates não caiu fora, mas era negligente em relação à família. E, como disse o filósofo alemão Karl Jaspers sobre Confúcio: "Suas relações com esposa e filhos nada tinham de cordiais".[4] A história de Sartre e

# A era da loucura

suas mulheres é ainda menos edificante: sua amante existencialista, Simone de Beauvoir, seduzia jovens estudantes atraentes e impressionáveis e passava-as a Sartre, que, depois de se divertir, se livrava delas. Várias dessas jovens tiveram a vida destruída por essa experiência. Da era axial[*] em diante, existe até uma certa tendência à misoginia, particularmente virulenta em Schopenhauer e Nietzsche. O que teriam esses homens a dizer para quem trabalha para viver, mantém a mesma parceira a vida toda e cria uma família?

Além disso, o pensamento especulativo é tão esquivo, tão difícil de captar, quanto mais de aplicar. Parece passar pela mente como uma brisa por entre os ramos de uma árvore – ocorre uma breve agitação, e depois as folhas voltam a seu sonho.

Mas reler Erich Fromm trinta anos depois foi uma experiência reveladora para mim. Eu estava certo de não ter retido nada de seu livros, mas me deparei com frases que vinha repetindo para mim mesmo quase palavra por palavra, sem ter consciência de que elas não eram minhas. Portanto, as ideias permanecem na mente – mas imperceptivelmente abaixo da consciência –, e muitas influenciam o comportamento da mesma maneira. Não se trata de receber e aplicar prescrições, como sugerem os livros de autoajuda, mas de absorver ideias e permitir que elas fertilizem inconscientemente o comportamento. Afinal, a velha árvore pode ser abalada em suas raízes. Essa também é uma velha ideia. Sócrates acreditava que a mera reflexão e discussão de conceitos como honestidade e justiça já tornava as pessoas mais honestas e justas – algo em que Buda já acreditava: que toda compreensão já é uma transformação, embora a mudança provavelmente seja gradual e imperceptível. Portanto, vale a pena investigar ideias, mesmo que elas não ofereçam instruções específicas e pareçam não ter nenhum efeito perceptível. Quando as mesmas ideias aparecem em épocas diferentes, são fortemente reforçadas.

Os psicólogos americanos Christopher Peterson e Martin Seligman estudaram muitas culturas e tradições para descobrir que virtudes eram essenciais para viver bem. Seu objetivo era encontrar um consenso; as virtudes precisavam ser universalmente aceitas. Isso se revelou impossível, mas seis delas

---

[*] Termo cunhado pelo filósofo alemão Karl Jaspers para definir o período entre 800 a.C. e 200 a.C., durante o qual, segundo ele, um pensamento revolucionário semelhante surgiu na China, na Índia e no Ocidente. (N. da T.)

## A busca e o Graal

sempre estiveram presentes: justiça, humanidade, temperança, sabedoria, coragem e transcendência. A lista é curta, mas tão previsível que muitos leitores só devem ter se surpreendido medianamente com a última: transcendência, que os pesquisadores definem como o elemento discrepante, "o mais implícito",[5] um senso de significado e propósito, não necessariamente religioso, que impregna uma tradição. Portanto, não é estritamente uma virtude, já que não implica um comportamento específico.

O problema das outras cinco é a familiaridade. Todo mundo as aceita como um bem inegável. E a palavra "virtude" está irremediavelmente associada à fé e ao moralismo sem humor. Sua simples menção vai fazer muita gente desmaiar de tédio, depois se levantar e correr quilômetros. Embora a virtude seja sem dúvida um importante fator para encontrar satisfação, como muitas pesquisas demonstraram,[6] exortar as pessoas a serem virtuosas é provavelmente perda de tempo.

A pesquisa de Peterson e Seligman é demasiado ampla e difusa, tanto na busca de algo tão genérico como as virtudes quanto na investigação das tradições (que incluiu até manuais de escoteiros). Se todas as fontes são consultadas e se busca um denominador comum, o resultado provavelmente será banal. Uma alternativa é ler só pensadores e escritores originais e buscar apenas ideias interessantes. Essa é a vantagem de um pesquisador independente. Ele não precisa ser abrangente ou persistir em algo tedioso. E é necessário um elemento surpresa para tornar uma visão memorável e útil, para fazê-la penetrar e se instalar.

Não há certeza de encontrar um denominador comum, mas isso é excitante quando os pensadores originais, em diferentes épocas, culturas e especialidades, surgem com as mesmas estratégias. Quando vários guias recomendam o mesmo restaurante, é lá que vamos almoçar.

A boa notícia é que essas estratégias de fato existem. A má notícia é que todas elas são desencorajadas pela cultura contemporânea ocidental. A grande conquista de nossa era é fazer a satisfação parecer fácil, quando na verdade nunca foi tão difícil.

Eis os conceitos que estão sempre presentes na filosofia, na religião, na literatura, na psicologia e na neurociência: responsabilidade, autonomia, imparcialidade, compreensão, atenção, transcendência, aceitação das dificuldades, esforço incessante e constante consciência da mortalidade.

Muitos desses conceitos são repetidamente mencionados por pensadores, e alguns são universalmente aceitos. A consciência da mortalidade, por exemplo, é aconselhada por todos, de Buda a Sartre, que acreditava que só a consciência intensa e constante da morte expõe o vazio das convenções e as fraturas na crosta da rotina; só a morte garante uma vida intensa. Mas mesmo essa recomendação universal vem sendo cada vez mais rejeitada. Woody Allen estava em sintonia com seu tempo quando explicou que não queria alcançar a mortalidade através de seu trabalho; queria alcançá-la pela estratégia mais direta de nunca morrer. E quando há um desejo há um caminho. Viveremos para sempre se consumirmos bastante suco de romã e mirtilos orgânicos.

Mas, para uma época que espera que tudo seja fácil, a revelação mais crucial é que tudo o que vale a pena é difícil. Na verdade, a tentativa de encontrar soluções fáceis vai causar exatamente os problemas que essas tentativas queriam evitar. O poeta Rainer Maria Rilke compreendia que a era moderna exigia cada vez menos esforço: "As pessoas têm procurado soluções fáceis para todos os problemas. No entanto, está claro que devemos nos apegar ao que é difícil; toda criatura viva aferra-se a isso".[7]

Isso ecoa Spinoza e, estranhamente, prefigura as descobertas da neurociência. Rilke defendia a dificuldade não porque ela fosse nobre, mas porque era *necessária*: "Você está errado ao julgar que é seu *dever* enfrentar as dificuldades. É seu instinto de sobrevivência que o impele a fazer isso".[8]

Sobreviver é lutar. O problema é a tendência a lutar pelas coisas erradas, especialmente imitar aqueles que alcançaram o sucesso mundano. A criatura humana é um mecanismo de busca de grande poder e sofisticação, mas que não sabe escolher os parâmetros da busca ou avaliar os resultados. Assim, quando esforços desencaminhados deixam de oferecer satisfação, há a tendência de acreditar que a alternativa é se recusar a qualquer esforço, que a solução é relaxar numa praia do Caribe lambuzado de óleo de coco.

Além de difícil, o esforço tem um objetivo obscuro – um tema incessantemente repetido desde a era axial, em meados do primeiro milênio a.C., quando o primata humano adquiriu consciência por acaso e começou a fazer perguntas, que serão as mais frequentes no *website* de Deus quando Ele encontrar tempo para respondê-las. Nesse período – que Karl Jaspers chamou de "era axial" porque trouxe uma profunda mudança na consciência humana – havia Sócrates na Grécia, os profetas hebreus no Oriente Médio, Buda na Índia e Lao-tsé e Confúcio na China. O poeta do Eclesiastes expressou com grande beleza a necessidade e a dificuldade de buscar a verdade: "Apliquei meu coração a buscar e investigar com sabedoria todas as coisas que existem sob o céu: essa enfadonha tarefa Deus deu aos filhos do homem para nela se exercitarem".

## A busca e o Graal

O resultado quase sempre é frustração: "Percebi que isso também é aflição do espírito". Mas o poeta é incapaz de abandonar a busca do entendimento: "Quem é como o sábio? E quem sabe a interpretação das coisas? A sabedoria do homem faz brilhar o seu rosto, e a dureza do seu rosto se muda".

Esses primeiros pensadores expressaram a necessidade de lutar de forma abstrata – mas essa necessidade já tinha encontrado expressão na narrativa. Existe uma rica e ininterrupta tradição de uma literatura de investigação que vai desde o *Épico de Gilgamesh*, em 1000 a.C., a *O mágico de Oz*, no século XX. Joseph Campbell, estudioso do mito, mostrou que a saga investigativa foi importante em todas as épocas e culturas, e sempre teve a mesma estrutura básica, embora os detalhes locais possam variar. Toda saga começa quando o herói recebe um chamado que o faz abandonar seu ambiente seguro e familiar para se aventurar no perigoso desconhecido. Ali, ele passa por uma série de provas e experiências, vence muitas dificuldades e mata muitos monstros. Como recompensa, ganha um prêmio mágico – o velocino de ouro, uma princesa, águas sagradas, uma chama sagrada ou o elixir da vida eterna. Finalmente, leva o prêmio do reino do terror para redimir sua comunidade.[9]

Esse é o enredo de *O mágico de Oz*, assim como do *Gilgamesh*, escrito 3.000 anos antes. O herói, Gilgamesh, um rei da Mesopotâmia, se desencanta com seu reino e sua vida e parte numa busca na qual enfrenta leões ferozes, homens-escorpiões e uma linda deusa que tenta detê-lo com tentações surpreendentemente modernas. "Dia e noite, festeja e alegra-te; veste-te de roupas limpas, lava a tua cabeça em água."[10] Apesar disso, o herói persiste na busca e, mergulhando num mar profundo, arranca do fundo a planta da imortalidade. Mas o final tem uma reviravolta desagradável, que teria que ser mudada em qualquer versão cinematográfica: quando Gilgamesh se deita para descansar, uma serpente rouba-lhe a planta, devora-a e se torna eternamente jovem. Na mitologia, a serpente é sempre a vilã.

Campbell argumenta que essas narrativas simbolizam uma jornada interior – o herói se liberta do pensamento convencional de seu tempo, aventura-se na escuridão do pensamento especulativo, encontra forças criativas para se transformar e quer partilhar isso com os outros. A recompensa recebida depois de tanta incerteza e perigo é o conhecimento: "O herói é aquele que vem para conhecer".[11] Assim sendo, a narrativa tem quatro fases: partida, experiência, prêmio e retorno, que são os objetivos da busca abstrata: desapego, dificuldade, conhecimento, transformação.

## A era da loucura

Quatro estágios semelhantes são comuns nos ritos de iniciação das culturas "primitivas": separação, ferimento ritual, iniciação e retorno. O jovem é afastado da aldeia, simbolicamente ferido, instruído nos ritos e devolvido à comunidade. Portanto, tornar-se adulto requer os mesmos quatro estágios: desapego, dificuldade, compreensão e transformação. Só nossa cultura acredita em prolongar a adolescência por toda a vida. Na versão contemporânea da história, o herói permaneceria em casa com os pais e sua única aventura seria jogar EverQuest* no porão.

Como destaca Campbell, as histórias de Buda e de Cristo também seguem a estrutura da saga de busca. Ambos abandonam a família, enfrentam muitas dificuldades, passam por dúvidas e desespero, mas finalmente vencem através da transfiguração e voltam para partilhar seu conhecimento com o mundo.

Só a religião institucionalizada exige aceitação passiva. Na iconografia, Cristo é sempre tristemente submisso, e Buda orgulhosamente silencioso. Mas nenhum deles na verdade foi passivo. Contestavam, espicaçavam, provocavam e perturbavam. Longe de defender a passividade, não deixavam ninguém se acomodar. "Não vim trazer a paz, mas a espada"[12] e "Lutem incansavelmente"[13], disseram Jesus e Buda, respectivamente.

O problema da religião é que seus fundadores se tornam um estorvo a seus seguidores de mente estreita, que transformam ideias em dogmas, princípios em regras e iniciativas em rituais. Os fundadores rejeitam o culto ao parentesco; os seguidores reverenciam a família. Os fundadores partem para o mundo; os seguidores ficam em casa. Os fundadores são atormentados por dúvidas; os seguidores se regozijam na certeza. Os fundadores buscam autoridade; os seguidores buscam poder. Os fundadores atraem e convencem; os seguidores enfrentam e constrangem. Muitas vezes, a distorção é tal que a mensagem dos seguidores se torna exatamente o contrário da original. Na cultura irlandesa católica que conheci quando criança, os fiéis – fossem eles clérigos ou leigos – violavam os princípios do Novo Testamento em tal extensão e com tal precisão que até parecia que o tinham lido.

Um exemplo perfeito disso era a repetida e veemente ordem de minha mãe para que eu me sentasse na frente da igreja durante a missa. Pessoas respeitáveis sentavam-se na frente, as camadas mais baixas nas fileiras seguintes – e só o pior tipo de moleque de rua se sentaria no fundo. O que será que ela

---

* Numa tradução literal, "Eterna Busca". EverQuest é um jogo *on-line* no qual o jogador pode criar um personagem para enfrentar uma série de aventuras. (N. da T.)

A busca e o Graal

diria se eu lhe mostrasse a passagem de Mateus 23:6 em que Jesus acusa os fariseus de amar "os lugares mais importantes nas sinagogas"? Acho que ela teria ficado ainda mais furiosa com essa insolência: Sacrifique toda a sua vida para dar a seus filhos uma posição mais alta na vida, e que agradecimento você receberá por isso? Nada, a não ser comentários ferinos.

O conceito de busca permeia todas as civilizações, religiosas ou seculares, antigas ou modernas. Muitas das maiores obras da literatura do século XX são histórias de busca. *Ulisses,* de James Joyce, conta a história da partida e das experiências de um herói comum que volta para casa para renascer. *Em busca do tempo perdido*, de Proust, é a história de uma vida em busca de sentido, na qual o sentido é a escritura da história. E Kafka deu à saga da busca um tom moderno ao fazer da busca algo fútil e da recompensa algo inalcançável: "Existe um destino, mas nenhum caminho".[14] Apesar de todos os seus esforços, K nunca consegue entrar no castelo. No entanto, nunca desiste – assim como todos os outros buscadores frustrados de Kafka. No texto "Diante da lei" – de apenas uma página e meia – um homem chega do interior e deseja ser admitido na lei, mas é barrado por um guarda grosseiro. O camponês tenta várias estratégias – bajular, subornar, criar intimidade –, mas nenhuma dá resultado. O guarda continua inflexível. Passam-se anos e o buscador, percebendo que está morrendo, faz a seguinte pergunta: "Se todos desejam entrar na lei, como se explica que, em tantos anos, ninguém além de mim tenha implorado para entrar?" O guarda percebe que o homem está às portas da morte e, para que seus sentidos fracos captem suas palavras, grita em seus ouvidos: "Ninguém mais podia entrar aqui porque esta porta foi feita apenas para você. Agora me vou e a fecho".[15]

De fato, muitas versões da busca reconhecem que a luta é infinita – mas não fútil. Um poema sufi do século XII, *A conferência dos pássaros*, de Farid Ud--Din Attar, é como uma parábola de Kafka. Os pássaros do mundo se encontram para uma conferência, que se torna incontrolável. Uma poupa se levanta e, dirigindo-se à multidão com autoridade natural, sugere que o que falta aos pássaros é um líder espiritual, um Simorgh, para lhes mostrar uma alternativa àquela paixão agressiva. Todos devem voar em busca de Simorgh. Mas muitos pássaros desanimam diante da perspectiva de uma longa e árdua busca. Os falcões preferem o poder de príncipes terrenos; as garças, sua praia desolada; os patos, seu lago acolhedor. Os pintassilgos temem por sua fragilidade, e os rouxinóis, por seu canto. Mas um grupo parte, atravessando sete vales – o Vale da Busca, o Vale do Amor, o Vale da Percepção do Mistério, o Vale do Desapego,

# A era da loucura

o Vale da Unidade, o Vale da Perplexidade e o Vale da Pobreza e do Nada. Em cada vale eles enfrentam perigos, vicissitudes e tentações, e ouvem histórias de personagens exemplares. Um deles é Jesus, que diz: "O homem que vive e não se esforça está perdido", e Sócrates responde aos discípulos que lhe perguntam onde devem enterrá-lo: "Se vocês me encontrarem é porque são com certeza inteligentes, porque eu nunca me encontrei".[16]

Quando os pássaros finalmente chegam à corte de Simorgh, só trinta deles sobreviveram e estão velhos, cansados, desgrenhados e imundos. Um arrogante arauto do palácio surge e, desdenhoso de sua aparência surrada, lhes diz que são indignos e devem voltar para o lugar de onde vieram. Mas os pássaros insistem em entrar e são finalmente admitidos. O palácio é de fato glorioso – mas está vazio, a não ser pelos espelhos. Eles voam de um lado para outro, frustrados e deprimidos por terem vindo de tão longe e suportado tanto para nada. Mas, pouco a pouco, um estranho sentimento de alegria toma conta dos pássaros. De repente eles percebem o significado dos espelhos. Afinal, tinham encontrado Simorgh. Estavam vendo Simorgh no espelhos, porque eles eram Simorgh (que em persa também significa "trinta pássaros"). Simorgh era eles.

O poema expressa uma profunda verdade: de que a busca de significado é o próprio significado, o caminho é o destino, e a busca é o Graal.

Muitos outros descobriram essa verdade e a expressaram de várias maneiras.[17] Uma das formulações mais memoráveis é a de C. P. Cavafy em seu poema "Ítaca".

> "Sempre tenha Ítaca em sua mente.
> Chegar lá é seu destino.
> Mas não apresse a viagem.
> É melhor que ela dure muitos anos.
> E quando chegar à ilha você estará velho,
> rico com tudo o que ganhou no caminho,
> sem esperar que Ítaca lhe ofereça riquezas.
> Ítaca lhe deu uma linda viagem.
> Sem ela você jamais teria saído a caminho.
> Nada mais ela tem a lhe dar.
> E, se você estiver pobre quando a encontrar, Ítaca
> [não o terá decepcionado.
> O sábio que você se tornou, depois da tantas experiências,
> [terá então compreendido o que Ítaca significa."[18]

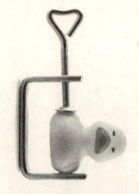

# Parte 3

As estratégias

# 6
# A corrosão da responsabilidade

Um estudante deixa de apresentar um trabalho no prazo determinado e depois perde uma entrevista com seu supervisor para discutir o problema. A universidade envia uma carta ao estudante, informando-o de que recebeu uma nota zero pelo trabalho. Agora o aluno não só procura o supervisor, como irrompe em seu escritório sem marcar uma entrevista.

– Este projeto precisa ser aceito com atraso – ele exige.
– E por quê?
– Porque sofro de TPT.
– O que é isso?
– Transtorno de pressão de tempo, um desequilíbrio químico no cérebro que me impede de cumprir prazos ou obedecer a horários.

Inventei esse TPT como uma piada, esquecendo que o mundo contemporâneo supera qualquer sátira, e depois descobri que o professor Joseph Ferrari, da Universidade DePaul, deseja que a procrastinação seja reconhecida como um distúrbio clínico[1] e incluída na obra de referência para profissionais de saúde mental, o *Manual diagnóstico e estatístico de transtornos mentais* (DSM). Essa volumosa obra já teve quatro edições, acumulando novos distúrbios a cada uma delas, com 297 definidos no DSM-IV e muitos mais previstos para o DSM-V. Consideremos, por exemplo, o transtorno de personalidade antissocial (TPA), definido como um "comportamento que desconsidera e viola os direitos dos outros, começa na infância ou no início da adolescência e continua na vida adulta" – em outras palavras, o defeito até então conhecido como egoísmo. Então, a chave para que um vício seja aceito é redefini-lo como transtorno e dar-lhe uma sonora sigla. "Trata-se de uma *doença, um transtorno*", você então anuncia, com agressiva indignação, quando seu comportamento for censurado. Aqueles que passam muito tempo na internet ficarão contentes de saber que surfar na rede acaba de ser definido como transtorno pelo doutor Jerald Block, da Universidade de Saúde e Ciência do Oregon: "O vício da internet parece ser um transtorno comum que merece ser incluído no DSM-V".[2]

Meu candidato para inclusão no DSM-V é o transtorno do vício do transtorno (TVT), uma compulsão incontrolável de classificar todo comportamento humano indesejável como transtorno.

Naturalmente, esses novos transtornos são recebidos com prazer pela Big Pharma, porque os "doentes" podem ser estimulados a comprar remédios. Mas, num clássico exemplo de retroalimentação de condicionamento cultural, as empresas farmacêuticas também criam seus próprios transtornos, redefinindo estados que antes eram normais (uma prática conhecida como *condition branding*)*. Assim, o transtorno de ansiedade social (TAS), uma condição antigamente conhecida como timidez, é hoje uma "doença" que pode ser tratada com as drogas Paxil, da indústria farmacêutica GlaxoSmithKline, ou Zoloft, da Pfizer. Paxil e Zoloft eram apenas dois antidepressivos como tantos outros até que os fabricantes lançassem campanhas para promovê-los como cura para o TAS. As vendas imediatamente decolaram. Uma grande empresa bem que podia aproveitar o transtorno de pressão de tempo (TPT) e promover um de seus produtos de vendas baixas como uma droga milagrosa, capaz de ativar a região do cérebro responsável pela noção de urgência.

Mas o fenômeno do transtorno é apenas uma consequência do desejo contemporâneo de fugir à responsabilidade. Ninguém mais está disposto a aceitar a culpa. Ao contrário, todo mundo quer ser vítima – e muitas vezes consegue, mesmo nas circunstâncias menos promissoras. Quando o distrito de Newham, em Londres, processou um certo senhor Zun Noon por falta de pagamento de uma série de multas de estacionamento, Noon ficou tão ofendido que processou o distrito por lhe causar "estresse emocional".[3] O melhor é que ele ganhou a causa e foi indenizado em 5.000 libras pelo estresse provocado por cada uma das quatro multas, perfazendo um total de 20.000 libras. Quando o incrédulo distrito ignorou a condenação, oficiais de justiça foram até os escritórios da

---

* Termo que se refere à estratégia de *marketing* da indústria farmacêutica de disseminar o medo e transformar um problema banal de saúde numa síndrome que exige tratamento e que um determinado medicamento é capaz de curar. (N. da T.)

administração do distrito com uma "notificação de penhora" e começaram a desligar e levar os computadores. Diante da perspectiva de total paralisação, o distrito pagou a indenização.

Qual foi a última vez que alguém disse "Foi minha culpa"? Parece que séculos se passaram desde que Sartre declarou: "O homem é totalmente responsável por sua natureza e suas escolhas".[4] Hoje o oposto é verdadeiro: o homem não é responsável nem por sua natureza nem por suas escolhas.

Como isso aconteceu? O conceito de responsabilidade pessoal – de que podemos e devemos escolher nosso destino – está no cerne da sociedade moderna e é inquestionável para a maioria dos cidadãos. No entanto, está sendo persistentemente minado pela alta e pela baixa cultura: cientistas, filósofos e escritores negam o livre-arbítrio, e a era das prerrogativas de direito nega a obrigação. Na ciência existe a santíssima trindade do determinismo: a genética (o comportamento é determinado pelos genes), a psicologia evolucionária (o comportamento é determinado por mecanismos de sobrevivência) e a neurociência (o comportamento é determinado por módulos de um cérebro programado). Naturalmente, muitos cientistas manifestaram restrições, mas as sutilezas só costumam aparecer na imprensa nanica – é mais fácil lembrar as manchetes que anunciaram a descoberta dos genes responsáveis pela depressão, pela obesidade, pela criminalidade, pela homossexualidade e, as últimas novidades, pela ansiedade[5] e pela infidelidade masculina.[6]

Mas há um filósofo contemporâneo sem nenhuma reserva. Trata-se de John Gray, até recentemente professor de pensamento europeu na Faculdade de Economia de Londres:

> Há muitas razões para rejeitarmos a ideia de livre-arbítrio, algumas delas decisivas. Se nossos atos têm uma causa, então não podemos agir de maneira diferente da que agimos. Nesse caso, não podemos ser responsáveis por eles. Só poderíamos ser agentes livres se fôssemos autores de nossos atos, mas somos produtos do acaso e da necessidade. Não podemos escolher ser o que nascemos para ser. Nesse caso, não podemos ser responsáveis pelo que fazemos.[7]

Gray também ataca a ideia de progresso; considera ilusórios os conceitos de moralidade, justiça e verdade; descarta qualquer possibilidade de resolver os problemas do mundo; e afirma que o mundo está inexoravelmente fadado à tirania, à anarquia, à fome, à peste e finalmente à extinção da humanidade.

# A era da loucura

Trata-se de uma versão contemporânea do conceito de "pecado original" em sua forma maniqueísta mais extrema. A criatura humana é fatalmente imperfeita, e o mundo se precipita inexoravelmente para a ruína. A única coisa que mudou foi a natureza da imperfeição: em outros tempos foi imposta por Deus como punição; hoje é a natureza animal herdada de nossos ancestrais. A programação genética é o novo pecado original.

O determinismo é atraente para muitos dos que ocupam as duas extremidades da escala social. Para a elite autoritária, ele justifica um forte controle do homem essencialmente mau, e, para o indivíduo, ele justifica a permissividade, porque inevitável numa criatura decaída. Ambos estão dispensados da obrigação. Quaisquer tentativas de melhorar as condições sociais ou o comportamento pessoal serão igualmente vãs.

Mas alguém já argumentou que o bom comportamento também é determinado? Alguém já protestou: "Ei, é minha natureza. Não posso evitar ser bom"? O determinismo é invocado apenas para desculpar o mau comportamento. Lembro de ter lido em algum lugar que um criminoso usou o determinismo genético como defesa legal. O velho e sábio juiz meneou a cabeça: "Até posso aceitar que o senhor seja geneticamente determinado a violar a lei. O problema é que eu sou geneticamente determinado a defendê-la". E sorriu, como a pedir desculpas: "Portanto, não tenho escolha senão impor-lhe a pena máxima".

John Gray rejeita a responsabilidade pessoal com base na teoria de que a ação é inconsciente, citando a obra do neurocientista Benjamin Libet, que alegou ter descoberto que a ação ocorre meio segundo antes que o cérebro tome a decisão consciente de agir. É com certeza verdade que muito, talvez a maior parte, do que fazemos não envolve pensamento consciente. Isso talvez seja verdade em relação à tomada de decisões, em que se pressupõe que o controle consciente seja essencial. Durante vários anos fui responsável pela cadeira de "teoria da decisão", que explicava várias técnicas matemáticas para ponderar os efeitos de um conjunto complexo de fatores sobre um resultado. Aos poucos, porém, surgiu em mim a suspeita, que não revelei a alunos ou colegas, de que isso fosse apenas uma superstição tola, outro exemplo da inveja da física. Finalmente, acabei defendendo a heresia de que não apenas o administrador sempre usou essas técnicas, como a tomada de decisão na área empresarial não tem quase nada de racional. Essa suspeita foi confirmada por uma rara experiência prática de tomada de decisão. Como professor de teoria sobre bancos de dados, fiz parte de uma equipe com a responsabilidade de escolher o novo sistema de gerenciamento de banco de dados que seria usado em todos os cursos sobre o assunto e pelo próprio sistema de informação da universidade. Três importantes empresas disputavam a primazia, e a equipe visitou cada uma delas, assistiu a longas demonstrações e fez profundas sondagens. Finalmente, sem que ninguém o admitisse abertamente, estávamos tão cansados de tantos detalhes técnicos que optamos pelos apresentadores de que mais gostamos. Na verdade, seu banco de dados tornou-se líder do mercado, enquanto os outros dois morreram. Eis portanto uma técnica útil: avalie o vendedor, não o produto.

Essa base emocional para uma tomada de decisão também foi demonstrada por Antonio Damasio, que nos anos 1990 descobriu que alguns pacientes com danos cerebrais não podiam mais sentir emoções, embora sua inteligência e sua capacidade de usar a razão e a lógica continuassem perfeitas.[8] Livres do turbilhão de emoções, essas pessoas deveriam ser capazes de tomar decisões lúcidas e racionais baseadas numa análise lógica das opções. Na verdade, o que acontecia era o contrário. Elas eram incapazes de tomar *qualquer* decisão, até mesmo as mais simples. Podiam analisar os prós e contras de cada possibilidade, mas, sem sentimento, eram incapazes de escolher uma delas. Portanto, a intuição não é apenas parte do processo, mas seu principal elemento.

A partir da descoberta de Damasio, Joseph LeDoux propôs que o cérebro tem dois caminhos para a decisão, o "caminho inferior" e o "caminho superior".[9] O caminho inferior não envolve raciocínio ou consciência e processa os dados sensórios na amígdala, o centro das emoções no cérebro. Esse caminho para a ação é instantâneo, extremamente forte e imensamente difícil de controlar – e confirma a teoria de Gray/Libet. Mas também existe um caminho superior via córtex pré-frontal inferior, o centro da análise, do planejamento e da decisão consciente. Esse centro está diretamente conectado com a amígdala, de modo que sempre existe um elemento emocional no raciocínio, como Damasio percebeu. Mas, segundo LeDoux, o córtex pré-frontal pode anular – e frequentemente o faz – os desejos e impulsos primitivos da amígdala. E a consciência do cérebro emocional aumenta a força do córtex pré-frontal.

Damasio defende a mesma ideia: "Nosso cérebro ainda carrega os mecanismos para reagir como fazia em épocas passadas, num contexto muito diferente. Mas podemos aprender a ignorar essas reações e persuadir outras pessoas de que isso é possível".[10] Numa atitude nada comum num cientista, Damasio faz uma sugestão excitante para o exercício do livre-arbítrio:

# A era da loucura

> Nós, humanos, [...] podemos nos esforçar *intencionalmente* para controlar nossas emoções. Podemos decidir que objetos e situações vamos permitir em nosso ambiente e a que objetos e situações vamos dedicar tempo e atenção. Podemos, por exemplo, decidir não assistir aos comerciais de tevê e defender que eles sejam banidos para sempre das casas dos cidadãos inteligentes.[11]

Portanto, a visão neurocientífica do comportamento humano é totalmente coerente com o modelo de *self* de Buda, Spinoza e Freud, e com a insistência de Sartre na responsabilidade e no poder de decisão do indivíduo.

A neurociência nos liberta da tirania dos genes. Matt Ridley, que escreve sobre genética, afirma: "Sem dúvida a mais importante descoberta dos últimos anos na ciência do cérebro é que os genes estão à mercê das ações e vice-versa. [...] São engrenagens que respondem à experiência mediada pelos sentidos".[12]

A conclusão de Ridley é inequívoca: "O livre-arbítrio é totalmente compatível com um cérebro elaboradamente predefinido e ativado pelos genes". E, mais adiante, ele contesta a ideia de que a genética seja uma ciência do mal, capaz de aprovar o egoísmo, a crueldade e a força bruta. Por exemplo: há uma questão que pode ter confundido os visitantes de um zoológico. Se os chimpanzés têm apenas uma fração do tamanho de um gorila, por que seus testículos são dezesseis vezes maiores? Como tem um harém a proteger, o gorila macho desenvolveu um tamanho impressionante e uma aparência de dar medo – mas não precisa de um equipamento prodigioso de fertilização, já que não tem competidores. Em outras palavras, o gorila só precisa parecer ter colhões. As fêmeas dos chimpanzés, entretanto, são promíscuas, de modo que os machos que ejacularem com maior frequência e mais copiosamente têm mais probabilidade de ter descendentes. Os chimpanzés machos na verdade precisam ter grandes testículos. O que é melhor: parecer grande e feroz, mas ter testículos modestos e orgasmos limitados, ou ser pequeno, não intimidar ninguém, mas ter testículos imensos e gozar como uma supernova no momento da explosão? A natureza parece estar ensinando a mesma lição dos filósofos estoicos: o sujeito pequeno, que não liga para as aparências, se diverte muito mais.

Para a psicologia evolucionária, o comportamento é determinado pela evolução do cérebro humano em consequência da seleção natural durante o período do Pleistoceno. As explicações da psicologia evolucionária para o comportamento podem impressionar pelo aparente cientificismo, mas o raciocínio é quase sempre dúbio, e as evidências, escassas ou inexistentes. Trata-se de uma teoria autoconfirmatória como a da vontade divina. Se tudo o que acontece é planejado por Deus, então a tarefa de estabelecer significado é fornecer intenções divinas plausíveis, que, por sua vez, validam a teoria original. Da mesma forma, se tudo o que pensamos, sentimos e fazemos é resultado de uma adaptação em prol da sobrevivência, então a tarefa é sugerir histórias plausíveis de adaptação, o que só requer imaginação, já que há poucas evidências do que aconteceu no período do Pleistoceno. Eu poderia argumentar, por exemplo, que a própria imaginação evoluiu porque a capacidade de enganar os crédulos aumentou muito as perspectivas de sobrevivência.

Há um Steve de cada lado do debate determinista, de modo que ambos os lados podem dizer: "Nosso Steve é mais inteligente que o seu". O psicólogo determinista Steven Pinker argumentou que, em consequência da evolução na savana africana, os humanos têm uma preferência pela representação artística de paisagens verdejantes e águas.[13] Mas posso oferecer evidências capazes de contrariar a "preferência universal": Duke Ellington odiava gramados porque eles lhe lembravam cemitério.

O biólogo Steven Rose sugeriu que a preferência por cenários verdejantes, se de fato existe, se deve provavelmente à nostalgia pastoral das sociedades urbanas. Também posso oferecer evidências em favor dessa teoria: a arte paisagística é muito apreciada no sul da Inglaterra, uma região onde predominam rodovias e concreto.

Rose argumenta que organismos vivos não são meros veículos passivos separando genes e ambiente. "Ao contrário, os organismos se envolvem ativamente na construção de seu ambiente, escolhendo, absorvendo e transformando constantemente o mundo que os cerca. Toda criatura viva está num fluxo constante, ao mesmo tempo *sendo e se tornando*".[14]

Os neurocientistas também contestam a teoria do "cérebro programado", sugerindo, ao contrário, que o cérebro humano é dotado de extrema plasticidade. Em vez de ter sido fixado há milhões de anos, o cérebro se reprograma constantemente ao longo da vida em função da experiência. É verdade que, em linhas gerais, determinadas funções são realizadas por partes específicas do cérebro, mas o processamento detalhado provavelmente é diferente em cada cérebro. E, se uma área funcional é danificada, o cérebro pode ser capaz de se reprogramar para processar aquela função de uma maneira diferente. O que é mais importante para a vida cotidiana é que quase qualquer atividade realizada com persistência e atenção produz novas configurações do cérebro. Neurônios

# A era da loucura

que queimam juntos se religam juntos. Músicos que tocam instrumentos de corda têm um mapa cerebral maior para a mão esquerda, motoristas de táxi têm um hipocampo mais desenvolvido (área que armazena informações espaciais), aqueles que praticam meditação há bastante tempo têm o córtex pré-frontal maior e mais espesso (área responsável pela atenção e concentração). A má notícia é que atividades menos desejáveis – ansiedades, obsessões, compulsões, vícios e maus hábitos – também desenvolvem redes cerebrais exclusivas, que se tornam eficientes, autossustentáveis e difíceis de mudar.[15]

Assim sendo, o desequilíbrio químico do cérebro, suposta causa de "transtornos", pode ser uma confusão entre causa e efeito. Se certos estados químicos do cérebro correspondem a determinados comportamentos, pode ser que o comportamento tenha produzido o estado, e não o contrário. Existe, por exemplo, uma forte correlação entre distúrbios de atenção e o hábito de ver televisão na infância.[16]

Não há justificativa para a velha desculpa: "É assim que eu sou". Não há dúvida de que o temperamento (uma combinação de herança genética, influências familiares e fatores culturais) estimula atitudes, comportamentos e estados de humor, e é extremamente difícil de controlar, quanto mais de mudar permanentemente. Isso é o que a psicologia define como *"setpoint"*. Mas, além do temperamento, existe o caráter. Temperamento é o que você é, mas caráter é o que você faz. Temperamento é dado, caráter pode ser forjado. Podemos nos opor aos ditames do temperamento e, se agirmos de maneira diferente por tempo suficiente, o novo comportamento vai estabelecer suas próprias conexões cerebrais. Como Hamlet diz a sua fraca mãe: "O uso quase consegue mudar a marca da natureza".[17] Esse "quase" é um toque de gênio. Shakespeare parece ter compreendido o debate entre natureza e educação e, como sempre, evitou tomar partido.

A palavra "caráter", entretanto, tem um tom fora de moda. Nossa era de prerrogativas de direito não procura caráter, que exige obrigação, mas identidade, que requer direitos. A identidade pode ser encontrada no dinheiro, no *status* ou na celebridade, mas é mais facilmente conferida pelo sentimento de pertencer a um grupo – em geral baseado em etnia, raça, religião ou orientação sexual. O grupo será especialmente atraente se puder alegar ter sofrido injustiça. Então seus membros podem ser vítimas e desfrutar o luxo de ter quem culpar.

E a culpa é a nova solução para a incapacidade contemporânea de aceitar a má sorte aleatória. Antigamente, o infortúnio era explicado como misteriosos

## A corrosão da responsabilidade

desígnios divinos – o sofrimento tinha um propósito, que seria revelado no fim dos tempos. Hoje, o que dá sentido ao infortúnio é a culpabilidade. Alguém deve ser culpado, e nunca é a vítima. A bobagem acontece – mas é sempre culpa da bobagem de outro. Assim como a indústria farmacêutica está feliz de lucrar com distúrbios acusatórios, os profissionais de direito também estão dispostos a ser pagos para acusar a bobagem de outrem. E os profissionais de medicina também estão dispostos a concordar. Recentemente, o *British Medical Journal* iniciou uma extraordinária campanha visando retirar a palavra "acidente" da língua inglesa. "Excluir uma palavra comum do nosso léxico não será fácil", concorda o augusto jornal. Entretanto, "o *BMJ* decidiu banir a palavra acidente".[18] Essa incapacidade de aceitar a casualidade é o que torna as teorias conspiratórias tão atraentes. Essas teorias investem o banal e aleatório de glamour e significado, e jogam a culpa pela irresponsabilidade pessoal sobre forças sinistras e secretas. É muito mais satisfatório acreditar que a princesa Diana foi assassinada numa colisão de carro orquestrada pelo duque de Edimburgo e que Marilyn Monroe foi morta por um supositório envenenado inserido por ordem de Robert Kennedy. A triste verdade exporia uma irresponsabilidade pessoal demasiada – de que uma foi morta por um motorista bêbado e a outra por abuso de álcool e medicamentos.

O problema de mudar o foco da responsabilidade é que hoje ninguém está preparado para aceitar a culpa. Eis uma história do século XXI. Um homem de 37 anos, Gary Hart, divorciado de sua primeira mulher e separado da segunda, conhece uma mulher chamada Kristeen Panter numa sala de bate-papo na internet e fica acordado até 5 horas da manhã conversando com ela *on-line*. Depois, parte numa viagem de 230 quilômetros dirigindo um Land Rover com um *trailer*. Mas pega no sono ao volante e sai da estrada, despencando sobre os trilhos de um trem e causando uma colisão que mata dez pessoas e deixa 76 outras feridas. Hart ("Minha vida a 1.000 milhas por hora – é assim que eu vivo")[19] é acusado de direção perigosa, mas, no julgamento, nega ter caído no sono e alega que o acidente foi causado por falha mecânica, embora uma meticulosa perícia no Land Rover não tivesse revelado nenhum problema. Hart é condenado a cinco anos de prisão. Quando sai da prisão, aparece num documentário feito para a tevê sobre o acidente, nega qualquer responsabilidade e alega que também é uma vítima. Convidado a analisar fotos da carnificina, Hart expressa tristeza... por seu Land Rover destroçado: "Eu amava essa velha caminhonete".[20]

# A era da loucura

Naturalmente, essa história é apenas um exemplo extremo – mas seria difícil imaginar uma atitude como a de Hart em outras épocas.

Paralelamente à recusa da responsabilidade há as alegações de *merecimento*. Hoje todo mundo *merece* férias (não apenas uma pausa para descanso, mas uma viagem internacional para um lugar desejável); os alunos invariavelmente *merecem* notas mais altas (independentemente dos critérios de avaliação, o argumento é sempre: "Mas gastei horas nisso"); empregados *merecem* uma promoção (mesmo que não satisfaçam nenhum dos requisitos do novo cargo); artistas *merecem* mais reconhecimento (tudo o que foi escrito merece ser publicado, tudo o que foi pintado merece ser exibido, todo ator ou bailarino merece um palco); os amantes *merecem* o parceiro dos seus sonhos da próxima vez (não *apesar*, mas *por causa de* todos os fracassos passados, provavelmente causados por eles próprios, e pelos quais não assumem a menor responsabilidade). O erro é um conceito obsoleto. Ninguém está disposto a aceitar que poucos merecem notas mais altas ou reconhecimento artístico, e que não existe esse tal de parceiro ideal. Portanto, o erro é uma nova palavra-tabu. Numa iniciativa comparável à do *British Medical Journal*, minha universidade saiu-se com uma solução criativa: os alunos que não alcançarem 40 por cento de aprovação num módulo são registrados como se não o tivessem cursado – o que não só evita a palavra-tabu, mas sugere que o lapso constrangedor jamais existiu.

Essa sensação de merecimento tem sido com certeza um fator do crescimento do endividamento pessoal. O crescimento das prerrogativas de direitos a partir dos anos 1970 coincide exatamente com o crescimento constante do endividamento pessoal. Se você tem direito a um certo estilo de vida, fazer empréstimos para financiá-lo significa apenas reivindicar o que já lhe pertence por direito – e não há obrigações a pagar. Assim, a tentativa do credor de recuperar o dinheiro se transforma na intimidação de uma vítima inocente. Essa atitude em relação às dívidas é um ótimo exemplo de como o condicionamento cultural pode mudar: num tempo não muito distante, a dívida era um pecado, depois uma necessidade desagradável para possibilitar a compra de um lar, mais tarde uma maneira de financiar um merecido estilo de vida e finalmente uma coisa evidentemente tão boa que só um louco a recusaria. Nesse estágio, o castelo de cartas da dívida se torna tão imenso que a remoção de uma única carta será quase capaz de destruir o sistema financeiro internacional. E, naturalmente, todo mundo culpa os banqueiros pelas consequências desastrosas. Prendam os banqueiros e enforquem-nos!

## A corrosão da responsabilidade

O problema da excessiva sensação de merecimento é que ela promete satisfação, mas em geral fornece o seu oposto. A prerrogativa de direito estimula os três "deveres" desastrosos de Albert Ellis: "Devo ter sucesso", "Todo mundo deve me tratar bem" e "O mundo deve ser fácil". E, quando nada disso acontece, qual é a conclusão? Não é que as exigências fossem injustificadas, mas isso aconteceu pela ação de forças malignas ocultas. Assim, a sensação de merecimento se transforma numa sensação de amargo descontentamento.

Outras consequências de um mundo onde imperam as prerrogativas de direito são o culto contemporâneo da "diversidade" e a crença, quase concomitante, de que as demandas de todos os grupos são igualmente válidas. O problema é que existem dois tipos de diversidade – diversidade de oportunidades, que é uma questão de direitos, e diversidade de ética, que é uma questão de valores –, e a necessidade de reconhecer a primeira levou à impensável aceitação da segunda. Exigir justiça para as minorias que sofrem discriminação de raça, etnia, gênero ou orientação sexual é inteiramente válido. Mas "diversidade ética" é uma *contradictio in terminis*, ou seja, os dois termos são incompatíveis. Se os valores de outros são válidos, então os próprios valores devem ser arbitrários e portanto sem valor. A consequência inevitável desse relativismo é uma fatal perda de coragem – torna-se impossível defender valores e fazer julgamentos de valor. Nos litígios, murmuramos que há muito o que dizer em favor das duas partes. Sobre conflitos políticos, achamos que "um lado é tão ruim quanto o outro" e sobre políticos que "os dois são igualmente ruins". Vemos pessoas tomarem tolas decisões que inevitavelmente levarão ao desastre, mas não dizemos nada: "Não tenho o direito de me meter", "Meu conselho seria rejeitado", "Isso só causaria discórdia" e "Afinal, que sei eu sobre isso?"

Isso nos leva a abdicar da autoridade e gera o bizarro reverso da moeda: crianças intimidando os pais, alunos avaliando professores e empregados explorando patrões.

E, na ausência de valores e princípios, a ética torna-se mero legalismo, restrita a situações e transações, uma questão de resolver dilemas e redigir contratos: concordo em fazer isso se você concordar em fazer aquilo.

Outro problema da "celebração da diversidade" é que ela visa promover a inclusão, mas muitas vezes promove o oposto: a separação. Os grupos que se sentem privados de direitos culpam outros grupos e exigem ser separados deles. Se o grupo tem uma base étnica ou religiosa, vai exigir um território próprio. E, se não seu próprio território, uma boa parte do território de algum outro grupo. Mas o separatismo, em vez de abrandar a divisão, a reforça e a exacerba. Sartre descreveu as terríveis consequências da consciência de "nós" e "eles", e experiências da psicologia demonstraram que mesmo a separação artificial e arbitrária pode causar conflito. Na verdade, os conflitos dela resultantes foram tão sérios que hoje esse tipo de experimento é considerado perigoso. Um dos últimos foi realizado em 1966 por Muzafer Sherif com um grupo de crianças de 11 e 12 anos que viviam harmoniosamente numa ampla cabana num acampamento de férias. Sherif dividiu o grupo em dois, separando deliberadamente os pares de amigos, e colocou cada grupo numa cabana. Logo começou a tensão entre as cabanas, e os insultos e zombarias se tornaram comuns, a ponto de antigos amigos passarem a se odiar. Com o tempo, líderes agressivos surgiram em cada cabana.[21] Portanto, uma separação inteiramente arbitrária gerou divisão, que se tornou cada vez mais rancorosa. A lição que disso se tira é que o separatismo causa os problemas que deveria prevenir, que então são usados como prova da intolerância que antes motivou a separação, tornando a separação ainda mais hostil.

Mas talvez a maior consequência das prerrogativas de direito seja a sensação de injustiça, que estimula a tendência humana à lamentação. Que eu saiba, nenhum pensador importante recomendou ou endossou a lamentação. Dos estoicos aos existencialistas, a filosofia lançou denúncias contra a lamentação. Alguém já ficou mais feliz por ter se lamentado?

Há muitas vezes a tentação de pensar que se pode ser mais feliz se a responsabilidade puder ser evitada ou transferida para outra pessoa, o que explica o número cada vez maior de consultores, instrutores, gurus, terapeutas e o crescimento inevitável dos *life coaches*.[*] No romance satírico *Ruído branco*, de Don DeLillo, a esposa do narrador dá aulas num curso para adultos chamado "De Pé, Sentado e Caminhando", que faz tanto sucesso que ela é solicitada a criar outro curso chamado "Comer e Beber". Quando o narrador sugere que isso possa ser trabalhar o óbvio, ela explica que as pessoas precisam da aprovação de alguém numa posição de autoridade.[22]

Pode parecer um luxo, mas filósofos e psicólogos concordam que só a responsabilidade pessoal traz satisfação. Isso foi demonstrado num famoso estudo

---

[*] Literalmente, "treinadores para a vida". Profissionais que realizam um treinamento motivacional com o objetivo de ajudar a pessoa a alcançar seus objetivos. (N. da T.)

## A corrosão da responsabilidade

em que pessoas idosas que residiam em dois andares de um abrigo receberam vasos de plantas em seu quarto. Num andar os residentes tiveram permissão para escolher e regar as plantas; no outro andar, as plantas foram distribuídas e eram regadas pela equipe do lar. No primeiro andar, os residentes ficaram mais felizes, ativos e alertas, e passaram a necessitar de menos medicação. Resultados semelhantes foram observados em outros estudos que envolveram a escolha de filmes e horário de visitas de voluntários. A falta de controle sobre a própria vida, ao contrário, causou infelicidade e depressão. (Mas a aceitação de falta de controle não seria uma forma de controle?) Ainda mais surpreendente foi a descoberta ocorrida seis meses depois no acompanhamento do estudo: duas vezes mais residentes do grupo sem controle tinham morrido (30 por cento, comparados aos 15 por cento do outro grupo). Portanto, a responsabilidade pessoal pode ser uma questão de vida ou morte.[23]

Quanto menos se exerce a responsabilidade, maior a probabilidade de conformidade. Uma série de experiências clássicas sobre conformidade foi realizada em 1955 pelo psicólogo Salomon Asch. Voluntários foram solicitados a realizar um teste simples de correspondência. Quando deixados sozinhos, alcançavam uma porcentagem de acertos de 99 por cento, mas em grupo, formado por cúmplices da experiência que com frequência davam unanimemente uma resposta errada, o voluntário concordava com a resposta incorreta em 70 por cento das vezes. E, quando informados da farsa e solicitados a avaliar a extensão de sua conformidade, todos os voluntários a subestimaram.[24]

O interessante nessas experiências, naturalmente, é o processo mental que leva à conformidade: como as pessoas se convencem a aceitar coisas que de outra forma considerariam erradas? Recentemente, quando os experimentos de Asch foram repetidos com o acompanhamento de imagens do cérebro do voluntário, as decisões incorretas influenciadas pelo grupo causavam mudanças nas áreas do cérebro relacionadas com a visão e a consciência espacial, mas não nas áreas relacionadas ao monitoramento e solução de conflitos. Portanto, a alarmante conclusão foi que não era necessário nenhum autoconvencimento: o voluntário *via realmente* o que o grupo *apenas alegava ver*. Diante disso, Gregory Berns, o neurocientista que conduziu a nova pesquisa, concluiu: "Gostamos de pensar que ver é crer, mas o estudo mostra que ver é crer no que o grupo nos diz que devemos crer".[25] Quanto às decisões independentes que resultam de um desacordo consciente com o grupo, causavam atividade na área do cérebro associada às emoções, sugerindo que autonomia e oposição

## A era da loucura

são estressantes. Esse estresse revelou-se justificado em outros experimentos que simularam discussões de um júri, no qual a minoria se opunha ao veredicto da maioria, como no filme *Doze homens e uma sentença*. A visão da minoria prevalecia quando expressa com coerência, confiança e não dogmaticamente – mas ninguém gostava dos membros da minoria. Isso evidencia um efeito desagradável: defender princípios e a verdade pode acabar sendo eficiente, mas seus defensores serão rejeitados como excêntricos.

Ainda mais chocante foram os experimentos Milgram sobre obediência, nos quais, por ordem de uma séria figura autoritária num jaleco branco, voluntários administraram o que acreditavam ser choques elétricos de crescente intensidade nas pessoas (de meia-idade e conciliadoras) que fornecessem respostas erradas. Antes do experimento, Stanley Milgram convidou quarenta psiquiatras a avaliar o grau de submissão dos voluntários. Sua conclusão foi que apenas 1 por cento dos sádicos continuaria até o choque máximo. Na verdade, 65 por cento chegavam a 450 volts, embora acreditassem estar ouvindo apelos e até gritos de dor. E, se os voluntários tivessem permissão para delegar a alavanca de choque a outra pessoa, o grau de submissão subia para 90 por cento. A única boa notícia foi que o nível de choque se reduzia a 10 por cento se os voluntários vissem alguém se recusar a administrar o choque.[26] Essas variações demonstram mais uma vez a força do exemplo, bom ou mau.

O psicólogo Philip Zimbardo passou a vida estudando a conformidade e a obediência em diversas situações, do mundo corporativo à Alemanha nazista e à prisão de Abu Ghraib no Iraque. Conduziu muitos estudos, entre eles o famoso experimento da Stanford University na prisão, realizado em 1971, quando voluntários foram solicitados a fazer o papel de prisioneiros ou guardas e muitos dos guardas se revelaram cada vez mais sádicos. A conclusão de Zimbardo foi que só é possível resistir à influência do grupo com uma combinação de distanciamento (o exercício do ceticismo e do pensamento crítico), humildade (disposição para admitir seus próprios erros e limitações), atenção (transformar a habitual desatenção em consciência habitual), autonomia (preservar a independência dentro de um grupo) e, acima de tudo, responsabilidade: "Resistiremos mais à influência social indesejável se mantivermos sempre o senso de responsabilidade e estivermos dispostos a responder por nossos atos".[27]

Seria possível portanto estabelecer que a responsabilidade pessoal é essencial e o determinismo deve ser rejeitado, tanto na teoria quanto na prática. Um indivíduo autônomo, atento, cético e dotado de pensamento crítico, consciente das indesejáveis inclinações pessoais e grupais, pode resistir e persuadir outros a fazer o mesmo. A criatura humana não passa de um animal que sabe que é apenas um animal... e portanto o único animal que tem a opção de não se comportar como um animal. Podemos estar totalmente determinados a não ser totalmente determinados. Como Katharine Hepburn disse a Humphrey Bogart em *Uma aventura na África*, "A natureza, senhor Allnut, é o que fomos postos neste mundo para superar".

A aceitação da responsabilidade também pode se estender à criação de um código pessoal. Essa é a essência da filosofia existencialista. Naturalmente, é difícil justificar tal código absolutamente. E muitas vezes suas exigências vão parecer ridículas e arbitrárias. Então, por que se preocupar? Apenas pela satisfação de vencer a dificuldade. Pela mera diversão. Como exortou Flaubert: "Já que todas as alternativas são absurdas, vamos escolher a mais nobre".[28]

# 7
# O ataque ao isolamento

Você precisa pensar, e um café expresso poderá dar o arranque no seu cérebro preguiçoso – mas o café italiano tem uma imensa tela na qual modelos percorrem nervosamente a passarela, enquanto o sistema de som libera uma *soul music* em alto volume e as duas garotas atrás do balcão comentam as fotos que tiraram numa noitada, o tom de excitação entremeado de risadinhas histéricas. Então seu *smartphone* anuncia uma mensagem de texto de um dos seus milhares de amigos virtuais, mas, antes que você possa lê-la, um *pop-up* lhe oferece três exclusivas galerias de fotos (rebeldes raposas roqueiras, as cem mulheres mais *sexy* do mundo e estrelas de cinema atrapalhadas com o mau funcionamento de seu guarda-roupa). Uma busca em seus *e-mails* revela uma mensagem de seu gerente marcando uma reunião de emergência para a manhã seguinte e cinco outras mensagens de seus colegas de time lhe perguntando que raios está acontecendo.

Você precisa de sossego, concentração, autonomia e privacidade, mas o mundo insiste em imersão, distração, colaboração e companhia.

Algumas cenas do nosso tempo:

Uma figura suada e corada, vestida numa roupa de ginástica, corre furiosamente na esteira de uma academia enquanto assiste a uma partida do aberto de tênis da França numa gigantesca tela de tevê e ouve gritos primais no fone de ouvido.

Num salão de beleza, uma mulher folheia uma revista de celebridades enquanto seus cabelos são lavados e massageados, escutando com um ouvido a tagarelice de uma rádio e com o outro a história da cabeleireira, cujo namorado só consegue uma ereção depois de apertar sua garganta quase a ponto de fazê-la perder a consciência ("Ele é ex-soldado e culpa a guerra do Afeganistão").

## O ataque ao isolamento

Um jovem está recostado num sofá, bebendo vodca e Red Bull enquanto assiste a uma cena pornô de dupla penetração e é vigorosamente chupado por uma loura ajoelhada a seus pés.

Qualquer pessoa que faça menos de três coisas ao mesmo tempo não está vivendo plenamente, deixando de aproveitar a era de múltiplas e simultâneas distrações e permanente e múltipla conectividade – o mundo interconectado, multitarefa, imersivo e repleto de *links*.

Além do número cada vez maior de dispositivos eletrônicos que exigem atenção, suas solicitações são cada vez mais astuciosas. Minha televisão e meu *laptop* se comportam como se fossem meus amigos e conhecessem intimamente minha personalidade e meus gostos. Assim, a televisão está constantemente sugerindo programas a que devo assistir, todos inadequados, enquanto o *site* onde costumo fazer compras tem a petulância de dizer a mim, um homem dotado de alto grau de exigência e discernimento: "Michael, temos recomendações a lhe fazer". A próxima fase evidentemente vai assistir à conspiração dessas engenhocas. Então o *smartphone* vai entrar em contato com o sistema de navegação por satélite:

> Ouça, esse imbecil é um esnobe apreciador de vinhos que adora Sancerre e delira com um leve toque de *grapefruit* e adstringência. Mas ele também é um pão-duro, que se associa a clubes de vinho para aproveitar a oferta de admissão e depois cancela sua inscrição. É tão *constrangedor* enviar esses cancelamentos! De qualquer forma, diga a ele que o supermercado da esquina está vendendo uma caixa de doze garrafas de Sancerre pelo preço de dez. E, quando ele estiver lá, mencione que a livraria do *shopping* está com uma promoção "compre dois, leve três" livros dos clássicos Penguin. O esnobismo do cara também é cultural. Ela *adora* a seriedade da série preta dos clássicos Penguin.

As lojas estão cheias de distrações. O mundo real e o mundo virtual estão se tornando selvas de *hyperlinks*, onde cada distração é cercada de múltiplas seduções, que levam a outras distrações. Assim sendo, um *smartphone* com mensagens de texto e de *e-mail* é um acessório essencial, porque um repositório de *hyperlinks*, oferecendo a você a facilidade de se distrair e ser distraído em qualquer lugar e a qualquer hora. O conteúdo da comunicação não importa – a conectividade é a mensagem reconfortante. Assim como o prazer de comprar se dissociou das compras e o prazer da viagem, dos lugares visitados, o prazer das distrações se tornou um fim em si, independente das verdadeiras distrações.

# A era da loucura

Ser constantemente o centro de uma rede de potenciais interrupções oferece a mesma excitação e importância da administração de uma crise. Assim como a falsa sensação de eficiência da multitarefa, existe no processamento de múltiplas interrupções a falsa sensação de urgência.

Num estudo sobre profissionais da informação – analistas, programadores e administradores –, os psicólogos descobriram que os três tipos de profissionais eram interrompidos em média uma vez a cada três minutos. Mas a descoberta mais interessante foi que eles se interrompiam com a mesma frequência com que eram interrompidos.[1] Ser interrompido tornou-se tão comum e, depois, tão necessário que os profissionais acabam fazendo isso consigo mesmos.

Que efeito essa contínua divisão de atenção tem sobre o cérebro? O primeiro ponto é que, como a maioria das formas de ambição, a multitarefa é autodestrutiva. Psicólogos que estudaram o fenômeno detalhadamente concluíram: "A multitarefa pode parecer mais eficiente na superfície, mas na verdade ocupa mais tempo".[2] E, acompanhando a multitarefa com o mapeamento do cérebro, os neurocientistas chegaram a uma conclusão ainda mais definitiva: desempenhar duas tarefas uma depois da outra é mais rápido do que desempenhar as mesmas duas tarefas quase simultaneamente. O córtex pré-frontal, responsável por processar a multitarefa, se revelou incapaz de concentrar-se em mais de uma tarefa ao mesmo tempo.[3]

Naturalmente, essas descobertas não deterão ninguém, inclusive eu. Eu costumava ler um livro até o fim antes de começar outro, mas passei a começar novos livros sem terminar os anteriores – de modo que tenho mais e mais livros com tiras de jornal marcando as páginas.

A mudança constante de atenção pode ter efeitos de longo prazo sobre o cérebro. Os neurocientistas descobriram que, para pessoas entre 35 e 39 anos, as interrupções eletrônicas causam uma acentuada deterioração do desempenho.[4] Suspeita-se que, para a geração de distraídos, a constante necessidade de processar interrupções impede o córtex pré-frontal de se desenvolver plenamente. Isso é possível porque o córtex pré-frontal, que pode ser considerado o administrador do cérebro, é a última parte a amadurecer e só se forma totalmente depois da adolescência – uma das razões pelas quais os adolescentes são muitas vezes controlados pelo *id*, exigentes, impulsivos, ingratos e raivosos. Portanto, o controlador executivo crucial não só é distraído pelas interrupções e *hyperlinks*, mas pode ser impedido de se desenvolver adequadamente. A dis-

## O ataque ao isolamento

tração crônica enfraquece o córtex pré-frontal – e, com o efeito contrário, a meditação praticada a longo prazo o fortalece.[5]

Entretanto, está ficando impossível evitar a distração. O novo ambiente construído é um texto salpicado de *hyperlinks* físicos. Os próprios conceitos de separação e limites estão se tornando obsoletos. Aeroportos, estações de trem, edifícios de escritórios, hotéis e hospitais se tornaram minicidades, com amplas e claras áreas abertas onde é oferecida uma grande variedade de produtos e serviços. E as próprias cidades estão cada vez mais permeáveis, nas quais as áreas de estar, trabalhar, comprar, comer e beber se interpenetram. Novos empreendimentos urbanos, como as novas docas de Londres, são concebidos segundo o princípio que os arquitetos chamam de *"caves and commons"*, que dilui as distinções ente interior e exterior, trabalho e lazer, público e privado.

Ninguém quer estar isolado. Até mesmo as baias dos grandes escritórios oferecem demasiada separação. Os novos locais de trabalho não têm divisórias. Mother, uma ultramoderna agência de propaganda no ultramoderno bairro londrino de Shoreditch, tem uma única mesa de 75 metros, talvez a maior do mundo. E a antiquada divisão em andares foi eliminada com a utilização de rampas abertas como as dos estacionamentos de vários andares.

Do outro lado de Londres, o Museu de História Natural orgulhosamente apresenta uma nova e imensa exposição, na qual seus cientistas são expostos ao público como animais empalhados em caixas de vidro. E a visibilidade não se limita aos profissionais. A Rolls-Royce ofereceu ao público, através de paredes de vidro, a ampla vista de sua área de produção. Muitos chefes de cozinha hoje trabalham em cozinhas à vista dos clientes. Nos restaurantes mais modernos, os clientes podem pagar um extra pelo privilégio de jantar na cozinha com o chefe. Nos restaurantes baratos, mas modernos, não há mesas e cadeiras separadas, mas grandes mesas e bancos como nas cantinas de escola.

Nesses bancos os clientes naturalmente podem saborear uma comida *fusion*, ouvindo música *fusion* num ambiente de *fusion design* – e podem pagar tudo isso graças a uma educação *fusion*. As novas escolas da cidade rejeitam como ridícula a ideia antiquada de ensinar francês e história – afinal, basta estudar Napoleão. Museus consideram igualmente datada a ideia de expor arte de acordo com o período ou movimento – então, Cézanne precisa estar envolvido num intrigante "diálogo" com a arte conceitual. (O diálogo na verdade pode ser o seguinte: Arte Conceitual – "Você é tão *superado*..."; Cézanne – "E você é tão *vulgar*...".) E por que motivo a arte deveria estar confinada aos museus?

## A era da loucura

Então, por toda parte e em todo lugar, veem-se "intervenções" artísticas em edifícios. E quartetos de cordas tocam em estações de trem, bailarinas dançam em lojas de departamentos, grupos de teatro apresentam-se em *shopping centers*, escritores alojam-se não só nas universidades, mas em prisões, museus, hospitais, clubes de futebol, empresas, hotéis e zoológicos.

Tudo se funde com tudo – e por isso "sinergia" é a palavra do momento, um termo pseudocientífico para "mistura".

Imagine alguém sentado sozinho numa sala sem televisão, rádio, computador ou telefone, com a porta fechada e as cortinas baixadas. Essa pessoa deve ser um perigoso lunático ou um prisioneiro condenado à solitária. Ou um tarado cheirador de calcinhas segregado pela sociedade, ou um psicopata que planeja voltar à faculdade com uma arma automática e uma mochila carregada de munição.

Não admira que o *Manual diagnóstico e estatístico de transtornos mentais* defina o isolamento como "transtorno de despersonalização", a sensação de estar "desligado de si próprio, como se o indivíduo fosse um observador externo dos próprios processos mentais ou do próprio corpo". Portanto, alguém capaz de distanciamento está *mentalmente doente.*

No entanto, o isolamento, no sentido de distanciamento e desapego, foi considerado um fator de saúde mental por todos os pensadores, de Buda a Sartre. Mesmo pensadores cristãos o valorizavam, e um de seus mais apaixonados defensores foi um frade dominicano do século XIII, Meister Eckhart:

> Li muitas obras de mestres pagãos e profetas, tanto no Velho quanto no Novo Testamento, e investiguei, cuidadosa e assiduamente, para descobrir qual é a maior virtude [...] e, enquanto estudava todos esses escritos, até onde minha razão pôde me levar e ensinar, descobri que não existe melhor virtude que o puro desapego por todas as coisas.[6]

Eckhart coloca o desapego acima da humildade, da misericórdia e até do amor, acrescentando, numa frase curiosa e surpreendente: "O desapego obriga Deus a vir a mim". Uma versão secular desse pensamento é que o desapego pelo mundo obriga o mundo a se aproximar. O paradoxo é que o desapego pode na verdade inspirar um envolvimento mais intenso. É como dar um passo atrás diante de um quadro para vê-lo com mais clareza.

Tão difícil quanto o desapego pelo mundo é o desapego pelo *self*, uma forma de humildade que se opõe a uma cultura que venera a autoestima. É um axioma contemporâneo que a falta de autoestima é a raiz de todos os males, em especial de males sociais como violência, delinquência e baixo aproveitamento acadêmico, e que uma forte autoestima é a solução para todos os problemas, pessoais e sociais. Nos Estados Unidos existe até uma Associação Nacional para a Autoestima, cuja missão é "melhorar a condição humana através do fortalecimento da autoestima", outra evidência de que é impossível satirizar o mundo contemporâneo. E, no nível pessoal, existe um florescente subgênero literário de autoajuda dedicado a aumentar a autoestima (*Autoestima, seu poder fundamental; Dez dias para conquistar a autoestima; A bíblia da autoestima*). Houve um tempo em que, nas fábulas, as pessoas faziam perguntas ao espelho e aguardavam temerosamente a resposta. Mas esta não é uma época de questionamentos. Ao contrário, somos estimulados a começar cada dia gritando para o espelho uma ilusão – para o vendedor: "Eu *sou* especialmente persuasivo. Vou cumprir todas as minhas metas de venda"; para o gerente: "Eu *sou* especialmente dominante. Vou obter obediência universal"; e para o amante: "Eu *sou* especialmente belo. Vou inspirar amor eterno no objeto de meu desejo".

O problema com a autoestima é que ela não tem valores ou princípios, nem exige esforço. Ter amor-próprio, que é sutilmente diferente, implica ser merecedor de respeito, mas a autoestima, na maneira como é usada no mundo contemporâneo, nada exige de nós mesmos – apenas dos outros. Amor-próprio vem do interior, e autoestima vem de fora. Spinoza entendeu essa distinção: "Amor-próprio não se estende a nada fora de nós e é atribuído apenas a alguém que conhece o real valor de sua perfeição, desapaixonadamente e sem procurar estima para si".[7] A autoestima é narcisista, porque exige que o mundo reflita a imagem apresentada, e portanto não pode ter nenhum benefício duradouro, embora pouca gente reconheça isso. Algumas exceções são Albert Ellis em seu livro *The myth of self-esteem* [O mito da autoestima][8] e o estudo de um grupo de psicólogos americanos que conclui com ironia: "Temos poucos indícios para supor que a promoção indiscriminada da autoestima em crianças e adultos ofereça à sociedade qualquer benefício a não ser o sedutor prazer que traz àqueles que se engajam nesse exercício".[9] Na verdade, esses psicólogos sugerem que inflar a autoestima pode exacerbar os problemas que se pretendia resolver. Se o mundo não obedece às exigências de um ser com autoestima inflada, e o mundo costuma ser lento em aceder, o ultrajado pode recorrer à violência para fazer o mundo entrar na linha. Um exemplo óbvio é a obsessão da cultura jovem pelo "respeito": deixar

# A era da loucura

de mostrar suficiente respeito, ao trombar com alguém numa fila, por exemplo, pode ser um ato pago com a morte. Outro exemplo é a total confiança que muitos pais instilam nos filhos. O problema com essa alta autoestima é que ela vem acompanhada de baixo autoconhecimento. Essas crianças crescem sem enxergar seus defeitos – ou chegam a ponto de ter *ternura* por eles. Como disse um corcunda, todo feliz: "Em *mim* ela fica bem".

Numa investigação sobre depressão, o psicólogo Oliver James ficou intrigado com uma lista da Organização Mundial da Saúde que mostrava a prevalência do sofrimento emocional em diferentes países durante um período de doze meses. No topo da lista estavam os Estados Unidos, com 26,4 por cento, e no fim a China (Xangai), com apenas 4,3 por cento. A tendência era que países mais desenvolvidos apresentassem índices mais altos de depressão – mas Xangai é uma cidade plenamente desenvolvida. James foi a Xangai investigar e concluiu que uma diferença crucial era a atitude em relação à autoestima. Na América, forças-tarefas do governo, escolas, pais e livros de autoajuda promovem a autoestima, mas, na China, a insistência de Confúcio na modéstia coloca o foco no esforço. Enquanto na América o sucesso mundano é uma confirmação de autoestima, os chineses se satisfazem com o esforço próprio. E James também cita estudos que mostram que os americanos mais agressivos são pessoas dotadas de "grandiosa autoestima", que provavelmente se tornam violentas quando sua grandiosidade não é reconhecida.[10]

Nisso reside uma profunda ironia: o estímulo da autoestima, que pretende promover uma sensação de bem-estar e desencorajar a agressão, pode acabar causando depressão e violência. E tentativas de realizar o potencial das crianças elogiando-as por seus talentos podem inibir ou destruir seu potencial. Os pais seriam mais sensatos se buscassem inspiração nos chineses e elogiassem seus filhos mais pelo esforço do que por suas habilidades inatas.

A psicóloga Carol Dweck testou essa hipótese, submetendo centenas de estudantes de Nova York a uma prova e elogiando metade deles pelo esforço ("Você deve ter se esforçado muito") e a outra metade pela inteligência ("Você deve ser muito inteligente"). Depois, os alunos tiveram a opção de escolher entre dois outros testes: um do mesmo nível do primeiro e outro mais difícil. Entre aqueles que tinham sido elogiados pelo esforço, 90 por cento escolheram o teste mais difícil, enquanto, entre os que tinham sido elogiados por sua inteligência, uma maioria semelhante escolheu a opção mais fácil. Assim sendo, a forma de uma única frase elogiosa teve uma imensa consequência, mostrando mais uma vez que é melhor se concentrar no empenho do que no resultado. A conclusão de Dweck foi que os "inteligentes" tinham medo do fracasso, enquanto os "esforçados" aprendiam com os erros. Quando os dois grupos foram convidados a analisar os testes dos que tinham se saído melhor e pior que eles, quase todos os "inteligentes" preferiram alimentar sua autoestima comparando-se com os que estavam abaixo deles, enquanto os "esforçados" quiseram entender seus erros examinando melhor as provas. E, em testes subsequentes, 30 por cento dos alunos elogiados por seu esforço alcançaram notas melhores, enquanto a média dos "inteligentes" caiu 20 por cento.[11]

Portanto, o caminho para o sucesso é concentrar-se no fracasso. E, em geral, convém concentrar-se nas próprias deficiências, e não nas dos outros. Mas é extremamente difícil nos vermos como realmente somos. A mente se acovarda diante da própria insignificância com a mesma intensidade que diante da perspectiva de sua extinção. É preciso um esforço inatural de vontade, uma espécie de fé ao contrário, para entender que nosso *self* é uma coisa bruta, insegura, medrosa e insignificante. O gigante interior é na verdade um anão trêmulo – e um anão meio louco, neurótico, ganancioso, raivoso e deformado. O que distingue um anão do outro é apenas a natureza e a força de seus disfarces e ilusões (e sua tarefa final é apagar todos os engenhosos processos de autoilusão).

A boa notícia é que podemos contar com ajuda na heroica tarefa de expor nossa natureza nada heroica. A literatura está cheia de exemplos de nossa risível torpeza – Shakespeare, por exemplo: "O tolo pensa que é sábio, mas o homem sábio sabe que é tolo".[12] Outra boa notícia é que essa exposição é libertadora, até mesmo estimulante. Este é outro paradoxo: o gigante interior só pode ser despertado quando se reconhecer como um anão.

Entretanto, quem busca seriamente o desapego terá que abraçar uma santíssima trindade – solidão, quietude e silêncio – e rejeitar a nova religião do "comocionismo", que acredita que o sentido da vida é ter constante companhia, movimento e agitação. Comoção é vida, repetem esses novos fiéis. Solidão, quietude e silêncio são a morte.

Até a palavra "solidão" tem um tom arcaico, como se fosse alguma bizarra prática ascética dos Padres do Deserto, que exigisse voto de castidade e uso da camisa de crina. Quando uma equipe de psicólogos pediu a um grupo de pessoas para elencar suas atividades comuns por ordem de preferência, "passar um tempo sozinho" foi a penúltima citada, acima apenas de "ser interrogado pelo chefe".[13] São muitas as razões disso. A solidão pode ser assustadora. Pode expor a insignificância, a feiura e o vazio que nos esforçamos por esconder. E, nos relacionamentos, o desejo de solidão pode ser interpretado por um parceiro carente como rejeição ou impossibilidade de oferecer a companhia constante desejada, ou ambas as coisas, e esse parceiro vai tramar, intimidar e perturbar para evitar que o outro fique sozinho. E ainda há as exigências de parentes, colegas e amigos, sendo as duas últimas categorias cada vez mais importantes. Na pesquisa citada, "passar um tempo com amigos" foi de longe a atividade mais desejada.

Será que alguém já pesquisou o fenômeno da amizade contemporânea? Minha impressão é que os jovens têm círculos de amigos cada vez maiores, passam cada vez mais tempo em sua companhia, comunicam-se com eles com uma frequência cada vez maior quando estão separados e os consideram tanto ou mais importantes que parentes e parceiros. O poeta americano Robert Bly atribui a culpa disso ao que define como "sociedade irmanada", uma cultura de semiadultos que rejeitam a responsabilidade e a maturidade em troca de uma aceitação narcisista sancionada pela fidelidade aos irmãos camaradas.[14] Um dos seriados de tevê mais populares dos últimos tempos chamava-se simplesmente *Friends* e promovia a ideia de que amigos são uma nova família: enquanto a velha unidade familiar era exigente e causava problemas, a nova versão de família oferecia eterna diversão em grupo – ninguém precisava crescer ou abandonar a comunidade.

Assim sendo, os irmãos exigem constante comunicação – e a tecnologia tem o prazer de fornecer telefones celulares, Skype, mensagens de texto, salas de bate-papo, *e-mail* e redes sociais. Está começando a parecer que todo mundo é amigo e está em constante comunicação com todo mundo. Uma das celebridades de *reality shows* nos Estados Unidos, Tila Tequila, famosa por ser o prêmio de uma competição entre dezesseis homens heterossexuais e dezesseis mulheres homossexuais no programa *A Shot at Love with Tila Tequila*, se orgulha de ter 1.771.920 amigos.[15]

A tendência é termos cada vez mais amigos e compartilhar cada vez mais coisas com eles. Portanto, restará pouca privacidade. Até muito recentemente, era impensável mencionar a prática sexual em público. Agora, o sexo da noite anterior é discutido casualmente nos programas de fim de noite da tevê – uma das razões pelas quais o poder e a glória do sexo diminuíram tanto. E um dos últimos assuntos tabus no âmbito privado, o dinheiro, está cada vez mais público, embora nesse caso qualquer diminuição de seu poder e glória seria bem-vinda.

## O ataque ao isolamento

E esse fenômeno tem seu paralelo no culto à "colaboração". Esse novo ídolo é celebrado num recente lamaçal de livros como *Crowdsourcing*;* *Nós somos mais inteligentes que eu*; *A sabedoria das multidões*; *Wikinomics: como a colaboração global está mudando tudo* e *Pensamento coletivo: inovação em massa, não produção em massa* (de Charles Leadbeater e outras 257 pessoas). Essa forma de colaboração é uma extensão do *éthos* de equipe do século passado. Segundo seus visionários defensores, toda a população do mundo um dia será uma equipe gigantesca colaborando alegremente numa multiplicidade de novos e excitantes projetos. A televisão está cada dia mais colaborativa, com o público decidindo o resultado de muitos *reality shows*. E a tevê *on-line* se baseia no conceito de colaboração, com a audiência influenciando diretamente o conteúdo dos programas de teledramaturgia e até participando deles.

Tudo isso trouxe à baila um curioso desdobramento do velho individualismo: a diminuição da fé no individual.

Mas os filósofos nos previnem de que a redenção não está nos outros, mas dentro do indivíduo. E, para encontrar a força interior, é necessário passar algum tempo sozinho. Eis o que diz Rilke:

> O essencial é apenas isto [...] estar solitário, como uma criança era solitária quando os adultos andavam de um lado para outro à nossa volta, absortos em coisas que pareciam importantes e grandiosas porque eles pareciam tão ocupados e nós, crianças, não tínhamos a menor ideia do que eles estavam fazendo.[16]

A criança solitária sabe intuitivamente que a ocupação e a tagarelice dos adultos são absurdas, mas cresce, é engolida pela ocupação e tagarelice e esquece o encantamento. O mundo exige contínua e total imersão – mas há uma forma de felicidade que depende de ocultar algo vital, como a criança protege seu ser secreto de pais irritantes e intrusivos. E essa ocultação é alimentada e fortalecida na solidão, quando o clamor e os anos vão desaparecendo e algo como o antigo êxtase infantil pode ser sentido de novo. A desaprovação contemporânea pode na verdade tornar a solidão ainda mais

---

* Neologismo que combina os termos "*crowd*" ("multidão") e "*sourcing*" ("fonte") e que define o processo pelo qual a inteligência, a criatividade e a experiência de um grande número de pessoas são aproveitadas para a solução de um problema. (N. da T.)

excitante – proibida, ilícita, transgressiva, como cheirar cocaína inteiramente livre de preocupação com preço, criminosos perigosos, a polícia ou em desintegrar o nariz.

Um ser secreto é uma proteção contra o mundo e suas vicissitudes, uma armadilha ainda mais eficiente por ser interior e invisível, e por isso oferece maior segurança para alma do que o corpo.

E há também a quietude. "Ensina-nos a estar em sossego",[17] orou T. S. Eliot, mas sua prece não foi respondida. Ao contrário, esta era tem sido cada vez mais dominada pela ilusão da atividade e do movimento. A atividade sempre foi cultuada, mas a obsessão pelo movimento é nova, gerada pela inquietação e facilitada pelo transporte barato. "Quero viajar", dizem hoje as pessoas, com um olhar solene, místico e distante. Mas, se você responde com outra pergunta, "Para onde e para fazer o quê?", o misticismo se dissolve em irritada incompreensão. Porque não existe um desejo ardente de ver algo em particular, apenas de estar em movimento. Como tubarões, precisamos estar em movimento para nos mantermos vivos e, como eles, nosso sorriso é falso, mas os dentes são verdadeiros. A cultura americana está permeada desse culto ao movimento como redenção e renovação universal. Qualquer fracasso pode ser apagado se eu viajar para outro lugar e me reinventar, como o Grande Gatsby.\* Mesmo que não ocorra um renascimento, o movimento em si será estimulante, porque o movimento é a expressão física do potencial.

Não admira que o adjetivo "dinâmico" tenha se tornado um alto elogio. Ser dinâmico é maravilhoso. Ficar estático é terrível. Assim, os edifícios têm um grave problema: são cubos sólidos presos ao solo. Os arquitetos contemporâneos contornam esse problema com projetos que criam a ilusão de movimento. Os novos edifícios parecem se alongar, se inclinar, se contorcer, se desintegrar, prestes a içar vela, a decolar, a planar em voo ou até dançar, como as Torres Dançantes da arquiteta Zaha Hadid em Dubai, que lembram três bailarinos inebriados num fim de uma noite de sábado. O próximo estágio, obviamente, é um edifício que não apenas passa a ilusão de movimento, mas

---

\* Referência ao romance *O grande Gatsby*, de F. Scott Fitzgerald, cujo protagonista, Jay Gatsby, é um jovem ambicioso, que acumula grande fortuna e corre atrás de um sonho inalcançável. O livro retrata a recusa à maturidade, a incapacidade de envelhecer e a obstinação de continuarem todos jovens e ricos para sempre. (N. da T.)

## O ataque ao isolamento

de fato se move – e um grupo apropriadamente chamado Dynamic Group propôs uma torre para Dubai onde cada um dos andares residenciais gira sobre seu eixo, de modo que todo mundo pode estar em movimento mesmo parado em casa, vendo tevê.

Talvez a mania de férias seja na verdade apenas uma desculpa para a necessidade de movimento – como é a mania de uma segunda casa. Existe, é claro, a emoção colonialista de ocupar um território virgem de um segundo lar com todos os pertences do primeiro, mas o prazer inconsciente pode estar na obrigação de se movimentar constantemente de um para o outro. E uma ideia comum de felicidade é uma vida de férias permanentes ou, mais precisamente, uma sucessão infinita de férias. Com tanta gente buscando esse ideal, o turismo teve que se tornar cada vez mais engenhoso. Assim, existe o turismo sexual, turismo de aventura, ecoturismo, turismo espacial, turismo de drogas, turismo na favela e o novo turismo negro, definido no site dos guias *Lonely Planet* como "viagens a lugares ligados à morte, ao desastre e à perversão". Hoje, agências de viagem podem levar você com total conforto aos campos de concentração nazistas, aos campos de extermínio do Camboja ou aos calabouços de escravos da África ocidental.

E ainda há a ilusão da ocupação, na qual o equivalente de "Quero viajar" é o mantra: "Quero estar ativo". A atividade é outro meio que se tornou um fim porque oferece alívio da ansiedade e a ilusão de importância e significado. Mas os filósofos sempre exaltaram a plenitude da inatividade, entre eles Cícero ao citar Cato: "Nunca um homem é mais ativo do que quando não faz nada, nunca é menos solitário do que quando está consigo mesmo".[18] Por isso surpreende que a versão que se vê numa camiseta seja de um poeta contemporâneo americano, Charles Wright: "Não faça nada, sente-se aí".[19]

Quando as pessoas são obrigadas a sentar-se em sossego, às vezes aproveitam o momento. Áreas de espera são muitas vezes surpreendentemente calmas, considerando-se a extrema impaciência do nosso tempo, mesmo em hospitais e aeroportos, onde a espera pode levar horas. O que é encorajador é que dificilmente alguém olha para a inevitável tela de tevê.

Mas é difícil resistir ao ataque ao silêncio. Nos anos 1880, o poeta francês Jules Laforgue já clamava, desesperado: "O mundo moderno embarcou numa conspiração para provar que o silêncio não existe".[20] Como chegamos a este mundo de música constante nos bares, cafés, restaurantes, hotéis, lojas de departamentos, butiques, supermercados, ônibus, trens, elevadores e toaletes?

## A era da loucura

Está cada vez mais difícil até fazer xixi sossegado. Ninguém está a salvo. No consultório do meu dentista, durante décadas, a única distração eram as velhas revistas cheias de dobras e sem capa, mas agora há um sistema de som atrás da mesa de recepção, um televisor na sala de espera e um rádio tocando durante o atendimento. Nenhum santuário está livre do assalto. Até os peixes no oceano estão ficando loucos, segundo *The Journal of the Acoustical Society of America*: "Desde os anos 1960 cresceu dez vezes o ruído submarino".

Mas a definitiva abominação é a música enlatada nas *livrarias*. Imagine tentar folhear um livro de poesia chinesa sobre sábios reclusos isolados em meditação no alto da montanha sendo ensurdecido por música em alto volume. E a natureza dessa música ambiente também mudou. No início, nos lugares públicos só se ouvia uma música suave, criada para ser pouco perturbadora, e em uma ou outra livraria podia-se ouvir uma música barroca soando inofensivamente ao fundo. Mas hoje ouve-se o som tonitruante do *soul*, do *rock* ou do *drum and bass* (um exemplo do gosto musical contemporâneo, que escolhe sons sem começo, meio e fim e que apenas seguem na mesma batida indefinidamente). Isso acaba não só com a atenção, mas com a própria música. Qualquer coisa que toca ao fundo se torna apenas secundária, tão insignificante quanto o zumbido de um refrigerador.

Também ficou obsoleta a ideia de biblioteca como paraíso de leitura solitária. Imagine ser um bibliotecário e ter que encarar conversas desinibidas, risadas e uso de telefone celular e depois ter que comparecer a uma palestra na biblioteca para ouvir o secretário de Cultura do governo, *o secretário de Cultura*, declarar que as bibliotecas são demasiado "silenciosas e sombrias" e deviam estar cheias de "alegria e tagarelice".[21] Esse secretário de Cultura acredita que "bibliotecas devem ser lugares onde se dá a verdadeira rede social". Devem oferecer aprendizado partilhado, pesquisa de história familiar, cursos de línguas estrangeiras e, naturalmente, grupos de leitura. Ninguém mais vai poder ler um livro sem apoio da rede.

Mas o secretário de Cultura não precisa temer o sombrio silêncio. Da última vez que entrei na biblioteca da minha universidade, ela parecia um bar numa noite de sábado.

Nem o escritório é mais um santuário. O colega com quem compartilho o meu liga o som assim que eu saio e só se contém na minha presença com medo que eu arranque o tampo da minha mesa e lhe aplique um golpe mortal. Não que sua temerosa contenção faça muita diferença: o sujeito do escritório vizinho toca música constantemente, e as divisórias parecem de papelão. E uma das histórias mais chocantes que já li num jornal foi sobre a instalação, por parte da BBC, de uma "máquina capaz de fornecer artificialmente o ruído de escritório para os empregados que trabalham isolados". A máquina foi instalada depois que os funcionários se queixaram de que sua sala era "tão silenciosa que era difícil se concentrar".

Então, depois de um dia estressante, chego em casa e encontro a televisão trombeteando na sala e o rádio ligado na cozinha. Quem está lá? Minha sobrinha, que no momento toma seu segundo banho do dia. Ela chega em casa, liga tudo e entra no banheiro. Mais tarde, como tantos estudantes, tem que ligar o rádio enquanto estuda, alegando que ele a ajuda a se concentrar. E outras hóspedes adultas surgem à minha frente de roupão quando me preparo para dormir. Não há um rádio no quarto de hóspedes e elas não conseguem dormir sem um. *Será que eu podia...?*

Então, os empregados são incapazes de trabalhar sem ruído, estudantes são incapazes de estudar sem ruído e hóspedes são incapazes de dormir sem ruído.

Naturalmente, a onipresente música ambiente não é música no sentido tradicional. Não pretende ser desfrutada, ou mesmo adequadamente ouvida. Sua única função é abolir o silêncio. E o silêncio deve ser abolido porque lembra o vazio – frio, remoto, inumano e aterrador. Por isso as pessoas chegam em casa e automaticamente ligam a tevê e o rádio, como se fossem aquecedores e pela mesma razão: evitar o frio.

E os que gostam do silêncio também devem ser frios, remotos e inumanos. Pelo menos esses excêntricos podem encontrar conforto nos poetas, como, por exemplo, o espanhol Juan Ramón Jiménez: "A integridade é a nobre filha do silêncio; a dispersão, a enteada má do barulho".[22]

Como Jiménez teria sofrido na Espanha contemporânea! Duas famílias partilham uma casa de férias num balneário da Espanha. Meu amigo quer discutir a tese que está planejando escrever, mas, naturalmente, o barulho reina na casa. Saímos para encontrar um bar tranquilo. Como são 11 horas da manhã, há muitos bares vazios – mas em todos a música é alta. Acabamos encontrando um bar silencioso, pedimos um café e nos sentamos. Mas, assim que abro a boca para falar, sou inundado por uma atordoante música *pop*. O proprietário tinha ligado o sistema de som. Meu amigo corre até o bar. Será que ele poderia desligar o som? O homem se recusa, ofendido. Somos obrigados a abandonar o café e partir. O mais significativo é que aquele dono de bar preferia perder os clientes do que lhes agradar desligando o som que devia lhes dar prazer – porque música é normal num bar, e aqueles clientes eram excêntricos.

A tragédia é que ele tinha suas razões. Mesmo os que detestam música em lugares públicos começam a percebê-la como normal, e sua ausência, como anormal. Entro na livraria London Review, uma das últimas a preservar o sagrado silêncio, e o ambiente me parece estranho, sepulcral. Outros clientes talvez sintam o mesmo, porque são poucos na loja. Essa linda livraria pode até ser fechada, validando a política musical de outras livrarias e reforçando a crença da clientela de que a música enlatada onipresente é natural. Assim a época impõe inexoravelmente a sua vontade.

O que fazer? Deixar pra lá – ou discutir com colegas e parentes, queixar-se com os dentistas e gerentes de livrarias. Esse seria o caminho do excêntrico Schopenhauer, que, furioso por ter tido seus maravilhosos pensamentos interrompidos pela tagarelice de uma costureira diante de sua casa, saiu à porta e atirou-a escada abaixo. Trata-se de um episódio instrutivo, porque ilustra não só a intolerância e agressividade dos que desdenham, como também os benefícios daquilo que eles tão violentamente desprezam – a civilização exige direitos universais. A costureira levou Schopenhauer às barras do tribunal, ganhou a causa e obrigou-o a lhe pagar uma pensão trimestral pelo resto da vida.

E a obsessão de Juan Ramón Jiménez pelo silêncio também era uma excentricidade quase cômica. Ele se mudou inúmeras vezes de apartamento para fugir de barulhos que dificilmente seriam notados pelos habitantes das cidades contemporâneas: a senhoria cantando lá embaixo, as senhoras cubanas tocando piano lá em cima, vendedores de rua, os bondes passando e os pardais cantando lá fora. Em um apartamento, ele tentou a solução proustiana de um quarto à prova de som. Contratou carpinteiros para isolar uma parede com um acolchoado feito com sacos de grama. Não funcionou, e ele teve que se mudar de novo. Em outra ocasião, ficou maluco com o canto de um grilo que o filho da zeladora mantinha numa gaiola. Dessa vez, propôs comprar o barulhento inseto para se livrar dele. O garoto concordou, mas não compreendeu o estranho motivo. Para ele, o barulho era bom. "Por 25 pesetas", disse o rapaz, "eu lhe traria cinco dos melhores grilos que se pode encontrar."

# 8
# A rejeição da dificuldade e do conhecimento

É chocante e profundamente lamentável, mas, ao que tudo indica, as vendas de laranja estão caindo porque as pessoas não querem mais se dar o trabalho de descascá-las.[1] Assim que li essa notícia, passei a comprar laranjas com mais frequência e a comê-las com maior prazer. Agora, descasco uma laranja muito lentamente, deliberadamente, voluptuosamente, acima de tudo *desafiadoramente*, em resposta a uma época que quer guerra sem baixas, serviços públicos sem impostos, direitos sem deveres, celebridade sem conquista, sexo sem relacionamento, tênis de corrida sem correr, trabalhos de classe sem trabalhar e uvas sem sementes.

Até as roupas preferidas da época, camisetas, agasalhos de ginástica e casacos de malha, são frouxos, tão fáceis de pôr quanto de tirar, impondo pouca pressão e exigindo pouca manutenção. Não admira que as gravatas tenham saído de moda. Quem que não seja obrigado por um rígido código de vestir teria energia e paciência para fazer o nó de uma gravata? Eu mesmo já esqueci como fazer o nó Windsor.

No campo intelectual, as notícias são ainda mais chocantes. O último bastião caiu. Até a França sucumbiu. O ministro das Finanças do país que deu ao mundo a lendária frase: "Penso, logo existo" se dirigiu à sua Assembleia Nacional da seguinte maneira: "A França é um país que pensa. Não há praticamente ideologia que não tenhamos transformado numa teoria. Temos em nossas bibliotecas assuntos suficientes para debater pelos séculos que virão. É por isso que gostaria de lhes dizer: Chega de pensar".[2] E o chefe desse ministro, o presidente, orgulhosamente declarou num entrevista de tevê: "Não sou um teórico. Não sou um intelectual! Sou alguém concreto". E, para provar isso, posa de óculos escuros ao lado da modelo e cantora muito mais jovem que substituiu sua primeira esposa.

# A era da loucura

O presidente está fazendo o que é necessário. À medida que os problemas do mundo se tornam cada vez mais complexos e intratáveis, espera-se que os líderes mundiais façam seu trabalho parecer mais fácil. Embora isso muitas vezes não seja uma ilusão – Ronald Reagan abominava o esforço. Para um líder contemporâneo, parecer relaxado é tão importante quanto ter a cabeça cheia de cabelos. (Quando foi a última vez que um careca foi eleito para um cargo importante? Silvio Berlusconi só reassumiu a presidência da Itália depois de um implante capilar.)

A dificuldade passou a causar repugnância porque nega as prerrogativas de direito, destrói o encanto do potencial, limita a mobilidade e a flexibilidade, pospõe a satisfação, distrai da distração e exige responsabilidade, comprometimento, atenção e reflexão.

Assim sendo, qual foi a última obra de um intelectual francês a ser traduzida para o inglês? Outra impenetrável peça de teorização pós-moderna? Não. *Como falar dos livros que não lemos?*, de Pierre Bayard, professor universitário de literatura francesa que se orgulha de lecionar sobre livros que jamais abriu.[3] Naturalmente, o mundo cultural sempre foi povoado por aproveitadores, mas uma ostentação descarada da própria ignorância é nova e revela a extensão da rejeição da dificuldade e do conhecimento. E uma franca hostilidade à própria inteligência também é nova. Agora a inteligência é satânica, e só os tolos podem ser santos. Um dos maiores triunfos da religião foi retratar o pensamento como arrogante e pretensioso, o pecado do orgulho intelectual de Lúcifer. A versão moderna, ou pós-moderna, disso é que pensar é um ato elitista e opressivo. Mas pensar de modo a ver o *self* como ele realmente é – uma coisinha deformada e assustada – e reconhecer o mundo como ele realmente é – em toda a sua objetiva abundância e complexidade, e não como um parque temático para gratificação do *self* – são com certeza atos de libertação e humildade.

Além disso, nunca conheci um tolo que me impressionasse remotamente como santo, nem que, como defendia William Blake, se tornasse sábio ao persistir na tolice. Nem um pensador que sofresse zombarias de bom grado. Os profetas do Velho Testamento dirigiram muito da sua fúria contra os tolos, assim como o misericordioso Cristo e até o bondoso Buda ("Aquele que nunca foi capaz de ver os tolos poderá ser feliz para sempre")[4]. Os pensadores do século XIX foram ainda mais mordazes, mas minha citação preferida é do Eclesiastes: "Pois qual o crepitar dos espinhos debaixo da panela, tal é o riso do tolo".[5]

## A rejeição da dificuldade e do conhecimento

O pensamento racional vem sendo desacreditado com sucesso – e Francis Wheen, em seu livro *Como a picaretagem conquistou o mundo*, catalogou muitos dos monstros que vieram à luz com o sono da razão. Parece mentira que, como alega Wheen, o governo do Reino Unido tenha contratado um consultor de *feng shui* chamado Renuka Wickmaratne para aconselhá-lo a melhorar as áreas degradadas dos centros das cidades e tenha recebido por seu dinheiro o seguinte conselho: "Flores amarelas e laranja vão reduzir o crime, e introduzir uma fonte reduzirá a pobreza". Será verdade que, como afirmou um assessor presidencial, "praticamente todas as decisões" de Ronald Reagan, inclusive a assinatura do Tratado sobre Armas Nucleares de Médio Alcance, eram primeiro aprovadas por uma astróloga de São Francisco chamada Joan Quigley, que também forneceu uma análise astrológica do caráter de Mikhail Gorbachev? Pode ser verdade que 48 por cento dos americanos acreditem em óvnis, 27 por cento em visitas de alienígenas à Terra, e que 2 por cento (3,7 milhões de pessoas) afirmem ter sido abduzidas por alienígenas?[6]

Como é que surgiu essa credulidade irracional? Como sempre, são muitas as causas que se sobrepõem e interagem, tanto na baixa quanto na alta cultura. Há a pós-moderna promoção do relativismo epistemológico, que não só rejeita a razão, mas também a verdade, a objetividade e até a realidade dos fatos; a exigência de nossa época por qualificação sem o tédio do estudo; a supremacia da apresentação sobre a explicação, e da imagem sobre o conteúdo; o ódio à ciência, tão fria, remota, inumana, arrogante e opressiva; e a substituição do argumento racional pela emoção, tão calorosa, humana, humilde, positiva e libertadora.

Os próprios filósofos, Nietzsche e Sartre em especial, têm alguma culpa nisso. As ruidosas denúncias de Nietzsche contra a moralidade plantaram as sementes do relativismo, e o ódio de Sartre aos sistemas filosóficos o fez rejeitar, junto com os sistemas, o raciocínio usado para desenvolvê-los – ele acusava a razão de ser uma "gaiola de ferro". Isso é o mesmo que culpar as ferramentas do construtor pelo desabamento da casa – mas a ideia foi entusiasticamente aceita e ampliada pelo projeto pós-moderno, que usou a razão para atacar a razão num vandalismo digno de um roqueiro que destrói seu instrumento no palco.

Uma vez desacreditada a razão, tudo vale. A verdade se torna relativa – todo mundo tem uma versão diferente da verdade, e todas são igualmente válidas. Assim, os historiadores começaram a argumentar que qualquer versão dos fatos é tão boa quanto qualquer outra, e os críticos literários, que um "texto" significa qualquer coisa que o leitor queira que ele signifique. A grande vantagem dessas abordagens é tornar desnecessária a difícil tarefa de estabelecer o significado e a verdade.

Assim, a ciência tem sido ridicularizada por buscar a verdade absoluta – e o argumento válido de que a ciência é influenciada pela cultura onde opera tem se estendido a um desprezo por ela como apenas mais uma narrativa ficcional entre muitas. E o fato de a moderna física parecer inexplicável tem sido usado para justificar qualquer crença maluca – se a ciência pode ser estrambótica, então qualquer coisa estrambótica pode ser ciência.

A ciência tem sido responsabilizada por trazer desencanto ao mundo humano e devastação ao mundo natural – embora os cientistas tendam a considerar suas descobertas como fonte de encantamento e tenham sido os primeiros a advertir contra o risco de enfrentar o planeta e agora busquem soluções. Mas o prêmio pelo ataque mais engenhoso à ciência deve ser dado ao filósofo John Gray, que alega que a ciência não se baseia na razão:

> As origens da ciência não estão na investigação racional, mas na fé, na magia e na fraude. A ciência moderna triunfou sobre seus adversários não por sua superior racionalidade, mas porque seus fundadores no final da Idade Média e início da Idade Moderna foram mais hábeis do que eles no uso da retórica e da arte da política.[7]

E:

> Na forma como é retratada pelos filósofos, a ciência é uma atividade de suprema racionalidade. No entanto, a história da ciência mostra cientistas desprezando as regras do método científico. Não apenas as origens mas também o progresso da ciência estão em agir contra a razão.[8]

O que Gray parece sugerir é que rejeitar a ortodoxia prevalente, que quase sempre é como as descobertas são feitas, é "agir contra a razão", embora esse seja o uso mais importante, o verdadeiro triunfo, da razão. Mas, num raro momento de gratidão, Gray reconhece alguns benefícios da magia e da fraude: "A anestesia odontológica é pura bênção. Assim como a água limpa e a caixa de descarga dos toaletes".[9]

Além de ser desprezada de cima, a ciência está sendo corroída de baixo. Chegou ao ponto de ser considerada a dificuldade suprema, o teste mais severo do conhecimento. Assim sendo, o número de pessoas dispostas a estudar cai ano a ano.

## A rejeição da dificuldade e do conhecimento

Por que se submeter ao rigor matemático quando é possível se formar em surfe e administração de praia? Há alguns anos, durante uma reunião na universidade para criar novos cursos pouco exigentes para a juventude contemporânea, propus um curso de estudos sobre a pizza, um grau multidisciplinar e altamente acadêmico que nada mais exigiria dos alunos que aprender a história da pizza e pelos menos vinte palavras em italiano. Mas, como sempre, a vida me superou com o anúncio da McDonald's de que estava concedendo qualificações acadêmicas. A piada dos "estudos sobre a pizza" foi superada pela realidade dos "estudos sobre o hambúrguer".

O abandono da dificuldade por parte do sistema educacional é consequência de décadas de mudanças. Como fui criado na Irlanda católica, tive uma educação rigorosa, com professores arrogantes e esnobes, extremamente grosseiros, que costumavam insultar e espancar os alunos. Era chocante, e uma consequência do fato de a Irlanda ter permanecido no século XIX até meados dos anos 1960. Eu jamais poderia ensinar em tal ambiente, mas quando, no início dos anos 1970, cheguei a Londres para lecionar, descobri que a educação inglesa tinha caminhado para o extremo oposto. Em vez de serem insultados e espancados, os alunos eram bajulados e mimados. Naturalmente, havia motivos valiosos para isso: trazer para o sistema educacional os excluídos, tentar compensar os problemas familiares e sociais, dar esperança aos desesperados e iniciativa aos impotentes. E quem diria que esse projeto não foi um sucesso? Um debate adequado dessa questão exigiria outro livro, mas com certeza estamos pagando vários preços por isso. O primeiro deles é o colapso da autoridade. Nenhum aluno é insultado ou espancado, mas também não respeita um conciliador. Outro preço é a rejeição da dificuldade. É axioma fundamental do ensino que qualquer coisa que mereça ser dita deve ser dita com simplicidade. Mas expressar ideias difíceis com simplicidade não é fácil. Mais fácil é evitar tudo o que é difícil. Outro axioma é que uma aula dada com entusiasmo deve gerar alunos ativos, e não ouvintes passivos. Mas, diante da exaustiva tarefa de persuadir os alunos a ter iniciativa e trabalhar por conta própria, é uma tentação simplesmente lhes dizer o que fazer, ou até fazer por eles. É por isso que as avaliações são feitas cada vez mais por trabalhos de casa, com as tarefas regularmente mostradas aos professores para a correção de erros e instruções detalhadas do que fazer em seguida. Um terceiro axioma sobre a educação é que aprender exige prestar atenção às explicações. Mas obrigar os alunos a ouvir em silêncio significa travar exaustivas batalhas de autoridade. É muito menos estressante deixá-los falar quando quiserem e como estão acostumados. E educar significa elevar os alunos ao nível do professor – mas erguer um

# A era da loucura

peso morto é árduo e frustrante; é muito mais fácil descer ao nível do aluno. O resultado de tudo isso é uma baixa inexorável dos padrões, o que ninguém no campo educacional tem permissão para admitir.

É assim que os alunos carregam essas práticas para a universidade e ficam chocados quando se espera que ouçam em silêncio em vez de conversar, e ofendidos quando os professores se recusam a ler o trabalho de casa antes da entrega ("só para ver se estou no caminho certo"). Houve uma gradual mudança de atitude em relação ao conhecimento ao longo dos anos. Antigamente, quando os alunos não entendiam uma explicação, pediam que ela fosse repetida. Depois, passaram a sugerir, muitas vezes com considerável ressentimento, que, se não tinham entendido, é porque a explicação fora deficiente. Mais recentemente ocorreu outra mudança sutil. Agora muitos alunos nem sequer mencionam se entenderam ou não uma lição. Em vez disso, riem de uma maneira descontraída e tolerante do absurdo e da redundância da aula, concedendo a seus ridículos e obsoletos professores um sorriso piedoso. Esta é outra mudança absurda: antes os professores eram condescendentes com os alunos, e hoje ocorre cada vez mais o contrário.

O maior problema não é tanto a rejeição da dificuldade e do conhecimento, mas que esses conceitos tenham deixado de existir. Na verdade, o conceito dos conceitos – a ideia de uma teoria abstrata que precisa ser compreendida para que o tema seja apreendido – deixou de existir. Hoje em dia compreender é instrumental – é preciso saber operar a tecnologia, mas não é preciso saber como ela funciona.

Assim o animal humano, há muito tempo sem contato com a terra, agora está perdendo contato com a máquina. Antes, as pessoas abriam o televisor e o capô dos carros e entendiam a tecnologia o suficiente para fazer os reparos. (Não estou afirmando que sou uma delas – olhar dentro de máquinas me dá vertigem e náuseas.) Mas a rápida obsolescência dos novos aparelhos tornou o conceito de reparo também obsoleto. Hoje, quase ninguém mais entende como alguma coisa funciona. Se ela quebra, é melhor jogá-la fora e comprar um modelo novo. E, com o crescimento da tecnologia de comunicação, as máquinas que fazem o trabalho não estão mais visíveis, mas em algum lugar no éter, tão intangíveis e misteriosas quando a mente de Deus. Tudo o que resta é a interface, a tela. Assim as imagens triunfam sobre o conteúdo, a apresentação sobre o entendimento, a descrição sobre a análise.

Durante anos fui responsável pela supervisão de um projeto de pós-graduação no qual os estudantes, muitos deles maduros e já exercendo sua profissão,

## A rejeição da dificuldade e do conhecimento

eram solicitados a identificar um problema de negócios, analisá-lo e propor uma solução. A cada ano, o que eles produziam era apenas uma descrição. Eu não cansava de repetir, quase como num mantra: "análise, análise, análise", advertindo-os de que um projeto do nível de mestrado fracassaria se não contasse com uma análise original. Irritados, eles se retiravam e retornavam semanas depois (animados e orgulhosos de terem finalmente satisfeito o maníaco professor) para me entregar mais trinta páginas de pura descrição. Naturalmente, era uma descrição lindamente apresentada, cheia de impressionantes ilustrações habilidosamente cortadas e copiadas – mas tudo imagem e nenhum conteúdo.

Assim o valor de face se tornou o único valor, e não há mais a menor consciência do que existe sob a superfície. Na verdade, o conceito de profundidade, assim como o de dificuldade e conhecimento, está deixando de existir. Não existe mais o fundo, apenas a superfície; não mais uma máquina complexa, apenas uma brilhante interface. O resultado é assombro e choque quando um afável colega ou vizinho se revela um terrorista ou um *serial killer*: "Oh, mas ele era sempre tão educado e simpático [...] sempre sorria e dava bom-dia". O mesmo ocorre quando um vibrante entrevistado se revela de repente um monstro de incompetência, ressentimento e malícia, ou quando um amante romântico que manda flores, chocolates e um ursinho de pelúcia se transforma num estuprador: "Oh, mas ele era tão *gentil!*"

E quando essas pessoas crédulas enfrentam dificuldades pessoais, como por exemplo uma traição num relacionamento ou na carreira, sua falta de percepção, de visão e de compreensão só pode ter um resultado: choque e sofrimento. E sua falta de "profundidade" significa que elas não têm vida interior para colocar o problema em perspectiva e lhes dar força e resistência. Não há a que recorrer, apenas cair na depressão.

Consegui entender o novo poder da imagem quando compareci ao lançamento de uma publicação governamental chamada *Images*. Foi na época em que os conflitos na Irlanda do Norte estavam no auge. O propósito da iniciativa não era entender ou resolver os problemas, mas contra-atacar com imagens das boas coisas que aconteciam na província: felizes pescadores de enguias exibindo a sua presa; músicos folclóricos barbudos tocando violino; e solenes oleiros moldando o barro no torno. Para divulgar essa mensagem positiva, todos os envolvidos com cultura e mídia foram convidados ao lançamento. E de fato muitos compareceram para aproveitar a boca-livre. De repente, um leve tremor sacudiu os presentes – o ministro da Irlanda do Norte tinha acabado de chegar. Era um simples político, e voltamos aos nossos drinques e canapés. Mas, logo depois, um *tsunami* invadiu a sala. Todos se voltaram – e assim permaneceram. Era um apresentador... o apresentador do *Jornal das Dez*. Autoridades apressaram-se a lhe expressar gratidão, cercando-o e cumulando-o de agradecimentos por ter se dignado a comparecer a um evento tão pouco importante. Esse espetáculo me trouxe uma chocante revelação: *os que leem as notícias são hoje mais importantes que os que as fazem*.

Depois aprendi uma lição de autoimagem. Aproximei-me de um escritor de ficção científica chamado Bob Shaw, que me impressionava por parecer uma das pessoas mais infelizes que já conheci, mas era o único rosto familiar por ali. Presumi que ele ficaria contente de saber que eu tinha lido um de seus romances – mas não foi o que aconteceu. Ele resmungou e olhou impacientemente em volta, até acabar focalizando um fotógrafo, que nos dirigiu um rápido olhar e seguiu em frente.

Eu ri. "Acho que não somos bastante famosos."

Mas Bob não riu. Com um grunhido ultrajado, perseguiu o fotógrafo e agarrou seu braço. "Com licença. Sou Bob Shaw, *o mundialmente famoso escritor de ficção científica.*"

O fotógrafo também não riu. Pelo contrário, com uma expressão arrependida de desculpas, voltou-se e apontou sua câmera. Bob armou a pose – depois olhou enojado para este ninguém ao seu lado, que estava prestes a se beneficiar da proximidade com um escritor mundialmente famoso. Lançando mais um resmungo, caminhou até um grupo próximo e, com um último olhar triunfante e altivo, voltou-se para a câmera para o *flash* transfigurador.

A força transformadora da celebridade também está por trás de uma das mais chocantes demonstrações de substituição da razão pela paixão emocional: a morte da princesa Diana. De repente, uma mulher de aparência mediana, que, se não tivesse sido iluminada pela celebridade, passaria despercebida na rua, passou a ser venerada como a mais deslumbrante beleza desde Helena de Troia; uma mulher que viveu paparicada passou a ser um dos maiores alvos de piedade; uma mulher que abandonou o marido pelo filho *playboy* de um ricaço passou a ser reverenciada como a maior santa desde Teresa d'Ávila. Mas qualquer um que ousasse manifestar essa opinião seria atacado e insultado como um cínico impiedoso. Parecia que todo o país – todo o mundo ocidental – tinha enlouquecido. Até minha mulher, que sempre considerei uma cética racional, deixou-se levar pela onda de emoção e foi reverenciar a montanha de flores diante do Palácio de Kensington. E

## A rejeição da dificuldade e do conhecimento

também se recusou a ouvir qualquer tentativa de colocar aquela morte em perspectiva. Foi um dos mais perturbadores episódios que já vivi. Nesse caso, a emoção e a dor eram inofensivas, mas é fácil imaginar que emoções menos benignas – pânico, histeria, ódio, raiva – sejam capazes de varrer uma argumentação racional da mesma maneira.

Muitas dessas emoções perigosas baseiam-se no medo – e uma cultura hedonista, tão preocupada em evitar a dor e a dificuldade quanto em perseguir o prazer, vive sempre cheia de medo. Os cidadãos das democracias ocidentais nunca foram mais saudáveis e seguros – e nunca se sentiram mais doentes e inseguros. Temermos o ar que respiramos, a comida que comemos, a água que bebemos, as pessoas que sorriem para nossos filhos, as ruas em que caminhamos, o transporte público que usamos para trabalhar e os edifícios onde trabalhamos, que podem estar sinistra e toxicamente "doentes". Quanto menos visível a ameaça, mais assustadora ela se torna.

Esse não é um argumento contra a emoção. Sem emoção não haveria a menor possibilidade de felicidade, compaixão ou amor. Mesmo uma decisão racional seria impossível. Mas a emoção precisa ser contrabalançada com o raciocínio. E as emoções negativas são tão mais fortes que as positivas que é preciso um esforço constante de entendimento para mantê-las sob controle.

A alternativa ao raciocínio não é a emoção, mas a falta de reflexão. Deixar de pensar pode parecer uma forma inofensiva de desistência – mas Hannah Arendt fez uma profunda descoberta quando assistia ao julgamento do nazista Adolf Eichmann em Jerusalém. Tentando entender suas motivações, ela chegou a considerar – mas foi obrigada a rejeitar – a ideia tradicional do mal como uma força demoníaca positiva, ou seja, o pecado original ou explicação maniqueísta. Então veio a descoberta: a característica mais notável de Eichmann não era a convicção ideológica, nem uma motivação má, mas a falta de reflexão. No tribunal israelita, como já tinha feito na Alemanha, ele apegou-se ao clichê, à linguagem convencional que protege contra a realidade e torna o raciocínio desnecessário. A conclusão de Arendt foi:

> Pode a atividade de pensar, o costume de examinar qualquer coisa que passe ou atraia a atenção, independentemente dos resultados e do conteúdo específico, pode essa atividade ser uma das condições que fazem o homem abster-se de fazer o mal ou até mesmo "condicioná-lo" contra isso?[10]

## A era da loucura

Assim sendo, pensar pode fazer a diferença entre bem e mal. Pode até fazer a diferença entre vida e morte. Primo Levi, sobrevivente de um campo de concentração, escreveu que uma qualidade que os sobreviventes tinham em comum era a curiosidade intelectual.[11] Até mesmo o extremo sofrimento dos campos era objeto de estudo para a mente ativa, e tentar entendê-lo conferia um crucial senso de valor. Burgueses que só confiavam em *status* e posses não tinham esse recurso e eram os primeiros a morrer. A curiosidade pode ter matado o gato, mas salvou muitas vidas humanas.

E a experiência de Levi é apenas uma prova de que o entendimento pode não só aplacar, mas *usar* a adversidade, como afirmaram os estoicos e os existencialistas. Qualquer pessoa que não tenha sido consumida pela autopiedade, pela raiva ou pela acusação pode tentar tirar vantagem do que acontece. Para quem estiver disposto a aprender, o sofrimento é um excelente mestre.

Mas a "atenção reflexiva" de Hannah Arendt e o ato de pensar "independentemente dos resultados e do conteúdo específico" referem-se mais à atividade mental não dirigida do que ao pensamento com um objetivo específico, como descobrir a verdade, tomar uma decisão ou escolher entre várias opções. A atenção reflexiva é uma forma de pensamento puramente desfrutável. Mas o pensamento dirigido, embora frequentemente necessário, sempre foi e está se tornando cada vez mais difícil. Como estabelecer qualquer coisa como verdade sem o apoio da teologia ou da tradição numa cultura de relativismo epistemológico? Como tomar decisões cruciais na vida numa cultura sem limitações e onde a liberdade é quase ilimitada? Como escolher qualquer coisa quando o leque de opções é imenso e está constantemente mudando e crescendo? Sartre, que insistia na necessidade da escolha, também reconhecia que isso era uma "agonia". O preço da autonomia é a agonia da escolha.

O psicólogo Barry Schwartz estudou a escolha e chegou a sérias conclusões. Todos nós acreditamos que adoramos poder escolher e exigimos o maior número possível de opções, mas na verdade detestamos ter que escolher. Exigimos o maior número possível de opções, mas, na verdade, quanto maior a variedade, mais estressante é a escolha e menor a possibilidade de satisfação. Ficamos exaustos com a avaliação e atormentados pelas oportunidades perdidas com a rejeição das outras opções. Muitas vezes, ficamos tão confusos que desistimos de fazer a escolha – o destino do cliente de certos restaurantes de férias que se anima com o primeiro menu, intriga-se com o segundo, interessa-se pelo terceiro... mas no décimo está tão confuso que chega a perder a fome.

## A rejeição da dificuldade e do conhecimento

Gostaríamos de que as decisões fossem reversíveis, mas na prática raramente as revertemos e quase sempre ficamos menos satisfeitos com uma escolha reversível.[12] Isso evidencia a opinião de Sartre de que só podemos ser felizes na finitude – tomando uma decisão definitiva e seguindo-a.

Não surpreende que nossa era flexível tenha abraçado uma nova teoria sobre escolhas difíceis. Antigamente, a decisão era entendida como um ato inteiramente racional. Depois mostrou-se que ela envolvia emoção. E agora prevalece a teoria extrema (proposta em livros como *Blink, a decisão num piscar de olhos*), que alega que a tomada de decisão é inteiramente intuitiva. É claro que se trata de uma abordagem excitante numa era que odeia ter que pensar – mas deixa de reconhecer que a intuição é produto do pensamento. A análise mais rigorosa também será o melhor juízo intuitivo, mesmo que não seja capaz de explicar a intuição. E a ênfase no pressentimento apaga convenientemente a linha entre intuição (geralmente confiável) e impulso (geralmente desconfiável). Outra recente pesquisa sobre decisões instantâneas indica que elas são menos confiáveis do que as que se baseiam numa deliberação racional.[13]

A única alternativa diante da dificuldade de pensamento é desistir da autonomia e entregar a decisão a uma autoridade mais alta. Essa é a atração do fundamentalismo, que descarta o fardo da liberdade e a luta para estabelecer a verdade e o significado, eliminando grande parte do trauma de tomar decisões e toda a ansiedade da dúvida. Não existe solução mais satisfatória e reconfortante que Deus.

O pensamento dirigido é trabalho duro, mas existe uma forma prazerosa de pensamento: a "atenção reflexiva" de Hannah Arendt. Quando o pensamento não tem um objetivo específico, nenhuma necessidade urgente de conclusão, pensar é um fim em si, e a incerteza pode não só ser tolerada, mas apreciada, e até mesmo desejada. Como disse Chuang Tzu, pensador taoísta do século IV a.C.: "O sábio se orienta pela luz clara da confusão e da dúvida".[14]

Mesmo os cientistas não se preocupam com a verdade absoluta. Recentemente, assisti a um documentário sobre a gravidade no qual aparecia um físico que tinha passado oito anos despedaçando matérias, fazendo-as colidir em alta velocidade com outras matérias num túnel de vários quilômetros, em busca de uma partícula altamente fugidia conhecida como gráviton. No fim desse período, havia tão pouco sinal do gráviton que o físico estava começando a duvidar de sua existência e da teoria que a apoiava. Mas estaria ele decepcionado por ter perdido tanto tempo e esforço, além das despesas de construção de um

# A era da loucura

túnel nos pântanos da Louisiana? Nem um pouco. Radiante de satisfação, ele afirmou: "Os cientistas ficam felizes quando enfrentam a confusão". A ciência não é diferente de qualquer outra atividade humana. É o esforço que vale, não o resultado. A busca de significado é por si só o significado.

Hannah Arendt argumenta (e ela mesma destaca a passagem para enfatizar sua importância): *"A necessidade da razão não se inspira na busca da verdade, mas na busca de significado. E verdade e significado não são a mesma coisa"*.[15] Obrigar a mente a estabelecer a verdade é impor-lhe rédeas e antolhos, e chicoteá-la ao longo do caminho. Mas a mente pode ter permissão para vagar livremente, em outras palavras, para especular em vez de provar, para saltitar por entre perguntas que jamais serão respondidas e geralmente são descartadas pelos práticos como perda de tempo.

> Por trás de todas as perguntas cognitivas para as quais o homem encontra respostas espreitam perguntas sem resposta, que parecem totalmente fúteis e sempre foram denunciadas como tal. É mais provável que os homens, se chegarem a perder o apetite pelo significado que chamamos de pensamento e deixarem de fazer perguntas irrespondíveis, percam não só a capacidade de produzir essas coisas pensadas que chamamos obras de arte, mas também a capacidade de fazer todas as perguntas sobre as quais a civilização foi fundada.[16]

Esse tipo de pensamento é indireto, uma forma de prazer puro, equivalente mental do prazer corporal. Para Aristóteles, esse pensamento era divino: "A atividade de Deus, que é extremamente feliz, deve ser uma forma de contemplação; e portanto a atividade humana mais divina será a mais feliz. [...]. Portanto, a felicidade é parceira da contemplação".[17] E, como Deus é incansável, além de onisciente e onipotente, não precisou do sétimo dia para descansar. Não, ele precisou de um sétimo dia para a contemplação. Ele precisou do sétimo dia para meditar.

Os benefícios da meditação têm sido reconhecidos por alguns terapeutas, como Anthony Storr, que tratou depressivos encorajando-os a praticar o que ele chama de "imaginação ativa".[18] É uma espécie de sonho que beneficia pacientes que sofrem perda de identidade em consequência de uma longa e excessiva imersão no mundo; no curso da "imaginação ativa", eles se religam com aspectos de sua personalidade que se perderam, desenvolvem uma identidade mais profunda do que o mundo exige – em outras palavras, um *self* secreto – e frequentemente se tornam menos egoístas e menos voltados para a carreira.

## A rejeição da dificuldade e do conhecimento

Storr fala de uma "técnica", mas privacidade é o único requisito – e mesmo esta pode ser conseguida em meio a uma conversa ou uma reunião tediosa. A ideia é simplesmente libertar a rede de comunicações do cérebro da distração, revitalizá-lo e deixá-lo vagar para ver que correções ele pode fazer. Naturalmente, num mau dia a rede pode se recusar a se revitalizar por estar sobrecarregada por questões práticas, incapacitada pela doença, paralisada pelo desespero ou apenas sofrendo de uma ressaca. Em outros momentos, o cérebro zumbe debilmente sem objetivo aparente. Mas, assim como os atletas sabem quando estão "em plena forma", há momentos em que o cérebro está sintonizado, plenamente consciente disso, e mostra uma vibração eletrizante que promete novas e iminentes conexões, a combinação vencedora quando as três frutinhas se alinham na máquina caça-níqueis anunciando um grande prêmio. É o momento sublime, o orgasmo da mente.

Como muitos filósofos antes deles, os neurocientistas estão mais interessados no pensamento intencional ou nas conexões entre pensamento e sentimento, pensamento e memória. Mas recentemente passaram a se interessar pelo fenômeno e a buscar o *insight* no *insight*.[19]

Sua conclusão é que o cérebro tem dois hemisférios, esquerdo e direito, com funções bem distintas coordenadas pelo córtex pré-frontal, o controlador executivo. O hemisfério esquerdo é responsável pela consciência normal, o incessante resmungo sobre saúde, contas a pagar e carreira, e por muitas funções específicas, entre elas a compreensão da linguagem, o processamento visual e linear, o pensamento racional. O hemisfério direito tem umas poucas funções específicas e uma grande conectividade que lhe permite fazer novas associações (inclusive entender assuntos, metáforas e piadas) e ver um quadro amplo em vez do detalhe. Portanto, o hemisfério esquerdo vê as árvores, e o hemisfério direito vê a floresta. Ou o hemisfério esquerdo é um realista irritante, e o direito, um sonhador desligado.

Quando um problema é resolvido através da análise, o trabalho provavelmente foi feito pelo cérebro esquerdo. Mas, para facilitar o *insight*, o córtex pré-frontal precisa mudar de estratégia, ordenar que o cérebro esquerdo se cale e libertar o cérebro direito para as associações – uma forma estranha de concentração que envolve estimular a mente a se soltar e vagar. O cérebro precisa estar totalmente relaxado para fazer as conexões que favoreçam o *insight* – razão pela qual o *insight* raramente ocorre quando é buscado conscientemente, mas num momento inesperado, como sob o chuveiro ou de volta para a cama às 4 horas da manhã depois de um xixi. E, se ocorre uma combinação vencedora, o *insight* é imediato, ofuscante, evidente, porque reconhecido pelo córtex pré-frontal, que se ilumina como um parque de diversões. Isso também ocorre em reconhecimento ao *insight* de outra pessoa, e a iluminação do córtex pré-frontal estimula o cérebro direito a uma nova compreensão de uma experiência passada e novas percepções do comportamento futuro. Um *insight*, próprio ou de terceiros, é um *flash* glorioso de incandescência que ilumina o cérebro e o universo, o ser e o mundo, passado e futuro – mas, acima de tudo, o sublime presente.

Naturalmente, *insights* originais são raros, mas, mesmo sem esses momentos de descoberta, é muito prazeroso calar o resmungo obsessivo, irritante, mal-humorado do cérebro esquerdo e estimular o cérebro direito a assumir o controle. Foi isso que Spinoza quis dizer com suas muitas expressões de prazer com o funcionamento da mente: "Quando a mente avalia a si mesma e sua força, ela se regozija, e se regozija mais quanto mais distintamente ela se imagina".[20] Embora essa meditação possa parecer meramente um sonho acordado, uma fuga ou até mesmo a negação da vida real, é na verdade a mais profunda expressão de gratidão pela vida. Hannah Arendt não costumava fornecer frases para camisetas, mas aqui vai uma: "Pensar é pensar".[21]

A beleza da meditação é que ela não requer especialização ou treinamento, ritual ou jargão, lugar ou condição especial. É possível meditar em qualquer lugar, a qualquer momento. Nem a solidão é essencial. Tenho meditado com sucesso durante reuniões de trabalho (embora uma pergunta repentina e inesperada possa criar dificuldades). Mas, para obter melhores resultados, busque paz, silêncio e um sofá confortável. A visão de uma árvore também ajuda – uma única árvore, isolada na cidade, enraizada no concreto e assolada pelo delinquente e vingativo vento urbano, cujo farfalhar pode ser aproveitado para ondular, dançar, oscilar.

# 9
# A atrofia da experiência

Uma tarde nublada do fim de novembro está chegando ao fim. A luz já desistiu de lutar, e a chuva, que ameaçou durante o dia todo sem conseguir reunir energia para cair, só consegue persistir naquela úmida irresolução cinzenta. À porta de um comércio agonizante, o proprietário observa, com ressentimento e perplexidade, um mundo que prefere os supermercados à sua mercearia de preços mais altos e estoque mais reduzido. Na calçada à sua frente, garotos de escola lutam e se empurram sem o intuito de machucar, mais por hábito e pelo desejo de adiar a hora de voltar às suas casas melancólicas. Duas mães empurrando carrinhos de bebê se aproximam de direções contrárias e param.

– Está fechado – diz umas delas, indignada. – Algum problema com o banheiro. Uma questão de saúde e segurança. Não entendo por que eles não usam o banheiro do centro.

– Eles não querem se incomodar – diz a segunda mãe, irritada. – Meu Tyler foi treinado a usar o peniquinho, mas sempre se atrapalha quando está lá. Eu disse a eles: "Ele foi treinado a usar o peniquinho, mas vocês precisam lembrar a ele de ir ao banheiro", e eles disseram: "Por que você mesmo não o lembra?" E eu respondi: "Para que servem os funcionários? Para que eles são pagos?"

A outra faz um movimento de cabeça, com raiva:

– É isso que temos que enfrentar.

Elas se calam, olhando as crianças, privadas de usar o centro de recreação. Uma delas está dormindo, e a outra, embora esteja acordada, deixa a cabeça tombar para trás e resmunga constantemente, num tom fraco, sem esperança de salvação ou mesmo de atenção. Imperceptivelmente, o céu escurece. Mas no *outdoor* do outro lado da rua um astro do esporte estende-se ao sol numa espreguiçadeira, o torso esculpido brilhando de óleo e as

# A era da loucura

coxas douradas separadas para mostrar sua masculinidade apertada numa sunga branca.

À medida que o céu de novembro escurece, uma terrível verdade fica clara: aqui nada está acontecendo ou vai acontecer. A vida, em todo o seu brilho e sua glória, está em algum outro lugar.

Todo mundo tem dias como esse – e para muitos é novembro o ano todo. A sensação é de imaterialidade, impotência e inutilidade. O mundo fica cinza e sombrio, e o alegre coração vira chumbo.

Uma fonte desse sentimento é a rotina. A repetição e a familiaridade enfraquecem a percepção e diminuem a experiência. O problema é que as rotinas são necessárias. Algumas, como por exemplo os rituais de trabalho, são inevitáveis. Outras podem ser adotadas, porque ninguém é capaz de renová-las constantemente. Viver sem rotina é tão terrível quanto viver preso a ela.

Mas a dramatização contemporânea do potencial intensifica a desvalorização da experiência familiar. Schopenhauer foi o primeiro a perceber a tendência inconsciente de viver em constante expectativa, causa de infinita decepção e de infinita substituição – e entendia como essa atitude dificulta apreciar o presente.

O canto de sereia de nossa era exacerba essa tendência de viver em expectativa – que corre sempre à frente da realização, como a lebre perseguida por cães que jamais conseguem alcançá-la ou perceber que ela é falsa. É cada vez mais difícil evitar ser constantemente distraído pela antecipação. É mais rápido esquecer os desejos, anulados pela gratificação ou pelo hábito, ou substituídos por novos desejos urgentes. Um enorme esforço é necessário para lembrar por que algo foi tão desesperadamente cobiçado. Passei muitos anos lecionando no segundo grau e louco para passar para o terceiro grau, por causa do horário mais reduzido, das férias mais longas e da maior satisfação intelectual que o ensino numa universidade proporciona. E, naturalmente, também havia um certo esnobismo envolvido. Eu ansiava pelo *status* de professor universitário e sofria com a ignomínia de ser um mero professor secundário. Mas, quando finalmente atingi o nível desejado, mais por sorte do que por solicitação, um ano depois esse novo mundo maravilhoso começou a se desgastar, e me vi me queixando da preguiça dos alunos, da venalidade da administração e do fardo cada vez maior do trabalho burocrático. Precisei de grande esforço consciente para me lembrar do desejo que fora tão constante e intenso, e para perceber que as razões daquele desejo continuavam valendo. *Eu tinha conseguido um lugar no paraíso.*

# A atrofia da experiência

E a experiência direta também é desvalorizada pelas muitas oportunidades de viver num metanível. Graças à tecnologia, hoje é possível conhecer, ficar amigo, fazer sexo, trabalhar e matar pessoas sem ter posto os olhos nelas. Isso diminui a realidade e estimula a ilusão. Não surpreende que, dada a ênfase contemporânea no potencial e na expectativa, recorra-se cada vez mais à fantasia.

Naturalmente, Hollywood vende fantasia há mais de um século, mas, enquanto no passado os filmes mostravam pessoas parecidas com as reais num mundo semelhante ao real, a tendência atual é por personagens de quadrinhos e mundos imaginários, como em *Guerra nas estrelas*, *O Senhor dos Anéis* e na série *Nárnia*. A conclusão é que os fãs de cinema ficariam felizes de conhecer o mundo se pudessem ser super-heróis. Caso contrário, gostariam de passar pelo fundo do guarda-roupa e entrar num mundo inteiramente novo.

Outra decorrência importante é o imenso e contínuo crescimento da fantasia através dos jogos de computador, que estimulam o jogador a explodir legiões de bandidos, e *sites* onde é possível curtir sexo num corpo construído à vontade do freguês. O objetivo da liberação dos anos 1970 era tornar-se senhor de si – mas, como isso se revelou inesperadamente difícil, a nova libertação é tornar-se outra pessoa.

As enormes receitas da indústria de jogos têm garantido sua respeitabilidade, com prestigiosas universidades concedendo diploma em programação de jogos e jornais sérios fazendo crítica de jogos com a mesma solenidade com que criticam filmes de arte de diretores europeus (a qualidade mais valorizada dos jogos parece ser a "imersividade", ou seja, a capacidade de distrair o jogador da vida real). Exceto pelos esportes e jogos infantis, a maioria desses jogos baseia-se em fantasias de poder, violência e destruição, e são em geral disputados com espadas ou pistolas automáticas (embora a "matança inovadora" também seja admirada, e um dos críticos do *Guardian* ficou muito impressionado com um jogo em que o herói usava uma serra elétrica em lugar do braço direito).

Assim, existem fantasias de lutas de espada (*Broken Sword, The Shadow of the Templars, Prince of Persia: Rival Swords, Dragon Swords*), fantasias de guerra (*Warlords Battlecry, Warhammer, Dawn of War*), fantasias de onipotência (*Dark Messiah of Might and Magic, Overlord, Demigod*), fantasias de vingança (*Dark Vengeance, Command and Conquer 3: Kane's Wrath, Assassin's Creed*) e, naturalmente, fantasias sobre o fim da civilização (*Resistance: Fall of Man, Mortal Kombat: Armageddon* e *Eternal Darkness: Sanity's Requiem*).

# A era da loucura

Mas esta é uma era de colaboração, de modo que, para aqueles que desejem uma interação mais autêntica, o próximo passo são *sites* como World of Warcraft, no qual, "em Azeroth, a Horda e a Aliança se enfrentam numa luta pelo controle" e os usuários se juntam a uma das raças da Horda (Orcs, Tauren, Trolls, Undead, Blood Elves) ou da Aliança (Humans, Dwarves, Gnomes, Night Elves, Draenei) e se dedicam a atacar e destruir o maior número possível de inimigos. Ser destruído naturalmente nunca é um problema. "A morte não tem consequências duradouras. Você será capaz de libertar seu espírito e, como um fantasma, ser transportado para um cemitério próximo, onde pode voltar ao corpo e reviver."

Se a fantasia sexual for mais excitante que a violência, há a opção passiva da pornografia, hoje amplamente disponível e quase sempre gratuita, ou a opção interativa de *sites* como Second Life, onde os usuários podem criar uma nova vida com uma casa numa ilha tropical e, naturalmente, um corpo glamouroso como o de um herói de quadrinhos: jovem, esbelto, alto, de cintura fina, ombros largos (ou seios fartos), vestido com roupas diminutas para exibir esses atributos e enfeitado com excitantes acessórios como tatuagens e *piercings* para ela, e, para ele, talvez uma espada de samurai e um par de pistolas automáticas Uzi. Tenho me perguntado por que a fantasia combina com tanta frequência o extremamente primitivo e o ultramoderno, uma estranha mistura de época medieval e era espacial. Deve ser porque ambas oferecem a possibilidade de fugir do mundo contemporâneo – são pré ou pós-civilização. Assim, ninguém na Second Life tem mais de 40 anos, é baixo, gordo, sofre de problemas de pele ou dos dentes, é míope, manco ou careca. Nesse mundo de sonho, só existe uma coisa real: o dinheiro necessário para comprar a falsificação. Os avatares não têm equipamento sexual, e o acessório obrigatório de um pênis virtual custa 5 dólares. Eu me encarregaria da pesquisa de campo, não fosse a constante necessidade de me desculpar por não ter genitais.

Mas o que há de errado em se entregar a uma fantasia inofensiva de vez em quando? Para Kierkegaard, o desejo de ser outra pessoa era um sintoma de extremo desespero.[1] E esse extremo desespero é um fenômeno moderno. Nas sociedades tradicionais, a vida era totalmente determinada pelo gênero e pela classe. Não havia a possibilidade de alguém se tornar outra pessoa, e portanto ninguém sonhava com isso. Mas o contínuo crescimento da liberdade individual encorajou a noção de que qualquer pessoa podia ser qualquer coisa. Até o gênero pode ser escolhido, e a celebridade hoje está desconectada dos enfadonhos pré-requisitos de talento e trabalho árduo. Parecem não existir barreiras a uma vida excitante e satisfatória. E as imagens dessas vidas aparentemente excitantes e satisfatórias estão por toda parte. Portanto, a tentação de fantasiar é avassaladora. Mas entregar-se à fantasia exacerba o desespero que ela devia aliviar. A realidade e o ser são tão decepcionantes que estimulam a fuga – mas a fantasia faz a realidade parecer ainda mais decepcionante e intensifica a necessidade de fuga. É por isso que a fantasia vicia tanto. Milhões de pessoas hoje gastam mais de catorze horas por dia entregues aos jogos ou *sites* de fantasia.

Second Life é com certeza o único lugar onde dois homens heterossexuais podem curtir uma relação lésbica – mas o aspecto mais triste do mundo da fantasia é que ele está começando a parecer o mundo real. Aparentemente, os assinantes da Second Life estão começando a se aborrecer com o sexo de fantasia nas ilhas e se voltando cada vez mais para os negócios – vender terras, casas, acessórios e serviços virtuais. Assim, as falsas lésbicas estão sendo cada dia mais superadas pelos capitalistas que depenam os fantasistas, exatamente como fazem na realidade. Como se todo mundo precisasse de corretores de imóveis *virtuais*! A única notícia encorajadora é o surgimento de um *site* rival chamado Get a First Life, que oferece conselhos radicais como "Faça sexo com seus genitais verdadeiros!"

Às vezes os amantes virtuais tentam fazer isso. Uma mulher conhece um homem no novo salão de baile do romance, um *site* de encontros na internet. Eles se apaixonam e dançam por um tempo nas clareiras encantadas no ciberespaço. Naturalmente, são duas pessoas maduras, com muitos relacionamentos falidos, e portanto não têm o que perder. Eles examinam um ao outro nus pela *webcam*, com *closes* dos genitais, e concluem que os genitais de ambos têm plenas condições de funcionamento. Ela chega ao clímax com um vibrador instalado numa câmera, e ele se masturba até a ejaculação. Finalmente, eles concluem que combinam perfeitamente e concordam em se encontrar na vida real. Ela escolheu a Estação Waterloo, não porque seja conveniente, mas porque é o lugar mais romântico para um encontro amoroso. Ele, naturalmente, chegará carregando um buquê de dezesseis rosas brancas e ela o estará esperando vestida com a nova lingerie Agent Provocateur. Tudo está perfeito. Não – está faltando uma coisa importantíssima. Como a mulher lamenta a uma amiga: "Se pelo menos alguém pudesse *filmar* nosso encontro!"

No mundo moderno, um fato não aconteceu de verdade se não foi fotografado ou filmado. Esse fracasso da experiência primária significa que a foto

# A era da loucura

ou o filme se torna a realidade. Um dos primeiros exemplos disso ocorreu depois que o homem pisou pela primeira vez na Lua, quando os astronautas voltaram em segurança para a Terra e emergiram na loucura da mídia. Buzz Aldrin, um dos dois homens a pisar na Lua, virou-se para seu companheiro, Neil Armstrong, e lamentou: "Neil, perdemos a coisa toda".[2]

A tirania das telas está se tornando total. As telas estão cada dia maiores, com maior definição, mais numerosas e disseminadas, colonizando cada vez mais o espaço público e reforçando a suspeita de que a vida está em outro lugar. A realidade nas telas é infinitamente mais real do que a realidade que as cerca, e as pessoas que aparecem nas telas, mais reais do que os espectadores. Existe algo de inacessível nas imagens numa tela. E, à medida que as telas se tornam maiores e mais nítidas, os espectadores se tornam menores e mais desinteressantes. Finalmente, os espectadores são como os habitantes da caverna de Platão: criaturas que vivem em trevas permanentes, estando a perfeição situada apenas no mundo brilhante mostrado na tela.

Além de cada vez maiores, as telas também estão se tornando cada vez menores. A tela do celular foi um desdobramento inevitável. Além dos celulares e aparelhos de som digitais compactos, as pessoas precisam de telas pessoais – e esses três aparelhos logo estarão condensados num único dispositivo. Já existem telas embutidas em óculos, e os técnicos preveem que logo haverá telas embutidas em robôs microscópicos em lentes de contato, operadas pelos movimentos dos olhos. Que esperança existe para a pobre realidade quando o Disney World não está apenas em sua linha de visão ou em seu rosto, mas *permanentemente acampado em seu globo ocular*?

As imagens na tela são vibrantes, dinâmicas, brilhantes e mudam rapidamente. A realidade é moribunda, estática, sombria e se arrasta através de pés malcheirosos, deformados e doloridos. Então, para ser real de verdade, é preciso se tornar uma imagem. Só os que aparecem na tela existem verdadeiramente.

Na tela, todo comportamento é intensificado. As crises nas novelas são mais intensas e dramáticas; as risadas nos seriados de comédia, mais frequentes e histéricas; as provocações dos apresentadores de *talk shows*, mais cruéis e brilhantes; a preocupação dos repórteres com os famintos da África, mais grave; a indignação dos entrevistadores diante da corrupção, mais justa. Até a normalidade das pessoas comuns na tela se torna uma normalidade aumentada – elas são radiantemente normais, atraentemente desinteressantes e eloquentemente banais.

## A atrofia da experiência

Mas a diferença crucial é que a vida na tela é mais rápida que a vida real, e, com edições cada dia mais frenéticas, está cada vez mais rápida. Na tela, as mudanças ocorrem com muito maior rapidez que na realidade, e cada mudança provoca uma resposta de orientação para um novo ambiente potencialmente perigoso, interrompendo a atenção para estabelecer novos rumos.[3] A reação é fisiológica e dura de quatro a seis segundos – mas anúncios, vídeos musicais e dramas de ação provocam uma reação a cada segundo, de modo que o cérebro e o corpo nunca têm tempo de recuperar o equilíbrio. O sistema vive num permanente estado de alerta. É por isso que é difícil tirar os olhos da tela e terrivelmente difícil desligar a tevê. A longo prazo, ficará difícil prestar atenção a qualquer coisa que esteja estática, em movimento lento, ou que exija prolongada concentração num único tópico ou tarefa. E, naturalmente, a realidade se tornará insuportavelmente morosa e sombria.

A experiência nada mais é do que aquilo de que decidimos nos ocupar. Portanto, a qualidade da experiência depende da qualidade de atenção. Mas a atenção passiva e estimulada tende a notar apenas os detalhes mais impressionantes – as cores brilhantes e as pancadas altas –, enquanto a atenção ativa e intencional, a prática budista da "plena atenção", tem maior probabilidade de registrar a cena toda. Há evidências de que o condicionamento cultural criou diferentes formas de atenção no Oriente e no Ocidente. Quando americanos e japoneses foram solicitados a examinar um ambiente submarino por vinte segundos e depois descreveram o que viram, os americanos disseram coisas como "um grande peixe azul", enquanto os japoneses se referiram a "água fluindo, rochas, plantas e peixes".[4] A realidade oriental é mais ampla, mais cheia e mais rica.

Os noticiários da tevê também diminuem a realidade. Na década de 1930, o crítico cultural Walter Benjamin observou que o homem moderno era "cada vez mais incapaz de assimilar os dados do mundo circundante por meio da experiência".[5] A novidade, a brevidade e a natureza desconexa das notícias na imprensa diária tornavam impossível absorver a tradição, e Benjamin descreveu a consequência disso como "a atrofia da experiência". É raro que os jornais nos surpreendam. Afinal, de que serviram aquelas onipresentes telas rolando notícias 24 horas por dia?

Como Benjamin explicou, o colapso das comunidades tradicionais, com seus rituais capazes de dar ao ano estrutura e significado, e suas redes de estreitas conexões, capazes de oferecer rico contato humano, também empobreceu muito a experiência. É fácil sentir nostalgia das comunidades, mas é necessário lembrar por que as pessoas ficaram tão desesperadas para abandoná-las. Quando eu crescia numa sociedade tradicional, mal podia esperar a hora de escapar do tédio, da opressão e da conformidade. Mas não há dúvida de que uma vida independente envolve uma perda significativa de riqueza. Há sempre um preço a pagar.

O que as comunidades de antigamente ofereciam como recompensa pela conformidade hoje o indivíduo livre tem que conquistar. Então, como enriquecer a experiência e dar ao mundo sombrio um novo encanto?

Walter Benjamin ofereceu um contraponto às novidades efêmeras, "a narração, uma das formas mais antigas de comunicação. Ela não tem a pretensão de transmitir um acontecimento pura e simplesmente (como a informação o faz); integra-o à vida do narrador, para passá-lo aos ouvintes como experiência".[6] Benjamin estava se referindo à tradição de contar histórias, que está bem viva na literatura.

A leitura literária revitaliza a experiência pessoal ao revelar que aquilo que parecia tão banal e triste era de fato misterioso e extraordinário – e oferece uma nova experiência ao comunicar vida de uma forma que parece estar sendo vivida de verdade. E ela não só renova a experiência passada: seu chamado urgente em defesa da atenção, no sentido do conceito budista, torna o presente incomparavelmente mais rico. E a leitura, embora solitária, não implica a rejeição do outro. Mais uma vez, por mais paradoxal que possa parecer, o isolamento traz um envolvimento mais profundo. A leitura aumenta a empatia, e portanto a compaixão e a paciência, inspirando a aceitação de personagens desagradáveis e até mesmo atrozes. E cria uma nova rede de amigos íntimos, os escritores. Finalmente, mas não menos importante, ler é por si só uma experiência significativa.

No último século, os dois autores que mais enriqueceram a experiência foram James Joyce e Marcel Proust. Joyce recriou a estranha textura da vida cotidiana, e Proust revelou sua igualmente estranha psicologia. Um dos principais temas de Proust foi a psicologia da expectativa e da decepção. O narrador de *Em busca do tempo perdido* vive num ciclo infinito de desejo ardente e antecipação, seguidos por desilusão e desespero.

O mundo social de Proust está hoje tão perdido e remoto quanto a civilização dos incas, mas o estilo de vida do narrador é extraordinariamente contemporâneo – trocas de informação, festas, paixões cegas, sexo casual,

## A atrofia da experiência

caprichos, impulso consumista, adoração e perseguição das celebridades. E os aristocratas, cuja companhia o narrador deseja, são o equivalente exato das modernas celebridades, especiais apenas porque julgadas especiais, vivendo num mundo fechado e bizarro concebido para satisfazer seu narcisismo, extremamente glamouroso a distância e absolutamente vulgar quando visto de perto.

Proust é também um dos escritores mais engraçados – mas ele é engraçado não pelo exagero, por recorrer à caricatura e à farsa (a postura mais preguiçosa e mais comum do autor cômico), mas por se concentrar no que as pessoas realmente fazem e dizem. As cenas satíricas nos salões da sociedade têm a feroz precisão que causa estremecimentos e suspiros junto com as risadas, porque os defeitos são tão reconhecíveis! Este é o objetivo declarado de Proust:

> Na realidade, cada leitor está lendo seu próprio eu. O trabalho do escritor é meramente uma espécie de instrumento óptico que permite ao leitor discernir o que, sem este livro, ele provavelmente nunca experimentaria em si mesmo. E o fato de o leitor se reconhecer no que o livro diz é a prova de sua verdade.[7]

A beleza das lições aprendidas dessa maneira é que elas são absorvidas mais plenamente do que por instrução abstrata. Depois de ler Proust, você conhece, na medula de seus ossos, em seu DNA, a loucura e o absurdo de viver perpetuamente na expectativa.

Mas o romance que mais fez para devolver o encanto à vida cotidiana foi *Ulisses*, de James Joyce. Assim como foi intenção de Proust fazer de cada leitor um intérprete de seu ser, a intenção de Joyce foi transformar os dias insignificantes do leitor numa aventura tão estranha, rica, heroica e mítica quando a de Homero – transformar a vida cotidiana numa *Odisseia*. Em primeiro lugar, a técnica do fluxo de consciência revelou a riqueza da mente meditativa, com suas infinitas fantasmagorias de observação, percepção, memória, imaginação e desejo. Depois, a abrangência da visão de Joyce e a beleza de seu estilo elevaram ao nível da literatura muito do que até então era rejeitado por ser demasiado maçante ou sórdido. Ainda hoje, quase um século depois que *Ulisses* foi escrito, há cenas que surpreendem pela normalidade de sua sordidez cotidiana. Mesmo nesta era em que tudo vale, poucos romancistas dedicariam várias páginas de amorosa atenção a um homem que lê a revista *Tibits* no banheiro:

## A era da loucura

> Calmamente ele leu, contendo-se, a primeira coluna e, dócil mas resistente, iniciou a segunda. A meio caminho, sua última resistência cedendo, ele permitiu que seus intestinos se acalmassem enquanto lia, pacientemente, que a leve constipação de ontem desapareceu. Eu espero que não seja grande demais para provocar hemorroidas de novo. Não, saiu em bom tamanho.[8]

Todos nós ansiamos por renovação, mas imagine que ela só possa ser encontrada na novidade – um novo lugar, um novo amor, um novo emprego. Mais eficiente, e muito mais barato, é ver o familiar com novos olhos. E alguns escritores oferecem exatamente esse olhar transfigurado. Eles rompem a crosta do hábito e nos permitem ver uma vida nova. No mundo contemporâneo, esse rompimento da crosta é mais difícil e também mais necessário. Antigamente não havia crosta nenhuma, e a maioria das pessoas estava exposta à fome, ao frio, à doença e à violência. A experiência era inevitavelmente imediata e real. Mas hoje a maioria das pessoas está protegida dos velhos perigos, e o novo perigo é que, à medida que a crosta se torne mais espessa e mais forte, a vida que ela protege fique mais debilitada e morra em sua concha.

Portanto, vamos buscar os que rompem as crostas e nos abrem os olhos. Vamos ler os escritores autênticos – e depois começar um novo trabalho sem mudar de emprego, curtir umas férias onde vivemos e, o mais emocionante, curtir um caso de amor com nosso velho parceiro.

Não resta dúvida de que escritores como Joyce ou Proust são difíceis – mas também é verdade que a dificuldade aumenta a satisfação. Acredita-se que a leitura seja uma coisa fácil porque a técnica que aprendemos há tanto tempo foi esquecida e hoje fazemos isso todo o tempo sem pensar. Assim, se um livro parece difícil demais, deve ser culpa do livro, e não do leitor. Mas, como aprender a tocar um instrumento musical, ler é uma habilidade com vários níveis de dificuldade. O que faz Joyce e Proust parecerem difíceis é a ausência de enredo, o artifício que muitos romancistas usam para conduzir o leitor. As tramas são eficientes – todo mundo quer saber o que vem depois –, mas o *dénouement*\* dos romances de enredo é quase sempre implausível e decepcionante. *Era só isso?* Isso acontece porque não existem enredos na vida real – apenas uma complexa rede de *continuum* e conectividade –, o que deixa no leitor a desagradável sen-

---

\* Em francês no original. "*Dénouement*" é a solução, o momento em que a intriga se resolve. (N. da T.)

A atrofia da experiência

sação de ter sido enganado. As tramas são imediatamente esquecidas. Tente contar o enredo de um livro de suspense que você leu na semana passada. O prazer da trama está na expectativa e na sensação, ilusória e breve, de modo que os romances de suspense não deixam nenhum resíduo de beleza. Por outro lado, um romance que reproduz a textura e os sentimentos da vida pode ser mais difícil de ler, mas oferece maior satisfação e vive mais tempo na memória. A má notícia é que esses romances são raros. Proust e Joyce mostraram como alcançar um sucesso estupendo sem enredo, mas essa lição foi esquecida na nossa era do potencial. Hoje os críticos costumam classificar os romances entre "de boa trama" e "de trama fraca", como se a trama fosse essencial, e manifestar surpresa e consternação diante da ausência de uma trama.

Portanto, a leitura literária pode ser uma experiência profunda e ampla, porque permite a compreensão do ser, do mundo e dos outros. Um dos maiores dons de um escritor é a capacidade de criar personagens que, apesar de seu comportamento atroz, sejam extremamente simpáticos. O exemplo supremo é Falstaff,* um compêndio de tudo que existe de mais desprezível na natureza humana: é ladrão, covarde, mentiroso, fanfarrão, glutão, bêbado e, pior de tudo, um mercenário que se alegra de mandar homens para a morte em troca de dinheiro. No entanto, todo mundo o ama. Como exercício de disciplina intelectual e moral, uma vez listei os defeitos de Falstaff antes de ver *Henrique IV* e estava determinado a desaprová-lo, mas, como todo mundo, ri e amei o velho depravado. Quando o príncipe Hal estava prestes a se tornar o rei Henrique V e rejeitou seu velho companheiro bêbado, como era indispensável – um homem tão corrupto não teria permissão de se aproximar do poder –, sofri como todo mundo pelo pobre Falstaff e odiei Hal por ser tão frio e mesquinho. As palavras com que Hal rejeita Falstaff estão entre as mais tristes da literatura: "Não te conheço, velho".[9]

Assim sendo, embora não exista uma receita para escrever, assim como não há uma receita para viver, existe uma instrução. Uma obra de ficção deve ser sem enredo, mas convincente, surpreendente, mas inevitável, e cheia de personagens terríveis, mas simpáticos.

---

* Personagem criado por William Shakespeare que aparece no drama histórico *Henrique IV* e é protagonista da comédia *As alegres comadres de Windsor*, além de dar nome a uma famosa ópera de Verdi e ter inspirado obras na literatura, no teatro e no cinema. (N. da T.)

# A era da loucura

Existe ainda aquele prazer sensual de segurar um livro na mão esquerda para sentir seu peso e depois abri-lo voluptuosamente para liberar aquela fragrância única e, finalmente, agarrar um bloco de páginas com a mão direita e deixá-las correr pelo polegar, com uma pausa de vez em quando para permitir a leitura sem pressa de uma página a esmo. Esse é o soberano prazer do sultão. E a leitura em si é igualmente sensual. Ler é um esporte de contato: físico, extenuante, um combate com um adversário mais forte, mais malandro e mais rápido, e que pode se tornar um amigo íntimo. O pós-modernismo tentou acabar com os autores e fazer da literatura apenas um conjunto de "textos" – mas os verdadeiros leitores concordam com Proust que a leitura é um ato de amizade. Os escritores são amigos, uma rede social secreta que se estende pelo espaço e pelo tempo.

O estereótipo do leitor como um ser disfuncional, míope, fraco e degenerado, incapaz de enfrentar o mundo, é contrariado por amplas e regulares pesquisas realizadas pela National Endowment for the Arts* dos Estados Unidos. De acordo com a NEA, os leitores têm mais probabilidade que os não leitores de fazer exercícios, praticar esportes, frequentar museus, teatros e concertos, envolver-se em trabalhos voluntários e votar nas eleições.[10] A beleza desse esporte de contato que é a leitura, segundo Proust, é uma forma de contato que oferece os benefícios da conversa sem nenhum tédio, porque é "uma comunicação com outra maneira de pensar e ao mesmo tempo um ato solitário, ou seja, a pessoa continua a desfrutar a força intelectual que tem na solidão e que a conversa imediatamente dissipa".[11] É um encontro entre duas profundidades, sem a distração das convenções e da efervescência social, e mais gratificante que um encontro em carne e osso (e é por isso que conhecer os escritores costuma ser decepcionante).

É também por isso que pular é aceitável, mas ler por cima não. Pular é se desligar para respirar, mas uma leitura superficial significa que o leitor não aceita o desafio, que o contato é feito com uma mente superficial, preguiçosa, grosseira e desinteressada. Qualquer livro que estimule a "leitura dinâmica" deve ser imediatamente jogado fora. E nosso cérebro parece entender isso. A leitura dinâmica exige um esforço maior dos olhos que a leitura lenta e concentrada.

---

* Agência independente do governo federal dos Estados Unidos criada em 1965 para oferecer apoio e financiar projetos de excelência artística. (N. da T.)

# A atrofia da experiência

A experiência da leitura tem sido investigada pelos neurocientistas, que também parecem ter um fraco por Proust. Existe até um livro chamado *Proust era um neurocientista*.[12] E, em *Proust and the squid* [Proust e a lula], Maryanne Wolf explica que a leitura, ao contrário da fala e da visão, não é programada geneticamente e portanto deve ser aprendida pelo indivíduo, e que esse processo de aprendizado cria no cérebro conexões distintas, que dependem da língua utilizada. Médicos que trataram do derrame de um paciente bilíngue em inglês e chinês descobriram que, em consequência de um dano específico do cérebro, o paciente não era mais capaz de ler em inglês, mas continuava lendo em chinês. Assim, num sentido real, até mesmo físico, "somos o que lemos". E, quando as crianças estão aprendendo a ler, as principais áreas dos dois hemisférios cerebrais se envolvem, mas, à medida que a habilidade de ler melhora, a atividade se concentra principalmente numa pequena área do hemisfério esquerdo, embora o hemisfério direito possa ser ativado de maneiras imprevisíveis. Em outras palavras, o hemisfério esquerdo desenvolve uma função especializada na leitura, e o hemisfério direito, que produz *insights*, fica livre para especular e fazer associações, para deitar e rolar como a mente de Deus. "O segredo do coração é a leitura", conclui Wolf, e "o tempo que ela libera para o cérebro ter pensamentos mais profundos do que os que vieram antes". O problema da leitura dinâmica é que ela perde essa "dimensão associativa", "a profunda capacidade geradora do cérebro leitor".[13]

Esse potencial para o *insight* distingue a leitura da visão. O ritmo da leitura pode ser variado de acordo com a vontade do leitor, mas o ritmo da visão é determinado por um editor (e essa edição tem se tornado cada vez mais frenética). Os espectadores não podem se dar o luxo de se absorver num olhar a distância, enquanto o cérebro direito faz suas associações mágicas. Se eles impõem uma pausa à tela, geralmente é para pegar outra cerveja do refrigerador.

A leitura profunda cria atenção; o uso excessivo da visão a destrói. E isso pode ter consequências nos dois extremos da vida. Na primeira infância, o excesso de imagens inibe o desenvolvimento das conexões cerebrais que geram atenção e reflexão,[14] e, na velhice, favorece a deterioração do cérebro e o mal de Alzheimer.[15]

Portanto, ler não é apenas muito prazeroso, mas fundamental para o desenvolvimento e a manutenção do cérebro associativo. E é uma atividade muito mais satisfatória se também fortalecer a experiência. Como disse Flaubert: "Não leia como fazem as crianças, para se divertir, ou como os ambiciosos, para se instruir. Não, leia para *viver*".[16]

# 10
# A perda da transcendência

Apesar de mais velho, o roqueiro Bruce Springsteen preservou sua vitalidade criativa e de desempenho. Suas novas canções são tão boas quanto seus clássicos, e ele as canta por generosas três horas sem perder o prazer e a alegria. Mas o jovem casal que está sentado ao meu lado é a imagem congelada da desolação. Na fileira da frente, quatro homens se levantam de repente com cara de quem vai reclamar com o administrador do evento. Será que essas pessoas estão genuinamente decepcionadas? O que mais elas podiam querer? E os que ainda parecem estar de bom humor conversam, riem e bebem cerveja durante todo o *show* como se estivessem num bar e a música tocasse numa tela num canto distante. Esse concerto está sendo apresentado num estádio, e dos milhares de pessoas que estão de pé no meio do campo, mais perto do palco e com muito espaço livre, poucas estão dispostas a dançar. É um clima muito diferente dos primeiros tempos do *rock*, quando a plateia enlouquecia, lotava teatros e se descontrolava nas ruas. Uma imagem da noite é dada por uma família algumas fileiras à minha frente, todos loiros e vestidos com roupas da moda, que ignoram totalmente o *show* para fotografar uns aos outros com as câmeras dos celulares.

É fácil entender por que tantos comentaristas falam da tendência niveladora da cultura contemporânea. A constante exposição ao entretenimento tornou muita gente incapaz de manter o interesse, quanto mais a transcendência.

Há uma indiferença equivalente na alta cultura, causada pelos efeitos neutralizadores do relativismo, que torna tudo igualmente significativo e portanto igualmente insignificante. Fazer elogios entusiasmados a escritores, músicos ou artistas é considerado ingênuo, infantil, com certeza embaraçoso. Para um crítico, expressar uma simples aprovação seria uma falta de tato imperdoável. Na

## A perda da transcendência

cultura popular, a tirania do "legal" tem o mesmo efeito dissuasivo. A linguagem é diferente, mas a estratégia é a mesma – considerar a indiferença o máximo de sofisticação. O entusiasmo não é aceitável porque é uma afronta à indiferença.

Além da crônica e generalizada indiferença, há a crônica e generalizada ingratidão – uma consequência inevitável da nossa era de prerrogativas de direitos. Se tudo é merecido, não há por que ser grato. Mas a gratidão é a base da afirmação e da transcendência.

Mas o que é transcendência? O termo abrange um grande número de crenças, sentimentos, atitudes e estados imprecisamente definidos e sobrepostos, que incluem fé religiosa, misticismo, exaltação, alegria, êxtase e prazer, descendo ao simples entusiasmo e à absorção, depois descendo mais ainda ao ato de beber uma jarra de *margaritas* e dançar em cima da mesa numa noite de sábado.

O denominador comum entre as várias formas de sentimento é fugir de si mesmo – o que vai do desejo espiritual de se perder em Deus a um desejo mais materialista de perder a cabeça nos fins de semana. O paradoxo é que a experiência mais intensa do *self* é a perda do *self*. É por isso que os estados de transcendência são breves. Estar fora de si é divertido, mas não é prático – e, quanto mais tempo se fica perdido, mais difícil é voltar. Portanto, quanto mais intensa a experiência, mais curta sua duração. Perder-se numa absorção pode durar horas, já o êxtase infelizmente é breve (embora os praticantes do sexo tântrico discordem).

A transcendência é importante porque parece ser necessária para escapar de vez em quando ao fardo da consciência de si. Até as culturas mais antigas procuravam essa válvula de escape. Nas sociedades "primitivas" de todo o mundo havia rituais muito semelhantes que envolviam pintar o rosto e dançar com acompanhamento rítmico.[1] Eram especialmente comuns as danças em círculo ou em fila – e é reconfortante saber que, quando os parentes de minha mulher curtem uma das suas "grandes noitadas" que culminam num *hokey-cokey*\* e numa conga, estou participando de um ritual que tem no mínimo 10.000 anos. Os observadores ocidentais das danças "primitivas" em geral ficavam assustados com o que interpretavam como abandono e frenesi destinados a criar um clima propício à orgia – mas muitos dos rituais eram cuidadosamen-

---

\* Dança folclórica de longa tradição, muito conhecida nos países de língua inglesa. Além da melodia e do ritmo, o *hokey-cokey* tem uma letra própria que vai sugerindo os gestos da dança. (N. da T.)

# A era da loucura

te planejados e disciplinados, comportados, e ocorriam apenas em certas épocas do calendário, em agradecimento pelo esforço da comunidade. As culturas primitivas entendiam que o êxtase não é fácil nem vem de graça, mas tinha que ser aprendido e merecido.

Na Europa esse êxtase ritual persistiu nos festejos de carnaval da Idade Média, mas foi violentamente reprimido tanto pelo calvinismo quanto pela Contrarreforma. A dança, originalmente praticada em grupo, reduziu-se no século XIX a uma atividade praticada por casais e, no final do século XX, era praticamente uma performance solo. Agora a pessoa precisa ser seu próprio xamã e inventar sua própria dança xamânica.

No mundo moderno, as religiões monoteístas tornaram-se a forma aceitável de transcendência – e quando isso desapareceu, no século XX, surgiu a religião laica do socialismo internacional. Mas foi ficando cada vez mais difícil acreditar num paraíso acima do mundo ou numa utopia à frente dele.

Uma alternativa é localizar a transcendência ideal nem acima nem à frente, mas no próprio mundo – o panteísmo. Para escapar à ira dos fiéis, o panteísmo quase sempre pretendeu ser uma versão do monoteísmo – mas essencialmente pagão. A tradição sufi, uma versão do islamismo que floresceu na Pérsia no fim do primeiro milênio e ainda é uma presença contemporânea, justifica seu panteísmo com o argumento de que Deus criou o mundo para ser conhecido através dele, explicando a Seu profeta: "Sou um Tesouro Escondido e desejei ser conhecido, e por isso fiz a Criatura, para poder ser conhecido!"[2] Afinal, talvez esse anseio por reconhecimento não seja tão moderno – Deus pode ter criado o mundo para ser venerado como a suprema celebridade. Para os sufis, tudo no mundo era uma epifania, e o mundo não era apenas encantado, mas divino – uma crença que inspirou o poeta Jelaluddin Rumi a criar a dança giratória dos dervixes e poemas igualmente frenéticos.

> "Há uma incandescente semente interior.
> Você a preenche com seu próprio ser, ou ela morre.
>
> Sou apanhado nesta energia circulante! Seus cabelos!
> Qualquer um calmo e sensato fica insano!"[3]

Spinoza também era panteísta e falou desse "ser eterno e infinito que chamamos de Deus ou Natureza",[4] embora a palavra "Deus" possa ter sido acres-

## A perda da transcendência

centada à frase para aplacar os crentes. E muitos poetas, de Wordsworth a Rilke, adotaram formas de panteísmo que inspiram uma afirmação extática, porque a fuga do *self* se dá numa união mística com tudo o que existe.

As formas intensas e duradouras de felicidade parecem derivar do panteísmo. Eu deveria fundar uma Igreja dos Panteístas Contemporâneos, que teria como profetas Rumi, Spinoza, Wordsworth e Rilke. Essa religião teria a vantagem de criar constantes e sérias dificuldades. Ninguém acharia fácil sentir a presença divina numa sala de espera de cinema ou num saguão de embarque – e só Rumi em pessoa poderia acreditar no Bem-Amado imanente no meio de um *shopping center*. O mais provável é que esses lugares inspirassem uma crença maniqueísta no homem como criatura decaída e no mundo como reino de trevas eternas.

Naturalmente, nossa era prefere o caminho mais rápido e fácil para a transcendência: as drogas. Segundo a neurociência, o problema é que as drogas que causam bem-estar – *cannabis,* cocaína, heroína, ecstasy – não reproduzem exatamente o êxtase natural, mas produzem efeitos equivalentes ao prolongar ou suprimir outros efeitos, e esses sucessivos prolongamentos e supressões causam dano permanente ao cérebro.[5] Os pequenos ganhos de curto prazo resultam em grandes perdas a longo prazo – demonstração psicológica de uma verdade: não existe caminho fácil e livre para o paraíso. Por outro lado, a euforia natural e conquistada cria novas e duradouras associações benéficas.

Acredita-se que outra popular forma de transcendência – a paixão amorosa – produza euforia sem esforço, mas ela também acarreta complicações a longo prazo (veja mais detalhes no capítulo 12).

Para mim, um descrente, o auge da euforia é a exaltação, melhor ainda que o êxtase sexual, que entretanto perde por muito pouco. Felizmente, essas duas supremas excelências não se excluem. É possível experimentá-las ao mesmo tempo, e aquele que for abençoado com tal graça não só se fundirá misticamente na Grande Cadeia do Ser como também será uno com Deus no paraíso eterno.

Mas a exaltação é fugidia e rara, uma entre várias experiências de alta intensidade que incluem a inspiração artística, a epifania (no sentido de uma significância mística, mas laica, como foi descrita por Joyce e Proust), o *insight*, a solução de problemas e a intuição. São experiências que não podem ser alcançadas pela vontade, mas que surgem abrupta e inesperadamente, oferecem certeza absoluta sem necessidade de explicação e são intensamente prazerosas, mas breves. Parecem aleatórias e gratuitas – mas a dádiva aparentemente imerecida é em geral a recompensa por um esforço árduo, persistente e paciente. No caso da inspiração artística, esse esforço é a disciplina de aprender e praticar o ofício. No caso do *insight* e da solução de problemas, é um pensamento prolongado e inconsciente. No caso da intuição, é a observação e análise da experiência. No caso da epifania, é o hábito da atenção intensa ao mundo físico. Mas o que prepara a mente para a exaltação, uma experiência que oferece o êxtase da revelação sem a revelação? Minha hipótese é que o cérebro oferece a exaltação como recompensa por esforços anteriores – uma espécie de cartão de fidelidade. Em recompensa pela concentração no passado, o cérebro oferece o prêmio de um sentimento de descoberta triunfante sem o produto dessa descoberta. Portanto, de certa maneira, até a exaltação tem que ser conquistada.

Naturalmente, nossa era de prerrogativas de direitos gostaria de uma duradoura versão da experiência a custo zero. Uma neurocientista americana, Jill Bolte Taylor, teve de fato essa experiência duradoura, embora não tenha sido totalmente gratuita.[6] Certa manhã, ela despertou com um sentimento de extrema euforia. Esta é a parte boa. A parte ruim é que ela também estava parcialmente paralisada e incapaz de falar. Tinha acabado de sofrer um derrame que nocauteara o hemisfério esquerdo de seu cérebro, mas preservara o hemisfério direito. O hemisfério esquerdo opera de uma maneira mais sequencial, é responsável por analisar o passado e preparar para o futuro, e mantém o constante resmungo mental que constitui a consciência. Assim sendo, o derrame ofereceu a Taylor uma transcendência natural, afastando-a de seu *self* ao desabilitar o local do cérebro onde ele reside. O hemisfério direito, que até recentemente se acreditava ser inerte e sem propósito, processa a informação de uma maneira mais paralela e oferece coerência e significado às informações sensoriais do presente. É essa combinação de baixa carga de trabalho e maior capacidade de fazer novas conexões que permite ao hemisfério direito produzir experiência mística, epifania, inspiração, *insight* e intuição. E porque o lado direito também processa as informações sensoriais do meio imediato, o sentimento de descoberta incandescente torna o mundo exterior vívido e sublime. É por isso que as experiências místicas são tão semelhantes à inspiração e ao *insight*, e que, quanto mais intensa a experiência, mais forte o assombro panteísta que o acompanha. Taylor descreveu sua euforia como um profundo sentimento de unidade com todas as coisas.

Mas, à medida que começou a reagir ao tratamento, o cérebro esquerdo de Taylor reativou o circuito das emoções negativas do hemisfério esquerdo, como

## A perda da transcendência

ansiedade, medo, inveja, ressentimento e raiva. Como os psicólogos descobriram, as emoções negativas são mais fortes que as positivas. Mas Taylor não estava preparada para entregar seu recém-descoberto sentimento de unidade e bem-estar e lutou para suprimir os maus efeitos do lado esquerdo, chegando, através de um derrame e da neurociência, à conclusão a que os estoicos já tinham chegado milhares da anos antes: "Nada que seja exterior a mim tem o poder de me tirar a paz do coração e da mente. [...] Posso não estar em total controle do que acontece, mas sou eu que escolho como percebo minha experiência".[7] Sua técnica é permitir a essas reações instintivas do velho cérebro traiçoeiro seus noventa segundos de vida, mas depois usar o isolamento e a análise para identificá-las e evitar que elas dominem sua mente. E ela acrescenta que, quando tenta ensinar a seus alunos essa técnica, eles se queixam veementemente de que ela exige demasiado esforço mental – mais um exemplo da rejeição da dificuldade.

A reação de Taylor a seu infortúnio também é a clássica estratégia estoica de tirar vantagem de qualquer coisa que aconteça. Ela talvez seja a única vítima de derrame a expressar entusiasmo pela experiência. Mas como liberar o lado direito do cérebro sem estar paralisado por um derrame no lado esquerdo?

Uma possibilidade é a meditação. Vários estudos do cérebro de pessoas que meditam regularmente chegaram a uma conclusão semelhante: a meditação aumenta a atividade no córtex pré-frontal, responsável por focar e manter a atenção, e diminui a atividade no hemisfério esquerdo.[8] Mas não há menção a um aumento de atividade no hemisfério direito (embora os próprios praticantes de meditação tenham se referido a um aumento da consciência do ambiente circundante). Isso talvez ocorra porque quem medita se concentra intensamente numa única coisa – um mantra, uma imagem, a respiração – e com isso consegue suprimir a preocupação irritante do hemisfério esquerdo, mas não consegue usar o sonhador que é liberado do lado direito. Portanto, a grande vantagem da ruminação talvez não seja apenas a redução dos pensamentos incomodativos, mas um estímulo ao sonhador. Se imaginasse um ritual e um jargão adequados, eu poderia fazer fortuna como guru da Ruminação Transcendental (RT).

Outra possibilidade é que, se a transcendência é acompanhada por um sentimento de união com o aqui-e-agora, o reverso também seja verdade, e uma atenção intensamente focada no ambiente imediato possa facilitar a decolagem. Esse é o tipo de atenção estimulado por escritores como Joyce e Proust.

Para quem tem uma disposição ativa, ou desconfia de qualquer coisa mística e estética, a absorção proporciona uma baixa transcendência do *self*.

# A era da loucura

O psicólogo americano Mihaly Csikszentmihalyi usa a palavra "fluir" para descrever o estado mental profundamente satisfatório alcançado mediante uma imensa e prolongada concentração em atividades difíceis, que exijam um alto nível de habilidade.[9] A experiência é semelhante num grande número de atividades aparentemente desconexas, entre elas o esporte competitivo, o alpinismo, o trabalho profissional, a execução de um instrumento musical, a criatividade artística, a dança, as artes marciais e o sexo.

Como em outros métodos de transcendência, essa satisfação tem que ser conquistada. A habilidade precisa primeiro ser adquirida, lentamente e mediante frustrações. Não há gratificação imediata. De fato, não poderia haver. O aprendiz pode não ter aptidão ou disciplina, mas, quando a habilidade se torna automática, o milagre pode ocorrer: uma absorção tão completa que exclui o ser, o tempo e o lugar. Horas ou até mesmo dias podem passar despercebidos. O *self* se dissolve e desaparece. E algo estranho ocorre. A atividade parece tornar-se não apenas fácil, mas *autônoma* – assumir o controle, ser dona de si. Então o instrumento toca sozinho, a espada se empunha, o poema se escreve, o bailarino não dança, mas permite que a música tome conta de seu corpo, e os amantes não fazem amor, mas se entregam ao vertiginoso movimento da Terra.

Existem muitos paradoxos nisso. Um intenso esforço é necessário para produzir a sensação de falta de esforço; intensa consciência para chegar à inconsciência; total controle para experimentar a total falta de controle. E só aqueles que estiverem em plena posse do *self* poderão se entregar plenamente. Na verdade, quanto mais forte a sensação do *self*, maior o arrebatamento por escapar à sua tirania.

Como na meditação, a experiência fluida é consequência da atenção concentrada e persistente – e "atenção" é uma palavra-chave tanto para Csikszentmihalyi quanto para o zen-budismo. O conceito de fluxo também é familiar ao zen-budismo. Eis o que disse D. T. Suzuki ao explicar como o mestre esgrimista Takuan instruía os novatos: "O conselho de Takuan é manter a mente sempre 'fluindo', porque, quando ela para, o fluxo se interrompe, e essa interrupção é danosa para o bem-estar da mente. No caso de um esgrimista, isso significa a morte".[10]

Esse reiterado foco numa atividade difícil é exatamente o que cria ou melhora as conexões cerebrais. E o prazer de fluir é tão intenso que reduz as atrações de poder, *status*, celebridade e, acima de tudo, de entretenimento passivo, estimulando um desejo de experimentar uma satisfação semelhante em outras atividades. É por isso que os físicos teóricos tocam bongô.

# A perda da transcendência

O truque é entender que são a atenção e a dificuldade que trazem a recompensa. Quando Csikszentmihalyi pesquisou adolescentes, descobriu que aqueles que tinham menos atividade fluida, que viviam na frente da tevê e perambulavam pelos *shopping centers*, alcançavam baixos níveis de satisfação, enquanto aqueles que estudavam e praticavam esportes alcançavam altos níveis em todas as avaliações – todas menos uma. Eles acreditavam que os ratos de *shopping* e viciados em tevê se divertiam mais que eles. Na verdade, estavam demasiado influenciados pela tirania do "legal" para perceber que eles eram os abençoados. Este é um exemplo que confirma a regra: a juventude raramente valoriza o que tem.

Foi emocionante saber, a partir de outra pesquisa de Csikszentmihalyi, que, quanto mais caro e complexo o equipamento, menos prazerosa é a atividade. Talvez exista um Deus justo afinal. Andar e dançar, atividades nas quais o corpo é o equipamento e o instrumento, são muito mais satisfatórias. Andar e dançar, mantendo um ritmo regular e extático, são a prosa e a poesia do corpo.

A mais modesta das atividades fluidas, a caminhada é também uma maneira eficiente de criar prontidão para a exaltação. Uma teoria defende que o bipedalismo é a origem da inteligência humana superior. Quando o animal humano se ergueu sobre as patas traseiras, as patas dianteiras ficaram livres para gesticular, o que evoluiu para a linguagem de sinais e depois para a fala – e essa nova e rica linguagem verbal aumentou enormemente o tamanho do cérebro.

Nietzsche, o filósofo da exaltação, era um caminhante fanático. Assim como seu arqui-inimigo, Cristo. Só a iconografia mostra Jesus em repouso. Leonardo da Vinci o colocou sentado na *Última ceia* – mas um bom mestre nunca se senta. Ele deve ter se movimentado de um lado para outro com uma palavra de confiança aqui, uma palavra de inspiração ali. E a maioria das representações do Sermão da Montanha mostra Jesus na costumeira pose estática, com olhos tristes e braços estendidos submissamente. Mas o filme de Pier Paolo Pasolini *O Evangelho segundo São Mateus* mostra Cristo vociferando no alto da montanha, atirando bem-aventuranças recém-cunhadas por sobre o ombro para que os discípulos se arrastem, física e mentalmente, para apanhá-las. Não é o Sermão da Montanha, mas o Sermão do Casco.

Nietzsche costumava caminhar por seis a oito horas por dia, durante as quais teve alguns de seus melhores *insights*. E também adorava a dança: "Eu só acreditaria num Deus que soubesse dançar".[11] Ele se lamentava por não ser mais capaz de dançar: "Só sei proferir a parábola das coisas mais elevadas na dança – e

# A era da loucura

agora minha maior parábola permaneceu indizível em meus membros".[12] E se definiu como o último discípulo do filósofo Dioniso, o deus cornudo do êxtase e primeiro Senhor da Dança, divindade que presidia os primitivos rituais e foi venerado sob vários nomes, entre eles Baco, Pã, Fauno, Osíris e Shiva. Dioniso (conhecido na Irlanda como Satã) chegou a se apresentar perto de minha cidade natal nos anos 1960 – num salão de dança, naturalmente. Uma noite qualquer de sábado no salão Mecca foi galvanizada pela aparição de um estranho de esplêndida beleza, todo vestido de preto, que sabia bailar com surpreendente languidez e facilidade. Todas as mulheres queriam estar com ele, que, naturalmente, escolheu a mais encantadora. Essa jovem dançou a noite toda em êxtase e concordou em sair com ele, mas, quando estavam partindo, ela olhou para baixo e viu *o casco fendido*. Não podia haver erro sobre a identidade do estranho. Mas, quando ouvi a história, eu me perguntei como, tendo tantos recursos para se parecer com Cary Grant, vestir-se como Johnny Cash e dançar como Elvis Presley, ele não fora capaz de esconder aquele estúpido casco. Em épocas mais remotas, as mulheres teriam seguido de bom grado o deus floresta adentro, mas, na Irlanda dos anos 1960, elas ficavam em casa – e o Mecca foi obrigado a fechar suas portas.

Mais do que qualquer outro pensador, Nietzsche perseguiu a transcendência em todos os níveis de intensidade – entusiasmo, embriaguês, alegria e exaltação –, o que foi ao mesmo tempo sua força e sua fraqueza. Ele é o grande arejador da vida, a tônica do gim-tônica (Schopenhauer é a fatia de limão). Nietzsche efervesce, dança, salta, mas, quando o borbulhar desaparece, nada resta. Há pouco o que reter e usar. A principal função de Nietzsche é promover a euforia não farmacológica, um pensador mais para ser inalado do que estudado. Ele próprio usava os livros como estimulantes ilegais. O objetivo não era aprender, mas curtir e voar. Assim, seu famoso *A vontade de poder*, um título que não foi escolhido por ele, mas postumamente por seus editores, era na verdade apenas uma forma de embriaguez pessoal: "O primeiro efeito da felicidade é o sentimento de poder".[13] Note a expressão *"sentimento* de poder". Deparei-me com essa expressão nove vezes em sua obra, mas ainda não o vi glorificar o *exercício* ou a *detenção* do poder. Na verdade, ele não tinha senão desprezo por aqueles que buscam a supremacia terrena: "Todos lutam pelo trono: é a sua loucura – como se a felicidade se sentasse num trono! Geralmente, é a imundície que se senta no trono".[14] Ele desprezava aqueles que lutavam para conquistar o poder aos outros e admirava os santos e os ascetas, que lutavam para conquistar o poder *a si mesmos*. O que ele buscava era a pura transcendência pessoal.

## A perda da transcendência

Seu erro foi tentar tornar permanente uma condição temporária. Ele enlouqueceu, se não *por causa da*, certamente *na* euforia. Talvez Deus, aborrecido de ter sido considerado morto, tenha decidido mostrar a esse super-homem quem tinha o mais arguto senso de humor e feito esse acusador da misericórdia abraçar, aos prantos, o cavalo moribundo que estava sendo chicoteado por um cocheiro no meio da rua.

Vale lembrar também que Nietzsche fazia teatro com frequência, causando escândalo apenas para chocar. E, do marquês de Sade a William Burroughs, a melhor maneira de chocar é enaltecer a crueldade. Mas ninguém genuinamente cruel faria tal declaração pública. Você não precisa fingir o que você é. Os nazistas, que Nietzsche foi acusado de inspirar, nunca se vangloriaram de ser cruéis. Ao contrário, vangloriavam-se de ser benfeitores da humanidade. Mas o perigo da encenação é que ela é interpretada literalmente pelos ingênuos. O próprio Nietzsche previu esse mal-entendido: "Há uma exuberância na bondade que pode parecer maldade".[15]

Nietzsche é como os mestres zen que chamam a atenção de seus discípulos com *koans*, combinações de paradoxos, ilogicidade, surpresa e choque. Um dos mais famosos, atribuído a Linji, é: "Se encontrar Buda, mate-o". Às vezes a provocação não era apenas mental, como nesse *koan* de Toku-san, que eu gostaria de usar para trazer uma instantânea iluminação a meus alunos: "Trinta golpes de minha equipe quando tiverem algo a dizer; os mesmo trinta golpes quando não tiverem nada a dizer".[16]

Nietzsche é o único filósofo ocidental a possuir a principal qualidade zen, o entusiasmo – o que por si só já o torna merecedor de ser lido: "Bem cedo pela manhã, ao romper do dia, em toda a frescura e na aurora de sua força, ler um *livro* – é o que eu chamo de vicioso!"[17] Este "vicioso" no fim da frase é tão inesperado, mas perfeito, porque provoca uma coisa rara e maravilhosa: uma risada de puro deleite.

Outra forma leve de transcendência, o entusiasmo é mais uma atitude que um estado, e portanto pode ser cultivado. Exige antes de mais nada isolamento e, depois, o envolvimento paradoxal que o isolamento pode facilitar, uma combinação de curiosidade, atenção e análise. O entusiasmo ama o mundo, mas se recusa a aceitá-lo de acordo com sua própria avaliação, porque acha ridícula essa avaliação solene e arrogante. Portanto, o entusiasmo é essencialmente subversivo. É puro divertimento no absurdo da condição humana e um reconhecimento irônico do infinito talento cômico de Deus.

# A era da loucura

O maior exemplo de personagem entusiasmado é Puck, de *Sonho de uma noite de verão* – um meio-termo entre seus ridículos e briguentos mestres de magia e os igualmente ridículos e briguentos humanos. Puck é um mero funcionário, um administrador com pouca iniciativa ou poder de controlar – e, como costuma ser o destino dos administradores, não tem um conhecimento completo da situação, e portanto é culpado por atos inadequados. No entanto nunca se queixa. Um exemplo para todos os empregados ressentidos, ele curte tanto seu trabalho quanto as horas de insociabilidade, quando se diverte com o absurdo dos humanos ("Oh, mestre, como são loucos esses mortais!")[18] e a loucura geral ("E não há nada que me agrade tanto quanto ver um comportamento ridículo")[19].

Puck é um sofisticado e irônico Senhor da Desordem, personagem dos festejos carnavalescos medievais que ridicularizava e satirizava a ordem estabelecida. E a sátira e a zombaria eram atitudes quase sempre presentes nos rituais extáticos primitivos. O entusiasmo é há muito tempo um aspecto da transcendência e sempre envolveu um humor irreverente.

Como ser abençoado com o entusiasmo? Procurando-o. Ele é encontrado com maior frequência nas formas de arte que favorecem as breves explosões emocionais. É por isso que ele é raro na filosofia (Nietzsche voltou-se cada vez mais para os aforismos) e nos romances (embora um romance de Terry Southern, *The magic Christian*, apresente um perfeito Senhor da Desordem da era capitalista na figura do bilionário Guy Grand).

O entusiasmo sente-se mais à vontade na poesia e no *jazz* – e não é coincidência que ambos tenham o ritmo como base. Mas o caráter espontâneo, direto e breve dos bons poemas e solos de *jazz* os faz parecer fáceis. Parece que qualquer pessoa poderia ter feito aquilo. Assim, todo mundo tenta, e por isso 99 por cento da poesia e do *jazz* são um lixo deprimente. Porque a excelência requer tempo e energia.

É especialmente difícil encontrar um bom solo de *jazz*. Por isso fui a um lendário clube de *jazz* de Nova York mais com o espírito de um peregrino do que na esperança de ouvir algo inspirador. E o clube não tinha de fato nada que inspirasse – um porão úmido, escuro e decadente onde o vinho era caro e tinha gosto de anticongelante temperado com fel. Os músicos eram negros de meia-idade pesados e desencantados, que deviam inventar e surpreender duas vezes por noite, com três *shows* nos fins de semana. Quem conseguiria? Então eles faziam o que podiam, desanimados, acompanhados por um baterista de cabe-

## A perda da transcendência

los brancos que algum dia tinha tocado com vários dos grandes, todos mortos, e que agora estava evidentemente conformado de tocar para viver. A plateia, pouca e branca, reagia com entusiasmo equivalente, e os músicos agradeciam ao magro aplauso com um gesto cansado. Assim é a vida. Você se vira com o que tem. Você aguenta.

Mas, pouco antes do final do último *show*, um dos saxofonistas de repente deu um passo à frente, abriu as pernas, suspirou e, erguendo-se na ponta dos pés, tocou furiosamente, ardentemente, debochadamente, *superfluamente*. Foi um choque elétrico que sacudiu todo mundo do clima de torpor. Aquela letargia de hábito e rotina não era vida. *Isso* era vida: complexa, surpreendente, desafiadora e cheia de entusiasmo. Dessa vez a reação da plateia foi sincera – mas o solista estava surdo a ela. Ele se atirou numa banqueta e ouviu o mais doce dos aplausos, o que vem de dentro. Mas também foi bonito quando o velho baterista, até então uma escultura do monte Rushmore,[*] se inclinou e tocou com as baquetas levemente no ombro do companheiro.

---

[*] O parque nacional do estado de Dakota do Sul (Estados Unidos) onde foram esculpidas as grandiosas esculturas da cabeça de quatro presidentes americanos (George Washington, Thomas Jefferson, Abraham Lincoln e Theodore Roosevelt). (N. da T.)

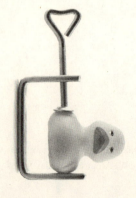

# Parte 4

# As aplicações

# 11
# O absurdo do trabalho

Solenemente, à luz mortiça de fim de tarde, os membros do grupo formam um círculo e se voltam em expectativa para o seu líder, que pega um imenso novelo de linha e, segurando a ponta solta, atira a bola para uma das pessoas do círculo, gritando: "Mike, acho que sua ideia foi muito boa". Segurando a linha para manter a ligação, Mike atira a bola para o lado oposto do círculo e diz: "Jo, acho que você se apresentou muito bem". Jo também segura firme a linha antes de atirar a bola para Chris com um comentário entusiasmado sobre seu desempenho. Assim a bola vai diminuindo e, sempre acompanhada de um elogio, passa de Chris para Jill e dela para Dave e depois para Sue e Bob e Jen e Zak e assim por diante, até que a última pessoa lança a bola de volta para o líder, que segura as duas pontas firmemente nas mãos, como se fossem rédeas, e orgulhosamente olha para a complexa rede de afirmações, declarando: "Tenho muita *sorte* de ter uma equipe tão *maravilhosa!*"

Esse ritual, conhecido como "a rede", encerra o "dia fora".* Ambos são ritos da nova religião do trabalho, que veio se juntar mais recentemente às grandes religiões mundiais, mas que rapidamente ganha novos adeptos e um número cada vez maior de fundamentalistas.

Em nenhum lugar o isolamento é mais necessário que no local de trabalho. Mas em nenhum outro lugar ele é tão difícil. Porque é o trabalho que paga a casa e o carro, os jantares nos restaurantes, servidos com talhe-

---

* No original "*the away day*", uma reunião que as equipes de trabalho realizam fora de seu ambiente cotidiano para resolver problemas, criar estratégias e melhorar o desempenho individual e da equipe. (N. da T.)

res pesados e guardanapos engomados, e as férias numa *villa* escondida por trás de buganvílias na Provence. Além disso, o grande investimento de tempo e energia no trabalho cria uma desesperada necessidade de um retorno adequado – e daí a tendência de superestimar a importância de colegas, do próprio trabalho e da nossa própria contribuição. É fácil criar a ilusão de que sou um membro indispensável de uma equipe incrível, que realiza um trabalho extraordinário.

Na verdade, a grande vitória da religião do trabalho é aumentar a pressão pela obediência e, ao mesmo tempo, eliminar quase totalmente a consciência dessa obediência. Antes as pessoas trabalhavam para viver; hoje, trabalhar *é* viver. Assim como nas compras, nas viagens e nas comunicações, os meios se tornaram os fins. Seu trabalho é sua identidade, seu *status*, sua vida. Está longe o tempo em que o trabalho era uma tediosa necessidade para sustentar a vida real. Hoje todo mundo quer um trabalho. Reis, presidentes, assassinos, sacerdotes, poetas e prostitutas – todos alegam que nada mais são do que trabalhadores. E assim a religião do trabalho ganha força. Como soam ridículas hoje as previsões do século XX de que a tecnologia permitiria a todos um tempo cada vez maior de lazer – e o medo de sermos incapazes de ocupar adequadamente todo esse tempo livre. (Hannah Arendt sofreu com a possibilidade de uma futura sociedade de trabalhadores privados de trabalho.) Como é chocante pensar que, na Idade Média, as pessoas só trabalhavam durante parte da semana e metade do ano, enquanto hoje semanas de 70 horas e férias curtas são comuns na maior parte das empresas americanas e inglesas. Como observou Erich Fromm: "Em nenhum outro período da história homens livres empenharam sua energia tão completamente para um único propósito: trabalhar".[1]

O segredo do sucesso das religiões é o paternalismo benigno. Em recompensa pela perda de liberdade, a religião oferece a aparência de cuidado amoroso e a capacidade de satisfazer todas as necessidades. Assim, as empresas se tornaram mundos autossuficientes, com lojas, café, bares, restaurantes, academia, cabeleireiros, salas de massagem e consultórios médicos. O local de trabalho é a nova cidade, uma comunidade que oferece não apenas emprego e *status*, mas todos os serviços essenciais, uma vida social rica, variada, e muita, muita diversão.

A sociedade de irmãos precisa de redes sociais – e o local de trabalho é uma rede social pronta para uso. Por que procurar companhia lá fora? Ou romance?

# O absurdo do trabalho

O tabu dos relacionamentos no ambiente de trabalho está desaparecendo. De acordo com o *site* de empregos CareerBuilder, a porcentagem de trabalhadores que julgam necessário esconder um romance com alguém do ambiente de trabalho está caindo vertiginosamente: "Você deve ter ouvido a advertência: 'Não mergulhe sua pena no tinteiro da empresa', mas, para o trabalhador de hoje, esse conselho está fora de moda".

O *New York Times* publicou uma história de aquecer corações:

> Logo depois que correu o boato de que Sarah Kay e Matt Lacks estavam tendo um romance, a senhorita Kay foi chamada ao escritório do diretor de recursos humanos. Era uma época em que essa reunião anunciaria o dobre de finados para o relacionamento e até colocaria em risco a carreira dos dois. No entanto, a senhorita Kay, 29, contou alegremente que o diretor de recursos humanos lhe disse: "Estamos muito felizes de que você tenha feito um amigo".[2]

Quem hoje ainda acha que colegas de trabalho a gente não escolhe e que, se o encontrar fora do local de trabalho, fugirá para bem longe? O ambiente de trabalho impõe uma *persona* profissional – amável, superficial, alegre, gregária e brincalhona. Quase sempre essa *persona* é reforçada por um novo nome, em geral um diminutivo monossilábico, e assim o local de trabalho é o hábitat de Jo, Chris, Jill, Dave, Sue, Bob, Jen e Zak. Nem preciso dizer que no meu trabalho sou conhecido como Mike. Como acontece com os frades e freiras remanescentes, o novo nome de trabalho significa uma renúncia ao velho *self* e uma dedicação aos valores e práticas da nova comunidade. Como a irmã Perpétua ou o irmão Benedito, renasci como o colega Mike. Mas, ao contrário do renascimento religioso, este nunca é decretado oficialmente. Ninguém anuncia que, dali para a frente, alguém será conhecido apenas como Mike. Nem há uma campanha organizada para essa adoção. Na verdade, é mais provável que ninguém esteja consciente da imposição. O fenômeno é o exemplo perfeito da "autoridade anônima", à qual é quase impossível se opor porque não há ordem explícita. Por isso resisti a ser Mike por vários meses, mas depois desisti. E o novo nome me trouxe benefícios: me tornou constantemente consciente de que eu era duas pessoas diferentes.

O romance de Nicholson Baker *The mezzanine* capta a atmosfera única dos complexos empresariais contemporâneos: um vasto espaço anônimo, habitado por pessoas desesperadas por serem agradáveis:

# A era da loucura

> Há sempre num escritório pessoas residuais que se enquadram na categoria dos que ainda não foram apresentados, dos que ainda não ouviram piadas sobre o tempo: esse resíduo se torna cada vez menor, e Bob era um dos últimos. Seu rosto era tão familiar que sua condição de estranho era de fato um constrangimento – e a certeza de que Bob e eu estaríamos cada vez mais perto, ele descendo e eu subindo as escadas rolantes, destinados a nos cruzarmos no meio do caminho, a 6 metros de altura e no centro de um imenso saguão abobadado de mármore vermelho, onde nossos olhos se encontrariam, trocaríamos um aceno de cabeça, um murmúrio, e depois fixaríamos o olhar de pedra no vazio... me enchia de desesperada aversão.[3]

Outra pressão pela obediência é um desdobramento da visibilidade constante. Cada vez mais, os funcionários ocupam um amplo espaço aberto ou espaços menores separados por vidros, de modo que não existe um lugar onde desfrutar um momento de solidão ou privacidade, exceto o banheiro – e ainda ali as portas foram cortadas em cima e embaixo para minimizar o isolamento. Nicholson Baker observa que o único lugar no mundo corporativo onde ainda se pode ter privacidade é o elevador – e em *The mezzanine* seus personagens aproveitam ao máximo esse raro luxo.

> Alguns dos elevadores estavam lotados; em outros, imaginei uma só pessoa de pé, num único e verdadeiro momento de privacidade – mais verdadeiro, na verdade, do que a privacidade que se tem no reservado de um banheiro corporativo, porque ali se pode falar alto e cantar sem ser ouvido. Certa vez, imaginei que, quando ela se via sozinha num elevador, puxava a saia sobre a cabeça. Viajando sozinho num elevador, fingi que andava como um brinquedo de corda pelas paredes, fingi arrancar a máscara de látex de meu rosto, soltando gritos de agonia. Apontei para um passageiro imaginário e disse: "Ei, cara, vou dar um murro na sua cara agora mesmo. Por isso, *cuide-se*".[4]

Não há dúvida de que a ideia de um escritório isolado é obsoleta. Hoje não há lugar onde se possa estar sozinho e fora de vista, onde proteger e alimentar o *self* secreto, onde ruminar. Na verdade, a reflexão tornou-se tão estranha no local de trabalho que uma expressão meditativa provavelmente será interpretada como sintoma não de prazer, mas de dor. Esse isolamento é tão raro e desconcertante que os colegas só conseguem explicá-lo como consequência de uma aflição.

No fim, essa constante exposição faz o desejo de privacidade parecer excêntrico, antiquado e até perverso, como se alguém quisesse ficar sozinho para aces-

# O absurdo do trabalho

sar um *site* de pornografia infantil ou coisa pior. Ou para passar alguns minutos lendo um livro... No romance de Joshua Ferri que se passa numa agência de publicidade de Chicago, *Then we came to the end* [Então chegamos ao fim], há um truque simples mas engenhoso: um empregado que é um ávido leitor chega ao escritório antes dos colegas, fotocopia um livro inteiro da biblioteca e passa o dia todo em sua mesa, lendo o que parece ser um documento de trabalho.[5]

Mas é cada vez mais difícil evitar se expor. Qualquer tentativa de bloquear a fachada de vidro com fichários, pôsteres, calendários ou bilhetes será percebida e proibida pela zelosa equipe de segurança – e muitas vezes os próprios colegas fazem o papel de fariseus. Deve ser a natureza mesquinha e proibitiva do monitoramento de segurança que atrai os de mente estreita e espírito mau.

Tive um entrevero maravilhoso com um sujeito da segurança depois de sair de um edifício que estava cheio de andaimes. Ele se colocou bem na minha frente:

– O senhor não devia sair por esta porta. Há risco de queda de materiais de construção.

– Bem – eu disse –, saí por ela e estou vivo para contar a história.

– Não, não. O senhor terá que voltar e sair pela *porta designada*. Há uma placa indicando o desvio. – E deu um passinho à frente.

– Vamos ver se entendi direito – eu disse, sorrindo com a afabilidade dos dementes. – Para me proteger da queda eventual de materiais de construção, o senhor quer *que eu volte pelo local onde há risco de queda de materiais*? Ou será que não entendi direito? – E abri um sorriso ainda mais insano.

Houve um longo silêncio. Finalmente, ele disse:

– Quero seu nome e seu número de registro.

A pressão pela obediência é mantida nas reuniões e nos encontros da equipe fora do local de trabalho. Como se não bastasse encontrar os colegas a semana toda, ainda é preciso confraternizar com eles, explorando o poço de uma mina abandonada durante um fim de semana. Na melhor das hipóteses, o encontro será de um dia, num local alugado a um custo considerável e geralmente de difícil acesso, o que obriga todo mundo a consultar mapas e horários, só para acabar numa sala de reuniões idêntica à que existe no local de trabalho – o mesmo *flip chart*, a mesma tela que baixa, o mesmo computador, as mesmas cadeiras e, naturalmente, as mesmas pessoas que dominam as discussões falando por falar. Na religião do trabalho, aqueles que insistem em falar em todas as reuniões são o equivalente dos fiéis que sempre se sentam na frente da congregação na igreja. O local de trabalho é o hábitat dos fariseus contemporâneos.

## A era da loucura

Nos encontros de um dia fora do escritório, a única expectativa é a hora do almoço, mas mesmo esse é deprimentemente familiar: o bufê frio que é padrão nas empresas, com os mesmos sanduíches sem gosto, os mesmos *fingers* asiáticos para causar um efeito exótico e a mesma bandeja de frutas frescas onde só se veem fatias de abacaxi, de melão, e os dois morangos que ninguém nunca tem o descaramento de comer. Depois, um gerente se senta diante do computador e, com um significativo rolar de olhos, grita, emocionado: "É tão *bom* estar fora *daquele lugar!*" Porque, naturalmente, o verdadeiro motivo desse exercício é dar a impressão de que nenhum dos presentes está preso ao local de trabalho e que, já que a harmonia persiste no mundo exterior, *ela deve ser autêntica*.

Então, à medida que a tarde interminável se arrasta indolentemente e você, desesperado, devora um dos dois morangos, os participantes se dividem em pequenos grupos para as sessões de análise SWOT.* Cada grupo elabora suas listas e as reporta à sessão plenária.

Enquanto as apresentações prosseguem, um ansioso novo recruta se curva na minha direção e pergunta, com genuíno interesse: "O que eles fazem com todos esses relatórios?"

A essa altura, as tortinhas dinamarquesas já acabaram, algum filho da mãe já devorou o outro morango, o café está morno e requentado, e ainda teremos pela frente o ritual da "rede". Por isso, fui curto e grosso: "Porra nenhuma!"

Ele se afasta, profundamente chocado.

Vivemos tempos cínicos, mas surpreendentemente há pouco cinismo no mundo do trabalho. O narrador de Joshua Ferri diz, com desaprovação: "Não tínhamos muita paciência com os cínicos",[6] de modo que até o mais leve ceticismo em relação a reuniões redundantes, gestões desnecessárias ou à futilidade de atirar um novelo de linha provavelmente é considerado um ultrajante cinismo. Da mesma forma, quase não se vê desespero diante da perspectiva de passar a vida num cubículo tentando manter o número de *e-mails* não respondidos abaixo de quinhentos. É claro que sempre há alguma queixa – sobre o excesso de trabalho, a deficiência dos serviços de apoio, a má administração e

---

* A análise SWOT é uma ferramenta utilizada como base para gestão e planejamento estratégico de uma corporação O termo SWOT é uma sigla oriunda do idioma inglês, formada pelas iniciais de *"strengths"* ("forças"), *"weaknesses"* ("deficiências"), *"opportunities"* ("oportunidades") e *"threats"* ("riscos"). (N. da T.)

# O absurdo do trabalho

assim por diante, mas essa reclamação quase sempre tem um tom ritualizado, conformado, como se não houvesse por trás dela um verdadeiro descontentamento. Até a reclamação é uma forma de cordialidade.

Só raramente as adaptações inconscientes se revelam. No trabalho, eu bebo café solúvel instantâneo, enquanto em casa costumo moer grãos franceses e usar a cafeteira italiana para fazer um expresso forte com creme. A porcaria solúvel parecia ter um gosto agradável no trabalho, mas uma vez, quando estava sem os grãos, tentei tomar um instantâneo em casa e me pareceu intragável. Mas, de volta à minha mesa no escritório, ele voltou a ser aceitável. Portanto, no trabalho até minhas papilas gustativas renunciam à complexidade e à profundidade.

O problema é que o trabalho envolve não só a atividade pela qual somos pagos, mas a manutenção de uma *persona* simplificada, uma *performance* constante, uma *atuação* incessante. É por isso que colegas que encontro fora do escritório, como por exemplo na hora do almoço, me parecem prosaicos, diminuídos e furtivos. Como estão temporariamente fora do palco, a vibração artificial se extingue e só a casca permanece. O pior é que estamos representando *sem ter a menor consciência disso*, acreditando que esse é o comportamento natural – e sublimando todos os sentimentos negativos. Isso talvez explique por que tantos profissionais com empregos bem remunerados e aparentemente gratificantes de repente, e sem razão evidente, se deixam abater pela depressão. O problema é a perda de identidade decorrente da submissão ao grupo – a máscara se gruda no rosto. Os funcionários da agência de publicidade do romance de Joshua Ferri se adoram ("Quase todo mundo gostava de todo mundo"), são todos inteligentes, criativos, brilhantes e espirituosos – e todos tomam antidepressivos ("Lutávamos contra a depressão e quase não conseguíamos sair da cama nos fins de semana. Finalmente, consultamos o RH sobre a possibilidade de consultar um especialista, e o especialista nos prescreveu a medicação").

Certa vez, imaginei um curso com as habilidades de que os empregados *realmente precisam* para progredir. Tinha quatro módulos principais:

Humor profissional

Teoria e prática da estima profissional

Neologia

Aconselhamento

O humor profissional (HP), uma forma mais sofisticada de alegria profissional (AP), é a competência fundamental, um facilitador universal, mas confuso para os não iniciados, porque, embora as piadas devam sempre ser recebidas com uma risada sincera, nunca devem ser realmente engraçadas. Isso porque o humor profissional não é humor, mas chacota. O humor é uma maneira de envolvimento com a realidade; a chacota, uma maneira de fugir a ela. O humor profissional deve sempre soar maldosamente subversivo, mas sem oferecer nenhuma ameaça.

>  Colega antigo (*com uma risada sincera*): E aí, está se comportando bem?
>  Colega novo (*sem convicção, ainda não iniciado na arte da chacota*): Estou.
>  Colega antigo (*com um risada ainda mais sincera*): Que vergonha!

E o humor profissional deve soar como insulto, mas continuar totalmente inócuo.

>  Primeiro colega (*numa reunião*): E então eu compareci àquela conferência...
>  Segundo colega (*incrédulo*): Quer dizer que eles deixaram você entrar?
>  Terceiro colega (*ainda mais incrédulo*): Quer dizer que nós deixamos você sair?
>  *Todo o grupo, especialmente o Primeiro colega, ri desbragadamente.*

E o humor profissional deve sempre fazer o local de trabalho parecer um caos intolerável, suportado apenas graças à tranquilidade dos empregados. E a equipe de apoio oferece uma ajuda crucial decorando o ambiente com pôsteres e cartões com frases como: "Você não precisa ser louco para trabalhar aqui – mas isso ajuda!"

Um livro importante para o módulo de HP seria *The levity effect: why it pays to lighten up* [O efeito leveza: por que vale a pena ser leve], de autoria dos consultores motivacionais Adrian Gostick e Scott Christopher. Como Gostick explica de forma contundente: "Definimos leveza como algo mais do que ser apenas leve; é como ser mais divertido do que engraçado".[7] O objetivo é "um local de trabalho alegre e despreocupado". Outro livro para o curso seria *Fish! A remarkable way to boost morale and improve results* [Peixe! Uma maneira notável de levantar o moral e melhorar os resultados]. Este expõe a "filosofia do peixe" para tornar o ambiente mais leve, adotando a prática dos peixeiros de Seattle, que mantêm o moral alto atirando peixes uns nos outros.[8] Naturalmente, fazer isso com peixes de verdade provocaria um cheiro terrível no escritório, de modo que o equivalente corporativo é atirar um peixe de brinquedo.

## O absurdo do trabalho

E o humor profissional pode oferecer a oportunidade de uma carreira. Algumas empresas têm um gerente de leveza e uma equipe de leveza. É o caso da agência de publicidade Iris North America, cujo GL define sua equipe como o "esquadrão do sorriso", cuja função é promover "o bem-estar geral e acontecimentos alegres inesperados".

O módulo de teoria e prática da estima profissional (TPEP) trata da bajulação, que, assim como o humor profissional, é mais complexa do que parece. Muitos acreditam que é fácil puxar o saco. Mas os chefes são grandes conhecedores do assunto. São alvo de bajulação todos os dias e dificilmente se deixam impressionar por uma lisonja rudimentar – que pode provocar contrariedade em vez de gratidão. É importante lembrar que a bajulação é uma arte. Antes de mais nada, requer atenção, compreensão e percepção para identificar *exatamente* que elogio o chefe anseia ouvir. Depois, requer delicadeza e tato para escolher o momento certo para lançar esse elogio customizado. Além disso, requer habilidades de linguagem para formular a frase adequada. E, finalmente, é claro que o bajulador precisa saber usar a chacota para disfarçar a lisonja em provocação. Tudo isso é necessário para o sucesso da bajulação de baixo para cima. Mas igualmente importante é a bajulação de cima para baixo. O erro mais comum dos chefes é tentar exercer o poder abertamente. Mas, no ambiente de trabalho contemporâneo, onde todos são amigos e camaradas, a bajulação é infinitamente mais eficiente que a intimidação. Em vez de dar uma ordem, um chefe astuto obterá mais cooperação com um bilhete lamentoso: "Mike, odeio ter que despejar isso em cima de você, mas é importante e não confio em ninguém mais para dar conta disso". Isso aumenta a ilusão que os empregados mais alimentam: de que são indispensáveis. O narrador de Ferri admite: "Cada um de nós acalentava a ilusão de que a empresa iria para o buraco sem nossa valiosa contribuição diária". Na verdade, ninguém é indispensável. Somos todos substituídos e esquecidos tão rapidamente quanto os escravos anônimos que arrastavam os blocos para a construção das pirâmides.

O módulo de neologia estuda a criação e a utilização de novos termos e títulos, assim como da linguagem exigida por todos os especialistas – e os respeitáveis especialistas dessa disciplina são conhecidos como neologistas. É crucial ser capaz de impressionar nas reuniões com afirmações como "Precisamos abandonar nossa cultura de silos verticais e oferecer mais oportunidades de sinergia e fertilização cruzada". "Sinergia" e "fertilização cruzada" estão entre os novos termos mais importantes no ambiente de trabalho, porque implicam novas formas de colaboração, cooperação e comunhão. "Existe muito talento nesta empresa. Seria ótimo que as pessoas pudessem sair de seus silos e se unir."

"Inovação" é outro conceito fundamental, que por sua vez exige novos termos inovadores, como "empurrar o envelope" ou "pensar fora da caixa". Existe uma frase nova para cada ocasião, como "Não há fumaça sem salmão" ou "Não é da minha competência pessoal" (muito mais satisfatória do que dizer "Não sei nada sobre isso").

Finalmente, a criação de novos títulos retumbantes é crucial para manter o moral. Uma das mudanças de títulos de maior sucesso foi a transformação de "Departamento Pessoal" em "Departamento de Gestão de Recursos Humanos", embora nas conversas informais os caras do RH se definam jocosamente como "as pessoas do pessoal".

O último dos quatro módulos, o de aconselhamento, destina-se a selecionar e manter ligações com as pessoas capazes de oferecer promoção de carreira e, quando ela for alcançada, tornar-se um mentor para aqueles que estiverem dispostos e forem capazes de oferecer serviços úteis. A tática essencial é sair para beber com o potencial mentor depois do expediente e usar as recém-adquiridas habilidades de bajulação e chacota. Também pode ser necessário cultivar novos interesses e se dedicar à prática de esportes. Certa vez, perdi uma grande chance ao admitir a um chefe que adorava velejar que só me sentia confortável num canal onde a água estivesse estagnada no mínimo há um século.

Sobreviver no trabalho requer hipocrisia. Muitos pensadores atacaram esse vício – e ninguém com mais veemência e constância do que Cristo. Mas Cristo nunca precisou trabalhar para ganhar a vida ou aguentar colegas (aguentar discípulos é muito diferente). No ambiente de trabalho, honestidade é um luxo perigoso. Seria tolice revelar sentimentos verdadeiros – e tolice maior ainda envolver-se em disputas, rixas ou animosidades mantidas em fogo brando. Convém lembrar o que diziam os estoicos sobre a futilidade da raiva, e em especial Sêneca, que escreveu muita coisa sobre o assunto.[9] A disputa supõe um envolvimento emocional que estabelece um relacionamento – e raramente pode ocorrer um relacionamento genuíno no trabalho. Mas uma atitude de rabugenta superioridade também é ruim – profissionalmente indefensável, danosa para o caráter e demasiado reveladora. O segredo do distanciamento no local de trabalho é entender os colegas e ao mesmo tempo evitar que eles nos entendam. Uma técnica é usar todas as convenções de cordialidade, mas com uma cortesia estudada e irônica, de modo a não violar as regras nem jogar de acordo com elas. Isso cria uma insegurança útil. *Qual é o jogo dele?*

# O absurdo do trabalho

Uma forma paradoxal de distanciamento é o envolvimento maníaco, um alarmante entusiasmo conivente totalmente diferente da alegria obrigatória. No filme *Rebeldia indomável*\* há uma cena em que os presidiários estão espalhando cascalho sobre uma estrada de terra e, como sempre, trabalhando o mais devagar possível. De repente, Luke (Paul Newman) começa a trabalhar com uma fúria louca. A princípio, os outros prisioneiros ficam surpresos, mas, um por um, começam a imitá-lo. Isso desnorteia e enfurece os guardas – *o que é que esses palhaços estão tramando*? Atirando pás de cascalho como dementes, os prisioneiros trabalham em tal frenesi que acabam saindo da estrada. Então caem no chão, rindo histericamente da impotência dos guardas.

Mas a criatura humana gosta de viver na expectativa e de se diferenciar dos demais. Por isso é difícil se distanciar da sede de promoção. E, na nossa era de prerrogativas de direitos, todo mundo acredita que a promoção é *merecida*. Mesmo quando um cargo exige experiência e qualificações específicas, pessoas que não têm nem uma nem outras se candidatarão, confiantes, e se sentirão ofendidas se rejeitadas. "Eu *merecia*", afirmam, atônitas e furiosas – mas não é aconselhável lhes perguntar as razões desse merecimento. Ou perguntar aos que conseguiram a promoção se o dinheiro extra compensa o aumento de responsabilidade e estresse. A promoção é um bem indiscutível.

A principal razão de satisfação no trabalho não é dinheiro nem *status*, mas o grau de responsabilidade. No entanto, os trabalhadores raramente reconhecem isso. Durante toda a minha vida profissional, nunca ouvi um colega valorizar a autonomia como um aspecto desejável de um cargo atual ou futuro – e, quase sempre, subir na escala de promoções envolve perda de autonomia. Pensando bem, nunca ouvi alguém usar essa palavra. No entanto, a autonomia é o que faz a vida profissional mais satisfatória.

A administração, naturalmente, sabe que as promoções excitam os empregados – e que elas são quase sempre insuficientes e pouco frequentes. Assim sendo, a remuneração por desempenho foi criada como incentivo permanente e universal. As pessoas não fazem qualquer coisa por um dinheirinho extra? Na verdade, não. O psicólogo Frederick Herzberg, que passou a segunda metade do século XX estudando a motivação no trabalho, concluiu que há duas fontes de satisfação profissional, que ele chamou de "fatores de higiene", como

---

\* *Cool Hand Luke* é o título original do filme, lançado em 1967. (N. da T.)

# A era da loucura

salário e condições de trabalho, e "fatores motivacionais", como o grau de controle e o desafio do próprio trabalho. Mas os fatores de higiene só são capazes de causar *insatisfação*. Baixos salários desmotivam os empregados, mas incentivos financeiros não terão o efeito oposto. A motivação só cresce com maior autonomia e maiores desafios.[10] Portanto, no trabalho, como na vida, a responsabilidade e a dificuldade são necessárias para a satisfação.

E Herzberg identificou duas outras falhas na teoria de remuneração por desempenho. A primeira é que o desempenho teria que ser avaliado objetiva e precisamente, o que é quase sempre difícil, quando não impossível, gerando nos empregados a suspeita de que a verdadeira medida seja o talento para a bajulação. A segunda é o pressuposto de que, mesmo quando um aspecto do trabalho muda, tudo o mais permanece igual. Na verdade, tudo está interligado, de modo que, se uma coisa muda, tudo muda. Portanto, a consequência mais importante da remuneração por desempenho é a perda de boa vontade. Assim, perde-se aquilo que a administração esperava alcançar: o aumento voluntário do trabalho. Os empregados que não receberam o bônus passam a se perguntar por que devem continuar trabalhando mais se seu esforço não é reconhecido.

Na verdade, o incentivo financeiro pode destruir a satisfação natural de fazer bem o trabalho e reduzir a motivação. O psicólogo Edward L. Deci pediu a dois grupos de pessoas que resolvessem uma série de quebra-cabeças – mas pagou apenas um dos grupos pela solução correta. A descoberta, fascinante e encorajadora, foi que o grupo não remunerado trabalhou duas vezes mais do que o grupo pago.[11] E Deci também realizou mais de cem outros estudos com a mesma conclusão: incentivos extrínsecos são contraproducentes.[12]

Igualmente encorajador – e um dos episódios mais excitantes de minha vida profissional – foi o vergonhoso fracasso de um programa de remuneração por desempenho para professores universitários. Quando o programa foi anunciado, os administradores esperaram uma inundação de inscrições. Mas os professores entenderam que o ensino não podia ser avaliado com precisão e que a introdução de uma classificação seria motivo de discórdia. Assim, ninguém se inscreveu. Eu estava certo de que alguns poucos gananciosos achariam a tentação irresistível, mas o consenso prevaleceu e nenhuma inscrição foi feita. Então a administração, pega de surpresa, convidou alguns professores a se inscrever – mas isso só confirmou a suspeita de que o dinheiro extra iria para os protegidos. Então os escolhidos declinaram do convite, com medo de serem considerados puxa-sacos da administração. Finalmente, desesperada, a administração acabou depositando o valor extra nas contas bancárias dos escolhidos, que, em vez de ficar calados como se esperava, sacaram o dinheiro e o dividiram igualmente entre toda a equipe. O esquema foi suspenso para nunca mais voltar – uma vitória que me fez ter mais respeito pelos colegas, me deu mais prazer de trabalhar e renovou minha fé na espécie humana.

É possível perturbar a máquina de promoções simplesmente deixando de se candidatar à promoção. Naturalmente, em muitos empregos essa flagrante falta de ambição resultaria em demissão – mas no setor público, como na educação, por exemplo, isso é perfeitamente exequível. Se você atingiu uma posição bem remunerada e que lhe oferece um grau justo de autonomia, por que procurar mais estresse? Essa é outra maneira de se recusar a jogar segundo as regras sem rompê-las. Tira dos administradores a única alavanca de promoção que eles entendem e os deixa inseguros, sem saber lidar com os empregados que gozam de autonomia.

Mas também existe uma cultura contemporânea do estímulo pelo estímulo. Hoje os empregados mudam muito mais de emprego, não apenas em busca de dinheiro ou *status*, mas porque o movimento em si é visto como necessário. Acredita-se que alguém que permaneça mais de uns poucos anos num emprego é um conservador retrógrado e irrecuperável. No entanto, uma pessoa leva um ano ou dois para se adaptar plenamente ao emprego, aprender os rituais do novo ambiente de trabalho e adquirir competência suficiente para inspirar confiança. Portanto, a ironia é que as pessoas mudam de emprego exatamente quando estavam prestes a desfrutar os benefícios e acabam sendo teletransportadas abruptamente para uma cidade estranha, sem mapa, sem conhecer a língua e sem saber direito por que estão ali. Como Nicholson Baker explica em *The mezzanine*, só existe um lugar onde um novato se sentirá à vontade:

> Para o novo contratado, o número de visitas pode chegar a oito ou nove por dia, porque o banheiro da empresa é o único lugar de todo o escritório onde ele sabe exatamente o que se espera dele. Outras partes da função não estão claras [...] mas, no banheiro masculino, ele é um profissional experimentado: deixa sua mão cair casualmente sobre a válvula de descarga com um ar de familiaridade descuidada de quem está na empresa há anos. Uma vez, levei um novo contratado para almoçar e notei que ele fazia perguntas vagas enquanto comíamos nosso sanduíche, acenava a cabeça sem compreender ou voltava às minhas perguntas, mas, quando chegamos ao corredor que levava ao banheiro masculino, ele de repente mostrou uma expressão astuta e disse, de homem para homem: "Vou tirar água do joelho. Vejo você mais tarde. Obrigado mais uma vez".

# A era da loucura

Apesar disso, as pessoas se submetem aos tormentos de um novo emprego regularmente – e Baker nem chega a mencionar a agonia de tentar tirar cópias dos dois lados numa copiadora nova com um painel de controle confuso, tendo atrás de si uma fila de colegas que mal conseguem conter a irritação. O hábito é com certeza benéfico, pelo menos no local de trabalho, onde permite realizar as tarefas rotineiras sem pensar. Portanto, o hábito, maldição na vida privada, é bênção no trabalho.

E há ainda a vexatória dúvida sobre quanto esforço se deve dedicar ao trabalho. O conselho de Jesus para imitar a vida das plantas não é nem prático nem sensato: "Olhai os lírios do campo, como crescem; não trabalham nem fiam, contudo vos digo que nem Salomão em toda a sua glória se vestiu como um deles".[13] Os protestantes, defensores da ética do trabalho, com certeza não devem ter prestado atenção ao inequívoco incitamento a fugir ao dever. Mas há objeções à preguiça, além do perigo evidente de ser execrado pelos colegas ou demitido. Primeiro, como tudo influencia tudo, a ociosidade de uma área vai vazar para outras. Mas o mais importante é que a preguiça não traz satisfação. Como Buda, Spinoza, Rilke e Frederick Herzberg observaram, não nascemos para ser lírios do campo, mas para procurar a dificuldade e lutar para vencê-la. É por isso que tantos empregados aceitam trabalho extra espontaneamente e sentem-se ofendidos diante da ideia de que a recompensa financeira seja um incentivo necessário. E muitas vezes é possível desfrutar a experiência do trabalho, a incomparável satisfação de se libertar do *self* e do tempo. Como Cristo devia ter dito, bem-aventurados os que são pagos para fazer aquilo de que gostam, porque deles é o reino do céu.

É possível curtir quase qualquer tarefa. No romance autobiográfico de Alexandre Soljenitsin, *Um dia na vida de Ivan Denissovitch*, os prisioneiros de um *gulag* soviético marcham sob uma temperatura de zero grau para construir um muro sem saber onde ou por quê, mas se atiram com total devoção ao trabalho e, no fim do dia, percebem que foram felizes.[14] Portanto, se é possível ser feliz mesmo no trabalho forçado do *gulag*, também se pode ser feliz num cubículo, colando bilhetes numa tela, num escritório sem privacidade. E uma estratégia sensata talvez seja entregar-se à tarefa, mas não ao chefe que a ordena; absorver-se no trabalho em si, mas nunca no *éthos* do trabalho.

E como resistir a se submeter aos chefes? Não existe uma resposta fácil. Já é bastante difícil quando eles querem ser mestres e senhores – e ainda mais complicado quando também querem ser nossos camaradas. Mas convém ter em mente

## O absurdo do trabalho

a falta de consideração que Hannah Arendt identificou como causa do comportamento de Adolf Eichmann e as experiências psicológicas sobre a obediência, que mostraram como é fácil para as figuras de autoridade obter obediência até mesmo para atos evidentemente sádicos como aplicar choques elétricos.

Experimentos similares sobre a obediência foram conduzidos por uma equipe de pesquisadores holandeses para investigar o "paradigma da obediência administrativa". Os participantes foram instruídos a aplicar um teste em pessoas que eles julgavam ser candidatos a um emprego (mas que na verdade eram cúmplices dos pesquisadores). Além disso, eles acreditavam que esses candidatos só seriam contratados se passassem no teste, uma prova oral cuja intenção era avaliar a capacidade de trabalho sob estresse. Assim, durante a sessão de perguntas, os participantes (de agora em diante chamados de "administradores") foram aconselhados a aumentar a pressão sobre os "candidatos", com observações críticas sobre seu desempenho e sua personalidade. Deviam começar com um comentário relativamente inofensivo como "Isso é uma bobagem da sua parte" e ir aumentando a hostilidade e a gravidade dos insultos. À medida que o teste progrediu, os candidatos mostraram sintomas de desconforto e estresse, e até chegaram a protestar – mas qualquer "administrador" que tentasse desistir era pressionado por um pesquisador a continuar. Angustiados, os candidatos erravam cada vez mais as questões, foram reprovados no teste e, até onde os "administradores" sabiam, não foram contratados. No entanto, apesar da evidência de angústia e do fracasso dos "candidatos", 91 por cento dos "administradores" levaram a tarefa até o fim. Entretanto, quando um grupo semelhante de "administradores" foi submetido a uma pesquisa para ver como eles reagiam a esse experimento, mais de 90 por cento afirmaram com total firmeza que jamais obedeceriam. Portanto, o grau de submissão foi quase exatamente o oposto do que os participantes previam. E os resultados foram iguais quando verdadeiros funcionários de recursos humanos, supostamente treinados para tratar os empregados com afabilidade, foram usados como "administradores".[15]

Se um pesquisador desconhecido foi cegamente obedecido, o que dizer de um chefe autoritário, num grande escritório, com poder de dar ou tirar os meios de subsistência?

Parte da resposta é lembrar que o chefe pode não ser tão poderoso. De acordo com Fromm: "A sede de poder tem raízes não na força, mas na fraqueza. É a expressão da incapacidade do *self* de sobreviver sozinho. É a tentativa desesperada de extrair força secundária quando a verdadeira força está faltando".[16] Esse é mais um exemplo da regra de que ninguém finge ser o que é – os sedentos de poder precisam aparentar força, porque na verdade não são fortes. A figura imponente por trás daquela mesa enorme pode ser uma fraude como os pesquisadores autoritários dos experimentos de psicologia. Essa compreensão fará qualquer chefe menos intimidante. Por outro lado, uma figura nada imponente por trás de uma mesa pode ser um verdadeiro chefe. Os melhores administradores geralmente são pessoas que não têm grande desejo de comandar.

No pior dos casos, o chefe é um tirano e, portanto, mais perigoso, mas também mais fraco do que aquele que apenas anseia o poder. A mentalidade clássica do tirano é bajular quem está por cima e pisar em quem está por baixo – uma covarde subserviência que expõe sua extrema fraqueza. Quando se trata de pisar, os valentões só atacam os mais evidentemente vulneráveis, de modo que a ausência de medo quase sempre é proteção suficiente. A atitude mais adequada é o desprezo, que entretanto precisa ser aplicado com cautela, porque os tiranos costumam ser vingativos. Hannah Arendt argumentou que as revoluções ocorrem quando o desprezo pelo mau governo se torna tão disseminado e corrosivo que o sistema simplesmente entra em colapso – uma teoria comprovada pela queda do comunismo.[17] Portanto, pode ser útil espalhar e intensificar o desprezo pelo chefe tirano, fomentando dissimuladamente a revolta.

Considerando os séculos em que o homem ganhou o pão de cada dia com o suor de seu rosto, surpreende que se venha oferecendo tão pouca orientação sobre como se comportar em relação a essa necessidade quase universal. Naturalmente, os filósofos conseguiram se esquivar ao fardo do emprego remunerado e se recusaram a atormentar sua mente com o problema. Mas os escritores também têm evitado o tema do trabalho, embora a maioria deles tenha experiência do assunto e o local de trabalho seja um palco onde pessoas diferentes e incompatíveis são confinadas por longos períodos e sofrem violentas emoções, como a sede de poder, a cobiça, o ódio e a raiva. Talvez a experiência do trabalho, com seu chocante gasto de tempo e energia, seja terrível demais para ser tratado. Ou talvez os efeitos anestésicos do hábito tornem impossível elevar o nível da imaginação. Mas um fato curioso e significativo é que quase não existem romances ambientados totalmente no local de trabalho.

É isso que torna *The mezzanine* tão valioso. Está cheio de detalhes muito bem observados, que provocam instantâneo reconhecimento e lembram

## O absurdo do trabalho

o leitor de que o local de trabalho não é totalmente deprimente, mas rico e estranho, cheio de excentricidades e absurdos humanos. Eis como o narrador descreve o cubículo de uma secretária:

> À sombra de uma estante iluminada por uma ociosa lâmpada fluorescente, ela prendeu fotos do marido com camisa listrada, alguns sobrinhos e sobrinhas, Barbra Streisand, e uma frase em tipo gótico que dizia: "Se você não consegue cair fora, entre de cabeça!" Eu adoraria que alguém traçasse a marcha desses ditos pelos escritórios da cidade.

Infelizmente, *The mezzanine* só cobre uma hora de almoço. Se ela fosse estendida a um dia inteiro, seria um *Ulisses* do ambiente de trabalho, e seus privilegiados leitores se sentiriam heróis homéricos. Esse livro está determinado a celebrar até o trabalho – e cita com prazer Marco Aurélio: "Evidentemente, nenhuma condição de vida podia se adaptar tão bem à prática da filosofia como esta em que o acaso o encontra hoje!" Existe até uma dica de como desfrutar a exuberância e o entusiasmo no trabalho:

> Uma vez, quando estava trancado no banheiro, interrompi sem querer a conversa entre um membro da administração e um importante visitante com um peido alto como o rufo de um bongô. Os dois se calaram por um instante, e depois continuaram como se nada tivesse acontecido: "Ah, ela é uma jovem muito competente. Estou certo disso". "Ela é uma esponja, absorve informações onde quer que vá." "É mesmo. E é durona. Parece que tem uma armadura." "Ela é um ativo importante para nós" etc. Infelizmente, a grotesca intrusão de meu peido me pareceu engraçada, e me sentei no vaso, contendo o riso – uma contenção que acabou provocando outro peido, agora menor. Em silêncio, me espremi a ponto de ficar marrom de tentar reprimir a histeria.

# 12
# O absurdo do amor

O que é mais romântico do que um jantar íntimo à luz de velas? Mas antes os dois precisam escolher se vão jantar no subúrbio ou ir até o centro. Jantar perto de casa restringe as opções de restaurantes, mas dispensa a viagem até o centro e permite um aperitivo no conforto do lar. O centro oferece mais opções, mas envolve uma viagem em transporte público e um aperitivo num bar barulhento e caro da cidade.

Esta noite, o casal decide não viajar, mas os restaurantes locais são do século passado. Quantas décadas faz que as cozinhas italiana, chinesa e indiana estavam na moda? E esses antiquados restaurantes locais parecem nunca ter ouvido a expressão *"new wave"*. O que o bairro precisa é de um bom restaurante vietnamita.

Depois, *ele* quer escolher o restaurante com antecedência e fazer uma reserva, mas *ela* argumenta que isso pode significar o horror de jantar *num restaurante vazio*!

"O que tem de errado num restaurante vazio?"

A pergunta é tão *incrivelmente obtusa* que ela ergue os olhos para o céu, pedindo força e paciência, até conseguir um heroico autocontrole para dizer, com toda a calma: "A gente podia andar por aí e encontrar alguma coisa".

Então eles caminham, de cara fechada, dando uma olhada nos cardápios. Sabendo que o desejo secreto *dele* é um restaurante chinês, ela diz, com frieza: "Aqui vai ser tudo um grude gordurento". Sabendo que o desejo secreto *dela* é a comida indiana, ele solta uma risada implacável: "Aqui a gente paga 4 libras só para ler o cardápio".

Então sobra o italiano, que nenhum dos dois deseja e onde eles encontrarão de novo aquele *maître* horroroso que consegue ser ao mesmo tempo obsequioso e dominador. Certa vez, o sujeito lhes ofereceu uma mesa *no porão*. E agora ele pergunta se eles fizeram reserva, sabendo perfeitamente que não. Ela pede uma mesa perto da janela, e o *maître*, com absoluta falsidade, pede desculpas, mas a mesa está reservada. O que é que esse cara está pensando? Um casal sofisticado e atraente como eles devia até ser *pago* para se sentar à janela e atrair outro tipo de clientela que não seja essa gente que faz o lugar parecer o *refeitório de um asilo de velhos*.

Mas não deu, e eles precisam se espremer até uma mesinha apertada entre duas outras, que estão ocupadas e onde até um sussurro pode ser ouvido pelos vizinhos. É intimidade demais! E ele, que estava pensando em sugerir um filme pornô mais tarde – nada grosseiro, naturalmente, mas uma produção de bom gosto que as mulheres adoram e que ele passou um tempão procurando. Ela, por sua vez, pretendia conversar sobre a diminuição de libido que vinha sentindo ultimamente.

Já se encaminhando para a cadeira que tinha vista para a sala, ela diz: "Você se importa?" Ele ri com ironia: "Estou acostumado a olhar para as paredes".

Então chegam o cardápio e a carta de vinhos. Ele chama a atenção para a diferença considerável entre o tinto da casa e os outros vinhos. Ela lembra que o tinto da casa invariavelmente tem gosto de vinagre. Ele pede uma garrafa do caro Chianti Riserva, que o garçom traz e lhes serve, causando outro problema. Os garçons têm o hábito de se apressar a servir o vinho, roubando dos clientes a autonomia, obrigando-os a beber rápido demais e recompensando aqueles que bebem depressa. Criar uma confusão ou aceitar o aborrecimento?

Na hora de escolher a comida, no interesse do bom teatro, uma parte essencial do jantar, ela prefere que eles peçam pratos diferentes e troquem garfadas num clima romântico. Mas eles gostam dos mesmos pratos – afinal, essa é uma união simbiótica. Por isso ele adotou a estratégia de escolher e anunciar sua escolha num nanossegundo. Agora, entendendo o truque dele, ela diz, com frio desdém: "Então essa é sua nova tática".

"Por que não podemos escolher o mesmo prato se é isso que queremos?"

Como tantas outras perguntas dele, essa não merece uma resposta. Então, ela abre mão de sua preferência, pede uma entrada, um prato diferente do dele e fecha o cardápio com uma pancada.

E só agora que o garçom os deixou eles notam que não há uma vela sobre a mesa. Em todas as outras mesas cintila uma chama. Então, esse garçom insiste em servir o vinho, que, além de desnecessário, é irritante, e esquece a única coisa essencial. *Traga uma vela, imbecil.*

## A era da loucura

Mas, mesmo à luz de velas, o romance não é fácil.

Na verdade, são tantas as ilusões, dificuldades, exigências, ressentimentos, apreensões e tensões que abalam os relacionamentos contemporâneos que a surpresa não é o fracasso de tantos deles, mas que algum consiga sobreviver. No entanto, nunca tantos procuraram um relacionamento com tanta urgência e entraram nele com tão altas expectativas. Porque, já que os relacionamentos atuais se transformaram em negócios de curto prazo, a crença no amor eterno como pré-requisito essencial ficou cada fez mais forte. Nos românticos anos 1960, 40 por cento das mulheres estavam dispostas a aceitar um casamento sem amor, mas, nos pragmáticos anos 1980, apenas 15 por cento aceitavam a segurança financeira sem amor.[1] Parece ocorrer um efeito inverso, estranho e catastrófico: quanto menos tolerante a prática, mais exigente a teoria. Os amantes esperam mais, mas estão dispostos a oferecer menos. No entanto, os desastres inevitáveis raramente refreiam esses românticos. Os buscadores do amor vindos do ciberespaço não se deixam intimidar pelo constante fracasso passado. Em qualquer outro campo, os desnorteados e frustrados desistiriam, ou pelo menos fariam perguntas investigativas. Mas a magia do potencial, o principal elemento facilitador de nossa época, é mais forte na atração sexual. O amor – ou melhor, a experiência do amor – é de fato cego.

A principal ilusão é a de que é fácil estabelecer um relacionamento. O assunto é tratado por Erich Fromm no início de seu clássico *A arte de amar*: "Essa ideia – de que nada é mais fácil que o amor – continuou predominando, apesar das avassaladoras provas do contrário".[2] E apaixonar-se e amar é apenas uma questão de encontrar a pessoa certa, que imediatamente porá fim a qualquer dificuldade, insegurança e solidão, oferecendo amor eterno e protetor.

Essa crença de que é só uma questão de encontrar a pessoa certa é estimulada pela fuga à responsabilidade, a tendência de procurar fora a satisfação da demanda em vez de encontrar dentro a obrigação de satisfazê-la. Como cabe ao outro oferecer amor, quando o relacionamento se rompe a culpa deve ser do outro. Afinal, aquela não era a pessoa certa, e a solução é reiniciar a busca com maior urgência. É incrível que aqueles que têm uma sequência de relacionamentos fracassados raramente aceitam que são no mínimo parte do problema. Ainda mais inacreditável é que a sucessão de fracassos não faz outro fracasso parecer mais provável. A série de desastres é, na verdade, *uma garantia de sucesso da próxima vez*. Porque, depois de tantos fracassos dolorosos, o

# O absurdo do amor

sucesso é *merecido*. A sensação de merecimento é fortalecida pelo sofrimento: *Eu merecia que desse certo dessa vez*. Assim, em vez de cuidado, há precipitação. Parece um jogador apostando pesado para recuperar as perdas.

E quando esse apostador encontra parceiros, lançam-se os dois no relacionamento com desesperada impulsividade, acreditando que o amor significa entrega e fusão com o ser amado, uma espécie de união mística. Inunda o outro de elogios, promessas, presentes e favores sexuais, apresenta-lhe a família, os colegas e amigos, raramente sai sem sua companhia e, quando estão separados, bombardeia o amante com mensagens românticas – uma entrega total que estimula um relacionamento sadomasoquista sem que nenhum dos parceiros tenha consciência disso. Na verdade, essa dependência é quase sempre excitante a princípio, uma libertação do fardo e da ansiedade da solidão. Então, o dominador pensa que terá sempre o controle, e o dominado, que suas necessidades serão sempre satisfeitas pelo dominador. E, quando surgem os problemas, os dois amantes ficam desnorteados – *como é possível que esteja dando errado se me entreguei completamente?* Mas a entrega que devia garantir o amor na verdade o torna impossível. O resultado é a perplexidade, a raiva e a impaciência – e a conclusão de que aquela, afinal, não era a pessoa ideal.

Como, devido à sua intensidade, o relacionamento tem sido inconscientemente provisório, não existe mais permanência, nem no casamento. E, embora decisões reversíveis pareçam atraentes, satisfazem muito menos que as irreversíveis e permanentes. Portanto, é uma profecia autorrealizável.

Há ainda outro problema: nas cidades contemporâneas, o relacionamento a dois pode ser a única fonte de conexão, estrutura, significado e encantamento. Nas sociedades tradicionais havia as religiões para conferir significado e magia, rituais para estruturar o ano, comunidades para oferecer fortes ligações e grandes famílias para oferecer apoio. Hoje o pobre e combalido relacionamento tem que oferecer tudo isso, suportar em suas costas enfraquecidas todo o peso da vida. Não admira que desmorone sob tanta pressão.

E há também o problema de que a fase inicial do relacionamento é sempre mais excitante, em especial numa época que adora a fantasia e é enfeitiçada pelo charme do potencial. Na verdade, a primeira fase é tão diferente da fase posterior que elas são definidas por nomes diferentes. Seria mais acurado descrever a fase inicial como paixão e a fase posterior como amor. E o erro crucial é que todo mundo afirma estar procurando amor, quando na verdade procura apenas paixão.

# A era da loucura

Isso não chega a surpreender. Quase todas as chamadas histórias de amor são na verdade casos de paixão. Existe algum romance ou filme que retrate um amor maduro e feliz? Todo mundo diz que deseja essa felicidade, mas ninguém quer ler ou ver retratado esse tipo de amor.

Na verdade, a ideia ocidental de amor romântico baseia-se frequentemente na *impossibilidade* de convivência. Dante mal conhecia Beatriz. Abelardo logo perdeu seu membro viril e foi assim poupado do tédio de viver com Heloísa. Tristão foi traiçoeiramente assassinado sem nunca conviver com Isolda. O amor cortês dos trovadores estava reservado às damas casadas e inatingíveis – eles não podiam nem mesmo *tocar*, que dirá dividir a mesma casa com suas amadas. Romeu e Julieta morreram depois de uma noite de amor (a ideia de uma única noite de êxtase é eternamente popular nas histórias de paixão, de *Tristão e Isolda* ao romance e filme *Cold Mountain*). O jovem Werther* apaixona-se por Charlotte, que está convenientemente comprometida com outro homem – e evita confusão suicidando-se. Em *O morro dos ventos uivantes*, Cathy e Heathcliff tiram prazer dos seus enfrentamentos. E na clássica análise da paixão *Do amor*, Stendhal baseou-se numa paixão não correspondida por uma mulher chamada Mathilde Dembowski.

Stendhal descreve a paixão como um processo de cristalização do ser amado. Como um galho atirado numa mina de sal abandonada se cobre de "diamantes cintilantes", também o amor "extrai de tudo o que acontece novas provas da perfeição do ser amado".[3] Em outras palavras, o apaixonado cria uma fantasia que tem pouco a ver com a pessoa real, que é apenas uma criação sua: "No amor, apreciamos apenas a ilusão que criamos para nós mesmos".[4] Então, o amor na verdade é amor de si mesmo, uma forma de narcisismo. E ele floresce na maioria das vezes na antecipação. Como nota Stendhal, encontrar o verdadeiro amor pode se tornar um embaraço desnecessário. O mundo se encolhe e o ser amado se expande até que eles se fundem numa imagem impressionante que ofusca tudo o mais. Portanto, a paixão não é uma maneira de aceitar a responsabilidade, mas de fugir a ela – os amantes têm o direito de evitar as tediosas obrigações que vão além do ser amado. Na lenda de Tristão e Isolda, a influência das poções desculpa o comportamento irresponsável dos amantes – e, no mundo mo-

---

* Personagem do romance *Os sofrimentos do jovem Werther*, de Goethe. (N. da T.)

derno, a sanção é a natureza involuntária, até mesmo irracional, da paixão. É um distúrbio clínico, algo que os amantes não podem evitar.

Mas a paixão só parece irracional porque as forças que a dirigem não são compreendidas. Ela pode ser um encontro delirante de patologias, como quando um sádico encontra um masoquista. Ou o ser amado pode ser escolhido inconscientemente para reencenar um assunto obscuro da infância. Pode haver também uma motivação social inconsciente. Por exemplo, jovens da classe operária que obtêm uma educação superior sentem-se fatalmente atraídos por princesas de classe média – exatamente o tipo de mulher que tem maior probabilidade de menosprezá-los e ridicularizá-los. O apaixonado gosta de acreditar que é uma vítima da flecha de Cupido, quando provavelmente é vítima de carência, solidão e insegurança, alguém que está louco para renunciar à responsabilidade e tem mais talento para a fantasia do que para a consciência ou a compreensão. Mas o que isso importa se eles estão dominados por um êxtase que envolve a vida e o mundo de tanto esplendor? Não é verdade que os apaixonados têm um relacionamento sexual maravilhoso e muita diversão? O problema é que a paixão não dura. Há um consenso geral de que dura no máximo dois anos, ou talvez bem menos, com uma duração média de pouco mais de um ano. Mas, como os apaixonados não têm a menor consciência desse limite de tempo, o desencanto é um choque.

Por que a paixão tem que ter fim? É um estado transcendente, uma perda do *self*, e estados transcendentes não podem durar. Aquele que transcende sempre volta à terra. A realidade e o *self* sempre recuperam o controle.

Uma recente pesquisa neurocientífica confirmou a distinção entre paixão e amor. A antropóloga Helen Fisher usa os termos "amor romântico" e "afeto" para as duas fases e identificou o amor romântico em todas as 175 culturas que estudou. Para investigar como funciona a velha magia, ela encarregou uma equipe de neurocientistas de escanear o cérebro de pessoas em diferentes fases de amor. Essas tomografias revelaram que o amor romântico e o afeto envolvem circuitos e neurotransmissores cerebrais totalmente diferentes. O amor romântico está associado a altos níveis de dopamina e baixos níveis de serotonina, enquanto o afeto está associado à oxitocina nas mulheres e à vasopressina nos homens, dois neurotransmissores envolvidos no acasalamento de animais. As conexões cerebrais e o alto nível de dopamina nos amantes românticos são semelhantes aos dos usuários de todas as principais drogas que causam dependência. Fisher conclui que o amor romântico é uma forma de vício.[5] Isso confirma a visão de Stendhal de que esse amor, que se apresenta como a atividade mais altruísta, é na verdade egoísta. O

# A era da loucura

amante está apaixonado não pelo outro, mas pela euforia que a paixão provoca. O ser amado é de fato excitante – da mesma forma que uma carreira de cocaína é excitante para um viciado. Isso também explica por que a paixão nunca dura. O vício cria tolerância – e doses cada vez mais altas são necessárias para produzir o mesmo efeito. Mas a dosagem da paixão não pode ser aumentada além de certo ponto, de modo que a euforia acaba se esgotando. Outra equipe de neurocientistas investigou o tempo de duração do auge do amor e concluiu que a percepção popular está correta: a paixão dura em geral de doze a dezoito meses.[6]

O que fazer quando a paixão acaba? Uma opção é a aceitação estoica – a essa altura o casal pode estar casado e com filhos. Essa é uma solução comum nas sociedades tradicionais. No romance *O leopardo*, de Giuseppe Tomasi di Lampedusa, o príncipe descreve o amor como um ano de fogo seguido de trinta anos de cinzas,[7] e sai em busca de prostitutas para seu prazer. No mundo contemporâneo, uma alternativa comum é o adultério, o turismo de aventura das pessoas de meia-idade da classe média. Outra opção é um tipo diferente de aceitação – entender que o enfraquecimento da chama é um sinal de que se deve procurar um novo parceiro. Por que viver entre cinzas se o fogo pode reacender em outro lugar? Por que não fugir da desilusão e desfrutar uma sequência de paixões? Isso também é muito comum, mas depende de a pessoa não querer criar filhos e de estar sempre atraente para novos parceiros, um atributo que diminui com o tempo. O crepúsculo desses apaixonados insaciáveis provavelmente será tão triste quando o dos hedonistas.

Uma última opção é tentar a transição da paixão para o amor. Então, enquanto a história da paixão chega ao fim com "E então eu me casei com ele", a história de amor começa com "Então percebi que teria que passar o resto da vida com ele". Não existem muitas histórias de amor. Uma é *Felicidade conjugal*, de Tolstói, na qual um casal se apaixona loucamente, se casa e desfruta de uma vida feliz em jantares íntimos, música e risos. Mas, com o tempo, a paixão acaba. Como explica a esposa: "Há muito tínhamos deixado de ser a pessoa mais perfeita do mundo para o outro, e hoje nos comparamos com outras pessoas e nos julgamos em segredo".[8] Ela sabe que o marido é um bom homem, bondoso e gentil, excelente pai e parceiro – mas descobre que ele tem uma sabedoria previsível, uma calma irritante e uma aparência envelhecida e desagradável. Deprimida e irritada, ela anseia por movimento, excitação e perigo, e, como Emma Bovary, tenta recriar o romance numa vida de festas e bailes. Mas essa excitação também acaba, e sua única consequência é separar ainda mais o ca-

O absurdo do amor

sal. Entretanto, ao contrário de Emma, essa esposa quer que o casamento seja significativo. Ela confessa seus sentimentos ao marido e descobre que sua calma não é um truque para irritá-la, mas resultado de um distanciamento que lhe permitiu prever e entender os problemas do casal. Ele explica que não há alternativa a não ser superar as dificuldades: "Todos nós [...] precisamos superar o absurdo da vida de modo a voltar à própria vida; não é bom acreditar no que os outros dizem sem duvidar". Ela entende e inicia a viagem de volta à vida: "A partir daquele dia, meu romance com meu marido acabou; o velho sentimento tornou-se uma cara lembrança irreversível, mas meu novo sentimento de amor por meus filhos e pelo pai deles fundamentou o início de outra, agora muito diferente, vida feliz".

Infelizmente, Tolstói não explica a natureza dessa "vida feliz muito diferente", nem como ela foi alcançada. Sugere apenas que o processo é longo e doloroso. A transição da paixão para o amor é de fato difícil, porque os dois sentimentos são opostos. A paixão é transcendente; o amor é prático. A paixão cria fantasia; o amor aceita a realidade. A paixão é um vício; o amor é compromisso. A paixão anseia pela unidade; o amor valoriza a individualidade. A paixão foge à responsabilidade; o amor a aceita sinceramente. A paixão não faz esforço, o amor é trabalho duro.

E justo quando o realismo é mais necessário o que ocorre é a forma mais desastrosa de expectativa: planejar o casamento perfeito. Outra consequência bizarra é que, à medida que o investimento no casamento declina, o investimento na festa de casamento cresce, a ponto de a média dos casamentos no Reino Unido custar hoje muito mais do que a renda média anual.[9] Esse é mais um exemplo do predomínio da imagem sobre a substância – planeja-se não para a realidade de uma vida, mas para o simbolismo de um dia. Como acontece com toda a pompa, a ideia é sugerir uma solene tradição por meio de locações históricas, roupas e acessórios: castelos e casas de campo, diademas e cartolas, carruagens e carros antigos (embora o requisito importante atualmente seja uma câmera disponível em cada mesa). Assim sendo, as festas de casamento contemporâneas são como os Jogos Olímpicos, um espetáculo de estupenda complexidade e desastrosamente caro, que exige anos de preparação e só dura algumas horas. Mesmo que tudo saia como foi planejado, uma festa de casamento dura um dia, a maior parte do qual sob as ordens dos fotógrafos, e, quando a plateia parte e as roupas retornam às suas caixas (de onde nunca mais sairão), um homem e uma mulher comuns se olham e pensam: "É só isso?"

# A era da loucura

Pode ser que uma análise dos números revele uma lei matemática: a duração de um casamento é inversamente proporcional ao custo da festa. Ou, em outras palavras, qualquer união celebrada com brinde de champanhe está fadado ao fracasso.

Depois do sonho da festa, a realidade retorna com um choque e os problemas dissimulados pelo feitiço do potencial subitamente se revelam. Como nenhum dos dois é a pessoa "certa", não é fácil conviver, muito menos dedicar ao parceiro um amor duradouro e incondicional. Este é um axioma fundamental: *não é fácil conviver com ninguém*. Mas há graus de dificuldade – e é essencial perceber que o outro não está incrustado de diamantes cintilantes, mas de crenças, hábitos, superstições, neuroses, humores, doenças e mau gosto irritantes, para não falar dos desagradáveis parentes e inexplicáveis amigos. E a vida em comum expõe toda essa banalidade. Os cabelos lustrosos que brilhavam sedutoramente à luz de velas se tornam uma maçaroca desbotada no ralo do chuveiro, e o membro ereto de excitação se torna um filé encolhido pingando urina na tampa do vaso. Se ainda houver alguma compatibilidade, é mais um produto final conquistado a duras penas do que uma precondição natural. Mas, enquanto os hábitos irritantes do parceiro se tornam aparentes, é mais difícil reconhecer os próprios defeitos. Muitos, em especial os que tiveram pais indulgentes, parecem acreditar que suas excentricidades são sancionadas por uma lei natural, e que até seus hábitos mais desagradáveis são charmosos e adoráveis.

Não é fácil viver com ninguém – e não existe essa coisa de amor definitivo. Como a felicidade, o amor é um processo contínuo, uma espécie de projeto criativo conjunto que não tem fim. E, como acontece com a felicidade, a luta por satisfação se torna a própria satisfação. E, como em qualquer esforço criativo, o amor está sujeito ao ciclo de exaustão e renovação: a exaustão é essencial para o prazer da renovação. O projeto exige tempo e paciência. Uma vida inteira é necessária para aprender qualquer habilidade gratificante – e o amor não é exceção.

Não requer submissão e imersão, mas autonomia e individualidade. O crescimento do parceiro, quase sempre sentido como uma ameaça, pode ser uma fonte de renovação. O que agrada ao indivíduo e parece egoísmo pode beneficiar também o parceiro. O inverso também é verdade – o fracasso do parceiro pode inspirar desprezo e terror no outro: "Deus me livre de ter que passar uma vida inteira com *isso*". E o desprezo é o maior perigo de qualquer relacionamento, pessoal ou de grupo. Os ditadores caem porque o desprezo por eles se tornou geral e extremo. Os casamentos fracassam porque o desprezo é um ácido tão corrosivo que dissolve qualquer laço. Mas um parceiro independente, por mais que seja difícil conviver com ele, tem uma probabilidade muito menor de inspirar desprezo. Portanto, um casal terá maiores chances de crescer junto se cada um estimular o outro a crescer independente – e o paradoxo é que, no amor maduro, o distanciamento favorece o apego. Como disse Rilke: "Uma pessoa apaixonada tem que tentar se comportar como se tivesse que realizar uma tarefa importante: tem que passar muito tempo só, refletindo e pensando, recuperando seu autocontrole; tem que trabalhar; tem que se tornar algo".[10] Trata-se de um conselho radical: para ter sucesso como amante, passe mais tempo só.

Portanto, o processo não é passivo e dependente, mas ativo e independente. Como sugere Rilke, o amor, assim como a felicidade, não pode ser conquistado diretamente, mas é subproduto de uma vida produtiva. Fromm afirmou:

> É uma ilusão acreditar que é possível dividir a vida de tal maneira que alguém seja produtivo na esfera do amor e improdutivo em todas as outras esferas. A produtividade não permite tal divisão de trabalho. A capacidade de amor exige intensidade, atenção, vitalidade, que só podem resultar de uma orientação produtiva e ativa em muitas outras esferas da vida. Se alguém não é produtivo nas outras esferas, também não será produtivo no amor.[11]

Portanto, o conceito budista de "atenção plena" também é necessário para o amor. Mas vale lembrar por que Buda e outros pensadores tinham medo de amar – porque há também a insensatez.

O amor se apoia num tripé formado por afeto, respeito e desejo. Se qualquer das pernas se quebra, o tripé todo vem abaixo – mas apenas o afeto e o respeito estão sujeitos à razão. O desejo é o curinga do baralho, a força obscura que torna tudo volátil, complexo e instável.

Assim como o tempo e a bolsa de valores, o casamento (ou qualquer outra forma de relacionamento sexual) é um sistema caótico. Trata-se de um sistema conduzido por forças complexas demais para serem entendidas e está sujeito a longos períodos de comportamentos semelhantes que não podem ser explicados aleatoriamente. Assim é que o bom ou mau tempo tende a continuar bom ou mau, e a tendência de alta ou de queda na bolsa costuma persistir. Da mesma forma, no casamento, a calma tende a gerar mais calma, e brigas, mais brigas. Mas outro aspecto dos sistemas caóticos é que os longos períodos podem ser interrompidos de repente por algo imprevisível e quase sempre trivial – uma mudança de nada produz o que parece uma transformação desproporcional. É o clichê da borboleta que bate as asas na América do Sul e causa uma tempestade no norte da Europa. Num casamento, isso significa que tudo pode estar aparentemente indo bem até que um dos parceiros pronuncie uma palavra errada e a vida vire um inferno.

Em outras palavras, o sistema entra em turbulência, à qual não se aplica nenhuma das leis normais. Em seu leito de morte, o físico Werner Heisenberg disse que tinha apenas uma pergunta a fazer a Deus: *por que a turbulência?*[12] Os amantes moribundos talvez se sintam inclinados a fazer a Deus a mesma pergunta. Como é que de repente o amor se transformou em ódio, a bondade em crueldade, o desejo de agradar em desejo de ferir, e o desejo de viver com o ser amado para sempre no desejo de nunca mais ver aquela cara repulsiva? Uma briga conjugal é um fenômeno estranho e assustador, um repentino ciclone que arranca os dois parceiros do chão, os arremessa no céu como insanos por algum tempo e finalmente os atira de volta à terra, exaustos, exauridos e atordoados. *Que diabos aconteceu?* Mas é impossível explicar a dinâmica do processo. Embora todo casal desde Adão e Eva tenha tido essa experiência, são poucas as descrições convincentes na literatura de uma autêntica explosão conjugal. Como a maioria dos escritores, John Milton foge do problema, dizendo da primeira briga entre Adão e Eva: "E assim em mútua acusação eles gastam horas infrutíferas, mas nenhum deles confessa a culpa".[13]

O fator explosivo é o sexo. Qualquer relacionamento sexual é por natureza instável. O problema é a necessidade desmedida combinada com uma total impotência em relação ao objeto dessa necessidade. O resultado é um desespero que pode fazer o amor virar do avesso de uma hora para outra e transformar-se num ódio cruel, feito de vergonha, nojo e raiva da impotência. Assim, a avassaladora necessidade de possuir se torna de repente uma igualmente avassaladora necessidade de destruir. Um juiz americano declarou que se preocupa mais com sua segurança quando lida com casais em processo de divórcio do que quando julga criminosos violentos, e que ele e muitos outros juízes têm um botão de alarme em sua sala caso a raiva conjugal escape ao controle.[14]

A tensão está no cerne de todo relacionamento sexual, porque as necessidades animais e emocionais são dolorosamente urgentes, mas nunca totalmente compreendidas ou controladas. No entanto, a tensão é essencial para o relacionamento. O que ameaça explodir a relação é também o que a mantém viva.

## O absurdo do amor

Embora o companheirismo seja essencial, e o sexo entre companheiros seja um dos grandes consolos da maturidade, um relacionamento sexual nunca deve resvalar rapidamente para a mera amizade. O equilíbrio e a estabilidade podem ser tentadores, mas são o equilíbrio e a estabilidade da morte. Precisa haver sempre um elemento de perigo e de risco. Todo amante tem que ser um amante demoníaco.

Mas os demônios se enfadam facilmente. Quando um relacionamento está enfrentando problemas, a primeira coisa a diminuir é o sexo. Muitas vezes, esse declínio é um sinal de alarme. Portanto, o sexo é o canário numa mina de carvão: se ele canta, está tudo bem; se ele morre, é que o ar está ficando envenenado.

Como manter o canário cantando? Como manter o demônio interessado? Uma das muitas dificuldades em relação ao sexo é que um problema sexual raramente tem a ver com o sexo, mas com muitas outras coisas, entre elas vaidade, poder, controle, confiança, hábito, novidade ou a vontade de estar na onda e ter o que todo mundo parece ter. E hoje o sexo está se tornando um ramo da indústria do entretenimento – já há inclusive parques temáticos sexuais em vários países. Talvez eu pertença à última geração para a qual o sexo é um mistério, um milagre, uma fonte inesgotável de deslumbramento. Simplesmente estar na presença de uma mulher é ser tocado pelo sublime. Houve um tempo em que todo mundo vivia enfeitiçado, extasiado, encantado. Hoje o sexo é só mais uma forma de diversão fútil. Amor moderno é se fotografar sendo objeto de felação e, com a ajuda da moderna tecnologia, divulgar a foto na internet para o imenso círculo de amigos.

E estamos esgotados. Fizemos incontáveis experiências, impulsionados pela ênfase interminável na importância da novidade, repetindo que o segredo do sucesso do relacionamento é tornar o sexo variado. Assim como suas antecessoras políticas, a revolução sexual se tornou uma espécie de tirania.

O primeiro manual da era da liberação, *Os prazeres do sexo*, foi publicado em 1972[15] e, embora tenha sido uma revelação à época (apresentando ao mundo delícias como a *flanquette*), teve que ser revisado e ampliado para incluir mais de cem novas posições e para reconhecer a importância cada vez maior da BDSM* e a emergência do ânus como principal fonte de prazer heterosse-

---

* Sigla formada pelas iniciais BD (*bondage*, ou técnicas de amarração e imobilização, e disciplina) e SM (sadomasoquismo). (N. da T.)

# A era da loucura

xual.¹⁶ Na verdade, o amante contemporâneo precisa não só de uma, mas de uma coleção inteira de obras de referência sobre mobiliário erótico (balanços do amor, caixas de sufocamento), bijuterias eróticas (*piercings* para os mamilos, anéis penianos, plugue anal) e, naturalmente, sobre a nova tecnologia (como o Power Bullet Multispeed, um vibrador turbo de várias velocidades, o Teledildonic Simulator, um simulador de sexo a distância). Talvez já esteja na hora de termos um Museu de Brinquedos Sexuais, onde casais de uma certa idade derramem lágrimas agridoces diante da visão do Non-Doctor Vibrator dos anos 1970, cuja embalagem mostra uma modelo mascarada, com a boca pintada de batom e cabelos fixados com laquê. Comovente a simplicidade dos velhos tempos! Hoje, fazer sexo é como montar um musical da Broadway – requer um texto original, figurinos, cenários, uma iluminação especial e, naturalmente, um elenco formado por atletas e acrobatas que cantem e dancem. Todo mundo tem que ter um circo na cama... ou melhor, na casa toda.

E para orientar os amantes confusos há um exército de terapeutas, muitos dos quais oferecem conselhos no horário nobre da tevê. Esses homens e mulheres são crentes fervorosos de uma busca contemporânea pelo Santo Graal do ponto G, um lugar tão lendário e difícil de encontrar quanto Atlântida, a cidade submersa. Na verdade, o ponto G deve seu nome a Ernst Grafenberg, um ginecologista alemão que resolveu investigar a existência de uma zona erótica na parede frontal da vagina porque o efeito estimulante da posição cachorrinho "não podia ser explicado pelos melodiosos movimentos dos testículos contra o clitóris".¹⁷ E o novos altos sacerdotes do sexo também veneram uma Santíssima Trindade. Tudo bem com um orgasmo convencional, como concede uma radiante terapeuta da tevê, mas muito melhor é o "bigasmo", que envolve o clitóris e o ponto G. Mas o máximo do prazer é o "trigasmo", do qual participa a Santíssima Trindade completa: clitóris, ponto G e ânus cantando hosanas em uníssono. *Mais!*

O problema é que o sexo está perdendo contato com o apetite sexual e o ciclo natural do corpo. Até a identidade sexual tornou-se incerta e fluida. Poucos têm total certeza se são héteros, *gays* ou ambos. Existe sempre o pensamento assustador de que se está deixando de satisfazer alguma outra identidade. E, ao perder contato com a identidade e as necessidades físicas, o sexo se torna cada dia mais cerebral, impulsionado por conceitos, que são supridos pela fantasia, e por imagens, que são fornecidas pela pornografia. E a fantasia, por sua vez, é impulsionada pela novidade e pela transgressão. Daí o fascínio pelo sexo anal –

# O absurdo do amor

o ânus é a nova vagina – e pelas emoções transgressoras da BDSM. É uma ironia, talvez muito significativa, que a era da liberação esteja ligada à *bondage*. Um dos produtos mais populares na cadeia de *sex shops* Ann Summers é o Bondage Starter Kit. A última novidade da BDSM é pagar para ser sequestrado: você está andando calmamente pela rua quando de repente para uma van, de onde saem homens musculosos usando balaclavas e arrastam você até um porão, onde lhe infligem todas as indignidades estipuladas em contrato. (Parece haver preferências nacionais em relação aos sequestradores: os(as) ingleses(as) adoram ser dominados(as) por homens rústicos do sul dos Estados Unidos.) O aspecto mais engenhoso do serviço é que ele realiza não só o desejo de *bondage*, mas cria a excitação da expectativa – o(a) cliente nunca sabe quando o "sequestro customizado" vai ocorrer e passa dias, até semanas, em deliciosa espera. No final, o satisfeito sequestrado recebe de presente um DVD da experiência (afinal, uma coisa não é real a menos que seja capturada em filme). O gênio que criou esse serviço devia se candidatar a "empreendedor do século".[18]

Mas qual é o mal dessa representação? Os homens de balaclavas restringem-se às estipulações contratuais, e as algemas da Ann Summers são revestidas de pele cor-de-rosa. O problema é que o sexo transgressivo sempre exige mais para reproduzir o prazer original. Assim, num minuto você pode ser deliciosamente espancado com um chicote de seda, e no minuto seguinte ter seus testículos pregados ao chão.

Os transexuais são um novo fascínio, porque encarnam o máximo de potencial ao combinar identidades, funções e equipamentos – verdadeiros canivetes suíços. Eles não são apenas conceito transformado em imagem, mas imagem construída de carne e sangue. Um travesti é um brinquedo sexual que anda, fala e respira. E o conceito também é excitante para os consumidores, porque é uma oferta do tipo leve dois e pague um – compre um sexo e leve outro grátis.

Outro fator novo é que as imagens que alimentam tudo isso, os filmes pornográficos, que antes eram caros e causavam constrangimento ao comprador, agora estão disponíveis de graça no conforto do lar. Ironicamente para esta nossa era de expectativa, a pornografia omite a mais excitante expectativa: as preliminares, o encantamento da proximidade e do perfume, a eletricidade do toque tão esperado, o deslizar dos zíperes e a capitulação dos botões, o farfalhar e a lenta queda das roupas. Em vez disso, a pornografia vai direto ao ponto, aos corpos nus no ato do coito e da felação. A ação tem sempre que ser dramática e visível. Assim, em lugar da terna união há um impulso frenético, e é sempre o homem que bombeia loucamente, enquanto, para chegar ao orgasmo, a mulher precisa controlar o ritmo e torná-lo mais suave (mas não no fim). E, em vez de um orgasmo dentro do útero, há sempre o espetáculo da ejaculação sobre o corpo da mulher. Daí as novas palavras ternas murmuradas pelos garanhões: "Posso gozar na sua cara?"

Mas os orifícios, posições e combinações são limitados. Logo, tudo de que o corpo humano é capaz estará disponível na sala de estar de todo mundo. E, aí, onde vamos encontrar o prazer transgressivo? Visionários já tentam resolver o problema. David Levy, um pesquisador de inteligência artificial, promete que, por volta da metade do século XXI, o sexo com robôs será tão normal quanto o sexo com outros humanos, enquanto o número de atos e posições sexuais comumente praticados entre humanos será ampliado, já que os robôs ensinarão muito mais do que tudo o que existe nos manuais de sexo de todo o mundo.[19]

Essa obsessão contemporânea pela variedade como meio de evitar a rotina é inadequada. Numa pesquisa sobre o apetite, dois grupos de voluntários foram convidados a comparecer a um laboratório uma vez por semana para realizar testes, que na verdade eram um blefe: o verdadeiro objeto do experimento era o lanche oferecido como recompensa. Um grupo teve permissão para escolher todos os seus lanches com antecedência e optou pela variedade; o outro grupo recebeu seu lanche preferido todas as semanas. Quando os índices de satisfação foram comparados, os que comeram o mesmo lanche se mostraram mais satisfeitos do que os que optaram pela variedade.[20] A explicação foi a seguinte: o lapso de uma semana era suficiente para renovar a atração do velho lanche preferido. Portanto, a especialidade pode ser melhor do que a variedade para vencer a armadilha do hábito, e o tempero da vida pode não estar na variedade, mas em ter aquilo que mais apreciamos a intervalos adequados.

Também inadequada é a ideia de que o amor é consequência da satisfação sexual. Bem pode acontecer o contrário: o sexo mais satisfatório ser uma expressão de ternura, não o domínio das técnicas de um manual.

Os prazeres mais profundos são aqueles obtidos por mérito, e no sexo não é diferente. As experiências mais intensas ocorrem depois de dificuldades, sofrimento, raiva e turbulência – em outras palavras, depois de disputas violentas. A reconciliação no sexo é a mais sublime experiência que a criatura humana pode desfrutar.

## O absurdo do amor

Naturalmente, isso é uma dádiva rara. Para um prazer comum, eis uma sugestão radical, para ser implementada só a intervalos adequados: o sexo da simplicidade, o sexo do menos, o sexo zen. Os amantes se deitam à noite, tocando-se e encantando-se, as bocas se procurando numa comunicação silenciosa e profunda de gratidão. Depois, movendo-se lentamente como um só, assumem a posição papai-e-mamãe e se unem ternamente. Então, em doce silêncio e quase imóveis (com os mínimos movimentos dirigidos pela mulher), eles permitem que o êxtase autônomo os arrebate lentamente.

Será essa a maneira ideal de partir desta vida? Mas uma vida de comportamento responsável e atencioso jamais permitiria deixar ao amante o inconveniente de um cadáver. Isso arruinaria o doce e silente brilho do poente.

# 13
# O absurdo do envelhecimento

Como posso ser esse velho quando sempre fui o garoto mais novo da classe? Envelhecer é contraintuitivo... chocante... absurdo.

As mudanças físicas são evidentes. Mas também há manifestações mentais e psicológicas.

**1. Perda de memória:** Na realidade, não é tanto que a informação se perca, mas o tempo de acesso e recuperação das informações vai ficando cada vez maior. Assim, num determinado ponto, você pode acordar gritando que o cara que fez sucesso com *Chantilly lace* foi The Big Bopper*... mas a tentativa de socar o ar em triunfo revela que você está numa caixa de madeira 2 metros abaixo do solo.

**2. Encolhimento:** Tudo encolhe – o corpo e todas as suas partes (cérebro, fígado, pênis e especialmente coração). A única coisa boa talvez seja um encolhimento psicológico. Vez ou outra, o ego também encolhe.

O que não é bom é a diminuição de interesses e atividades. Os anos trazem a tentação de fugir das dificuldades para uma zona de conforto. O esforço de pensar, especialmente, quase sempre é abandonado porque o consideramos cansativo e inútil. Já que o mundo está cada vez mais estranho, por que se esforçar para tentar entendê-lo? Mas é essa desistência que pode levar direto à senilidade. A única maneira de se manter vivo é se interessar por tudo (tudo menos música *rap* e *chefs* que se tornaram celebridades). Caso contrário, a vida se vinga. Quem não mostra interesse em nada logo se torna desinteressante.

---

* The Big Bopper (1930-1959) foi um músico e cantor americano, um dos pioneiros do *rock and roll*, conhecido principalmente pela canção *Chantilly lace*. (N. da T.)

**3. Mesquinharia:** Parece haver algo de verdade no estereótipo do velho avarento. Notei em mim mesmo uma relutância cada vez maior em pôr a mão no bolso. Será isso consequência da diminuição de recursos, em especial de força, energia e tempo, que precisam ser acumulados a ponto de criar um instinto de acumulação?

**4. Aceleração do tempo:** Além de não restar muito tempo de vida, o tempo que resta não se contenta em passar e começa a *acelerar*. Ou, para ser mais preciso, ocorre um duplo efeito perturbador: a curto prazo o tempo parece se arrastar, enquanto a longo prazo parece correr. A explicação psicológica é que o eixo do tempo parece uma dimensão espacial. Numa pintura com perspectiva, a distância entre dois pontos parece grande se houver um objeto interessante entre eles, e pequena se não houver nada entre eles. No eixo do tempo, a juventude está lotada de acontecimentos intensos, ou acontecimentos vivenciados mais intensamente porque são novos, uma série de primeiras vezes, inclusive *aquela* primeira vez. Na meia-idade, a sensação é de que nada está acontecendo, e por isso os anos parecem passar mais rápido. Isso também explica por que, embora seja difícil lembrar o que aconteceu ontem, as lembranças da juventude continuam impressionantemente vivas.

**5. Impaciência metafísica:** Talvez em consequência da aceleração do tempo, ocorre uma raiva cada vez maior da teimosia e da obstinação do mundo, sua persistência e contínua recusa de ser gentil e cooperar. Embora essencialmente metafísica, pode assumir uma forma específica – por exemplo raiva de filas ou, no meu caso, raiva de escada rolante. Quando vejo duas pessoas bloqueando uma escada rolante mantendo-se uma do lado da outra, sinto vontade de estrangulá-las.

**6. Incerteza:** Acredita-se que a juventude seja um tempo de indecisão e dúvidas, e a meia-idade, um tempo de convicções. Só posso dizer que, para mim, foi o contrário. A juventude foi um tempo de crenças, entusiasmos e antipatias apaixonados, e a meia-idade, um tempo de incertezas. A certa altura tive a chocante revelação de que não sabia mais em que eu acreditava – ou se acreditava em alguma coisa. Não sabia nem do que gostava ou desgostava. Prefiro anchova ou salmão? Será que William Faulkner é bom mesmo? Será que eu me importo com alguma coisa?

**7. Obsessão pelo intestino:** Trata-se de uma estranha obsessão. Não tenho uma teoria sobre o assunto, mas não há como negar a existência do fenômeno. Tenho um amigo octogenário que é uma pessoa rara, um homem sábio. Portanto, quando ele se propôs a me dar o significado da vida em uma palavra, teve minha total atenção.

Depois de esperar um minuto – seu *timing* ainda era perfeito –, ele murmurou suavemente:

– Bisacodyl.

Fez-se silêncio. Eu estava tão perplexo quanto ele esperava.

Então eu disse:

– É alguma espécie de Viagra?

Ele sorriu, impaciente:

– Não, não... não se preocupe mais em trepar, e seu rosto se suavizou em radiante admiração:

– O bom é *cagar* como um jovem.

**8. Efeito "Morte em Veneza":** Meu amigo octogenário não foi sincero ao dizer ter perdido o interesse no sexo oposto. Durante todo o almoço, seus olhos não abandonaram a garçonete. Porque a beleza da juventude, que a própria juventude parece não apreciar devidamente, fascina os velhos. Rilke dizia que "a beleza é o início do terror que ainda podemos suportar"[1] – e esse terror não só se intensifica com os anos, mas quase todo jovem começa a parecer belo e assustador. Porque a vida que floresce com tanta beleza num corpo jovem é uma promessa de extinção para o velho que o contempla. No entanto, a necessidade de olhar é incontrolável. A beleza é o sol ardente que faz murchar a casca seca. Desvie seus olhos cansados. *Desvie-os para longe.*

Outro dia, eu estava almoçando na casa de um dentista que tinha como pacientes estrelas de cinema, apresentadores de tevê e *chefs* célebres. Nós nos conhecíamos desde que nossos filhos eram pequenos e frequentavam a mesma escolinha. Nessa época, ele ainda não era um dentista de sucesso, nem tinha se mudado para uma casa com piscina num bairro exclusivo. Os outros convidados eram seus vizinhos ricos e suas esposas – mulheres atraentes na faixa dos 40 e 50 anos, que riam muito, com entusiasmo intencional. Era um lindo dia de abril, cheio de frescor e promessa. Os raios do sol dançavam sobre o espelho d'água e o champanhe borbulhava como as fontes de primavera. Garrafas estouravam com a mesma frequência das latinhas de Coca-Cola. Parecia uma das festas de Gatsby. Eu não conhecia o fenômeno do champanhe ilimitado.

Num certo momento, as mulheres resolveram dar um mergulho. Somos bombardeados incansavelmente por imagens sexuais, mas sempre de jovens modelos magricelas. As coxas cheias de mulheres maduras são uma glória ra-

## O absurdo do envelhecimento

ramente vista. Mas, justo quando as nadadoras acabaram de se trocar e surgiram na piscina, nosso anfitrião levantou uma espreguiçadeira e a colocou bem na minha frente, bloqueando a visão.

— Você me parece um sujeito sensato — ele disse. — Então me dê *uma boa razão* para alguém se levantar da cama de manhã.

Não era o tipo de frase que se esperaria ouvir de Gatsby. Atrás dele, fora de meu campo de visão, as nereidas maduras batiam suas esplêndidas coxas na água com gritinhos juvenis.

Percebi que, se não fossem os hóspedes, meu amigo provavelmente não teria se dado o trabalho de sair da cama. Ele dormia a maior parte dos fins de semana e estava tomando fortes doses de antidepressivos.

— Fui um dos primeiros endodontistas de Harley Street — ele explicou. — Hoje existem milhares... todos mais jovens, mais baratos e provavelmente melhores. Por isso vivo com pavor de fracassar. Meus pacientes são exigentes, intolerantes, grosseiros. Eles estão me destruindo. — Ele apontou para a casa, a piscina e os jardins. — E o que dizer de tudo isso? Estou endividado até a alma.

E continuou com sua história de depressão, exaustão, dores no peito, perda de libido. Nem precisava ter citado o último sintoma. Nenhuma vez o vi voltar-se para apreciar a abundância e plenitude de carnes atrás dele, nem mesmo quando as mulheres saíram da piscina e correram, pingando água, em direção à casa. Tentei ver alguma coisa, mas tudo o que tive foi um relance de toalhas e o som de risadas no ar.

Ele continuou me olhando de uma maneira intensa e pensativa de quem parecia esperar um conselho sábio. Mas os tempos atuais não veneram os sábios.

— Seus dentes quase não precisam de branqueamento — foi o que ele disse.

Apesar disso, persisti:

— Com que idade você está?

— Acabei de fazer 54.

Sugeri que ele talvez estivesse passando pelo que eu chamo de episódio depressivo. Isso não tem nada que ver com o clichê da "crise da meia-idade", que faz homens de 40 anos comprarem carros esporte conversíveis com motor turbinado e sair à caça de mulheres jovens de seios fartos. Como no caso do dentista, no episódio depressivo parece ocorrer o oposto: total perda de interesse no sexo e uma avassaladora relutância em sair da cama. Ela ocorre mais provavelmente na faixa dos 50 e ataca tanto homens quanto mulheres. Quando meus amigos e parentes entraram na casa dos 50, a maioria deles passou por

# A era da loucura

esse episódio, que variou em duração, intensidade e estilo, mas levou todos eles a um repentino e inesperado colapso, cujos sintomas variavam de extrema e persistente depressão a intermitentes ataques de pânico. Esse colapso parecia resultar de uma repentina perda de coragem, falta de segurança e confiança, a apavorante sensação de que "Não consigo mais fazer isso".

Minha própria fase começou com súbitos ataques de terror diante da perspectiva de dar aula. Eu fazia isso havia anos quando, de uma hora para outra, a ansiedade se manifestou em dores no peito, azia, suor e calafrios. A autoridade, o conhecimento e a capacidade de ensino adquiridos ao longo de uma vida desapareceram no vazio, deixando apenas uma certeza: "Não consigo mais fazer isso".

Como saí dessa? Ainda não estou bem certo, mas provavelmente foi através de uma espécie de terapia cognitivo-comportamental, embora eu não tivesse conhecimento do termo nem da prática. Antes de mais nada, acalmei a ansiedade através de uma meticulosa preparação do material da aula, de modo a não precisar lembrar ou improvisar. Depois, me lembrei de que, após vinte anos de competente magistério, esse medo era irracional. Finalmente, me forcei a transmitir pelo menos a aparência de autoridade aos alunos. Eram eles ou eu, e não podia ser eu.

Mas o que causa a crise? Ela envolve muitos fatores. Há a consciência de mudança e declínio físico, de impotência e insignificância, de um mundo que se torna cada dia mais indiferente, exigente e grosseiro, enquanto nossa energia diminui. Há a perda de fé, que traz a sensação de sermos charlatães, uma fraude. E há a certeza da morte e de sermos rapidamente esquecidos como se nunca tivéssemos existido. Mas talvez o mais importante seja a morte do potencial. Vivemos em constante expectativa, acreditando que algo vai acontecer, algum convite ou oportunidade, e então daremos um passo à frente para cumprir nosso destino e finalmente nos tornarmos nosso verdadeiro ser. Mas os anos da meia-idade trazem a desagradável percepção de que nenhum milagre vai acontecer. Tudo é o que é. Pior ainda, esse magro "tudo" na verdade vai diminuir.

É assim que esses cupins vão roendo nossa confiança em silêncio e incansavelmente, até que ela de repente desaba no pó. O pior medo é de que o pânico e a depressão se tornem permanentes – e até mesmo piorem. Mas a maioria das pessoas passa pela experiência e se surpreende ao olhar para trás. Hoje eu entendo essa crise como um rito de iniciação: assim como os adolescentes são iniciados na vida adulta, a crise inicia os adultos na velhice e os prepara para a morte. É o Vale da Pobreza e do Nada, o último vale do poema de Farid Ud-Sin Attar, no qual os pássaros devem voar para emergir e se descobrir como Simorgh.

# O absurdo do envelhecimento

A recompensa é que tudo brilha depois da crise. O gráfico do humor tem a forma de U, com o alto-astral da juventude declinando a um mínimo na meia-idade e depois, surpreendentemente, subindo de novo ao ponto inicial.[2] E o gráfico da satisfação conjugal segue a mesma forma, caindo regularmente na meia-idade, mas, se o casal conseguir manter o casamento, subindo de novo nos anos finais.[3] Até a memória obedece a essa curva. Os septuagenários têm intensas lembranças da juventude, pouco lembram dos anos da meia-idade e voltam a ter fortes lembranças do passado recente.[4] Todas as pesquisas parecem concordar que a meia-idade é uma droga. De acordo com a Organização Mundial da Saúde, a depressão "já é a principal causa de incapacidade na meia-idade". Há inclusive evidências de um aumento da taxa de suicídios entre pessoas de meia-idade. Nos Estados Unidos, entre 1999 e 2004, a taxa de suicídio entre os jovens permaneceu estável, enquanto entre pessoas de 45 a 54 anos subiu quase 20 por cento e, entre os mais velhos, caiu em média 10 por cento.[5] A forma de U da curva do humor parece estar ficando mais pronunciada. Mas pelo menos há uma boa notícia: se você puder insistir em vez de desistir, as coisas podem melhorar.

São muitas as razões para isso. Envelhecer exige isolamento involuntário – aposentadoria, partida dos filhos, diminuição do apetite sexual. Sabemos entender melhor a natureza, as necessidades, os desejos e as excentricidades do *self* e, portanto, controlá-los com mais facilidade. Temos mais consciência daquilo que nos dá prazer. E, embora as circunstâncias da velhice possam ser mais deprimentes do que as da juventude, parece mais fácil eliminar os pensamentos negativos. Na tomografia do cérebro de jovens adultos, a amígdala reage tanto aos estímulos positivos quanto aos negativos, mas em adultos idosos ela tende a reagir apenas aos positivos.[6] A explicação é que o córtex pré-frontal se torna mais capaz de controlar a amígdala. O ego finalmente aprendeu a domar o *id*.

Emocionantes aventuras sexuais e sucessos profissionais tornam-se cada vez mais improváveis. Portanto, fica mais fácil resistir ao canto de sereia do mundo. Temos menos necessidade de ser como todo mundo, menos necessidade de que gostem de nós e menos necessidade de gostar dos outros – e, portanto, menos compulsão para a complacência. Uma das maiores glórias da velhice é poder contrariar, desde que essa atitude não se transforme em mera excentricidade. Uma das mais excitantes descobertas da pesquisa é um estudo de Howard Friedman, da Universidade da Califórnia, que concluiu que, além de não haver relação entre o bom humor e a longevidade, pessoas cronicamente bem-humoradas têm uma vida mais curta que a média: "Não é um bom conselho dizer às pessoas que devem ter bom humor para viver mais".[7] Essa é outra coisa boa sobre a velhice – espere e você poderá dançar sobre o túmulo dos sorridentes.

Por outro lado, manter-se atento e aprender novas habilidades parece estender o tempo de vida, assim como melhorar sua qualidade.[8] A tendência do idoso de fugir do novo e das dificuldades pode ser literalmente fatal. Há inclusive evidências de que o cérebro, em vez de ser condenado ao declínio, pode gerar novos neurônios até a morte, um milagre conhecido como neurogênese.[9]

O melhor de tudo é que a falta de futuro imediato, que parecia tão catastrófica, pode se revelar uma bênção. Pois o encanto do potencial é um mal que bloqueia os sentidos e perturba a mente. Quando ele deixa de existir, é mais fácil entender a lição fundamental: de que a viagem é mais importante que o destino, e a atividade mais importante que o resultado. Essa é uma conclusão que se renova. O esforço para aprender vale mais do que o aprendizado em si; pensar sem propósito definido é a forma mais agradável de pensamento; concentrar-se numa tarefa difícil – a experiência fluida – é mais gratificante que qualquer reconhecimento; lutar pelo amor é mais satisfatório do que estar apaixonado. Cada coisa deve ser sua própria recompensa.

Fica claro que tudo o que existe é a vida sendo vivida – afinal, não é tão mau ser capaz de ver, ouvir, degustar, caminhar sem ajuda, subir escadas e manter uma ereção sem ajuda química. Na verdade, é *incrivelmente bom*. O mundo natural se revela em toda a sua sublime abundância, e o mundo humano, em todo o seu sublime absurdo. E, como toda essa riqueza só está disponível por um período limitado, há uma obrigação de apreciá-la. No que talvez tenha sido a última fala que Shakespeare escreveu, ele disse: "Sejamos gratos pelo que é".[10] A estranha e inesperada dádiva da velhice é a gratidão.

Sob qualquer ângulo que a olhemos, a vida parece assumir a forma de um U. A curva da força, da energia e da ambição é um U invertido, com o ponto mais alto no centro; a curva do humor é um U ereto, com o ponto mais baixo no centro; e o progresso pela vida é um U deitado, um zigue-zague que vai e volta com uma bagagem menos pesada e mais apreciação e gratidão. Portanto, o casal de idosos pode voltar a se amar sem as exaustivas batalhas da juventude e o fardo da criação dos filhos. É possível voltar a ser um estudante sem a tirania da carreira, do currículo e dos exames, e com a capacidade de escolher e realmente desfrutar os textos de estudo. Naturalmente, a última fase do zigue-

-zague é uma segunda infância, uma expressão que assume mais significados à medida que essa fase se aproxima, embora, para variar, esses significados não sejam explorados.

O fator crucial na perna de retorno do U é a aceitação da velhice e da mortalidade – o que não é fácil numa cultura que venera a eterna juventude. Quem hoje diria, como Rilke: "Acredito na velhice; trabalhar e envelhecer: isso é o que a vida espera de nós".[11]

Mas as cidades da sociedade de irmãos baniram a morte. Quando eu era criança numa pequena cidade da Irlanda, a morte era uma presença constante. Toda vez que eu visitava meu avô, ele citava, com prazer malévolo, seus contemporâneos que tinham morrido recentemente. O jornal local tinha uma página de notícias e várias de obituários. Os cortejos funerários percorriam as ruas, e todos os transeuntes paravam, tiravam o chapéu e curvavam solenemente a cabeça. Grandes coroas de flores enfeitavam as portas, e os velórios duravam dias, para dar a toda a comunidade tempo de ver o defunto.

Mas hoje a morte é invisível. Não há cortejos, nem obituários, comentários ou defuntos. Podem se passar anos sem um sinal de morte. A morte é como os ratos da cidade – sempre por perto, mas invisíveis e nunca mencionados. Não existem mais velórios – e, nas cerimônias de cremação, a maioria dos presentes não vê o cadáver ou o caixão, muito menos a cremação. Parece uma festa para celebrar a aposentadoria sem o aposentado.

As pessoas costumavam dizer coisas como "quando eu morrer" ou "não vou viver para ver isso", mas hoje ninguém menciona a finitude. À medida que nos aproximamos da morte, devíamos ter mais consciência dela, mas quase sempre ocorre o contrário. O problema é que a vida é uma formadora de hábito como qualquer outra atividade que ela envolve. Como afirmou E. M. Cioran: "Quanto mais oprimido pelos anos, mais ele fala da morte como um acontecimento distante e bastante improvável. A vida agora é um hábito que o deixou despreparado para a morte".[12]

Assim sendo, a nova solução para a morte é bani-la da vista e da mente e se refugiar no hábito. Mas só a consciência da transitoriedade pode dar sabor à vida. A mortalidade é o tempero da vida.

Em seu ensaio "Sobre a transitoriedade", Freud rejeita o argumento de um jovem poeta para quem a impermanência desvalorizava tudo na vida: "Ao contrário, seu valor se intensifica! O valor da transitoriedade é a escassez do tempo. A limitação da possibilidade de divertimento o torna ainda mais precioso".[13]

## A era da loucura

A consciência da mortalidade oferece o foco e a intensidade que tantas vezes faltam à experiência e é outra dádiva da velhice. O jovem rico de tempo é tão arrogante e desatencioso quanto o rico de dinheiro – se tudo pode ser comprado, nada tem valor –, mas o velho pobre de tempo sabe que agora pouco pode comprar e portanto tudo é valioso. O prazer sexual, por exemplo, se intensifica imensuravelmente quando se sabe que ele não estará disponível por muito tempo mais, seja por incapacidade ou pela morte do parceiro. Uma das frases mais sinceras que já li foi: "Se todo minuto fosse o último, ele seria tão bom quanto o primeiro".

Desde Homero, a literatura está cheia de eloquentes conselhos de que devemos apreciar o milagre da existência terrena. Quando Ulisses tenta consolar Aquiles no mundo dos mortos com a notícia de sua fama na terra, o lendário guerreiro responde:

> "Não me venhas com essa conversa lisonjeira sobre a morte,
> Ulisses, farol dos conselhos.
> Digo-te que é melhor trabalhar a terra como um lavrador
> para algum camponês pobre, em troca de parca ração,
> do que reinar sobre os mortos exauridos".[14]

"Filosofar é aprender a morrer", disse o francês Montaigne, que tomou a frase do romano Cícero, que por sua vez a tomou do grego Platão. Buda antecedeu a todos eles: "Não uso de magia para estender minha vida. Agora, diante de mim, as árvores se enchem de vida".[15]

Aprender a morrer é aprender a viver. A morte é a doadora da vida. Como dizia Elvis, "É agora ou nunca".*

A morte pode até estender a vida. Os monges das comunidades do monte Athos, na Grécia, usam preto para lembrar a todo momento de sua mortalidade, e no entanto a maioria vive até uma idade muito avançada. Portanto, o segredo de uma vida longa pode ser a aceitação de que ela é breve. Se essa aceitação não estende a vida, certamente melhora sua qualidade. Não há um só caso de mal de Alzheimer entre os monges do monte Athos.

---

* No original, *It's now or never*, título de um famosa canção gravada por Elvis Presley em 1960. (N. da T.)

O absurdo do envelhecimento

Aceitação é tudo. As reações diferem e vão da raiva de Dylan Thomas ("Não entre nessa boa noite com doçura") à linda aceitação de Marco Aurélio:

> Veja como é transitória e trivial toda vida mortal; ontem uma gota de sêmen, amanhã um punhado de cinzas. Portanto, passe esses fugazes momentos na terra como a natureza os teria passado e depois parta para o seu descanso de bom grado, como uma azeitona que cai quando é sua estação, com uma bênção para a terra que a gerou e um agradecimento pela árvore que lhe deu vida.[16]

As reações parecem opostas, mas ambas enfrentam a indesejada verdade.

E só através dessa aceitação pode surgir a chama única, uma incandescência inspirada na perspectiva da extinção. Um exemplo é o fenômeno do florescimento na fase final da vida de pintores, compositores e escritores. Apesar das muitas diferenças entre artes e artistas, todos mostram uma impaciência obsessiva que beira o frenesi, rejeita o virtuosismo, a retórica e o acabamento, explode a forma convencional, transcende a técnica, abandona o controle consciente pela força do instinto e é totalmente indiferente às plateias e à recepção. Essas obras quase sempre chocam seus contemporâneos, que as desprezam por considerá-las infantis, cruas, fragmentárias, inacabadas e repetitivas, produto de mentes deterioradas. Só muito depois elas podem ser apreciadas por sua arrebatadora vitalidade, que a crítica Barbara Herrnstein Smith definiu como "sublime senilidade".[17] Paradoxalmente, por trabalharem para si mesmos, esse pintores, escritores e compositores se comunicam mais diretamente e com maior intensidade. Como não desejam agradar, impressionar, encantar ou tranquilizar, a profundidade fala aberta e urgentemente com a profundidade.

As obras da última década de Picasso, quando ele estava com 80 e 90 anos, têm essas qualidades, além de um escandaloso erotismo. Picasso não suportava abandonar o paraíso da carne e pintou obsessivamente mulheres nuas e casais enlaçados. Os nus são compactos, com braços e pernas monumentais, imensos olhos arregalados, pés de cebola e dedos de banana, seios distorcidos e deslocados, com grandes mamilos escuros e, sempre atraindo o olhar para o centro, vulvas escancaradas e cruas. Picasso queria que essas mulheres estivessem tão fisicamente presentes que o assustado amante da arte pudesse sentir o cheiro de suas axilas e vagina. "É preciso saber ser vulgar", ele disse. "Pintar com palavras de quatro letras."[18] Há uma obra chamada *Mulher mijando* que faz jus ao título, e outra de uma mulher se masturbando com as duas mãos. As pinturas de casais são ainda mais loucas, com faces de olhos ferozes, os corpos dos amantes se fundindo e o homem parecendo querer devorar ou estrangular a mulher. Nunca a fusão sexual foi tão intensamente retratada. Na pintura do abraço final, pintada quando Picasso já passara dos 90 anos e se aproximava da morte, os membros estão tão embaraçados que é impossível identificar quais pertencem ao homem ou à mulher, embora haja dois conjuntos de genitais. E há ainda autorretratos dos últimos anos. Num deles, pintado quando ele estava com seus 80 anos, é um busto com uma camisa listrada. O torso foi pintado com apressada violência, as listras da camisa traçadas em golpes de um pincel pesado, de modo que a tinta é forçada a respingar, gotejar e escorrer. A expressão é amarga; os olhos, dois ocos negros cegos ao mundo exterior e vendo apenas alguma terrível revelação interior. E, no mesmo mês do abraço final, há um último autorretrato – uma cabeça gigantesca com enormes olhos olhando aterrorizados para algo que se aproxima inexoravelmente.

Quando essas obras finais foram exibidas, foram quase universalmente ridicularizadas. Todos achavam que a incrível técnica de Picasso finalmente o tinha abandonado. Na verdade, Picasso tinha transcendido a técnica. Como ele mesmo disse, tinha tanta técnica que ela deixou de existir.[19] Opiniões mais sensíveis vieram de fora do mundo da arte, como, por exemplo, do poeta mexicano Octavio Paz: "Ele pinta com urgente necessidade, e o que ele pinta é a própria urgência. Ele é o Pintor do tempo".[20] Paz identifica a principal qualidade do estilo final: a urgência. Como disse o próprio Picasso: "Tenho cada vez menos tempo e cada vez mais a dizer".[21]

As obras finais de Monet não contêm nus nem mesmo pessoas, mas pulsam com o mesmo frenesi sensual. Ele não suportava ter que deixar o mundo físico, representado obsessivamente por nenúfares em pinturas que se tornavam cada vez maiores e eram realizadas com um fervor cada vez maior – ele costumava acordar às 4 da madrugada e trabalhava o dia todo. Essas obras abandonam a representação quase completamente por uma orgia abstrata de golpes, borrões e curvas, entremeados com áreas de tela nua de textura grosseira. As pinceladas não fazem o menor esforço para se esconder, mas são ásperas e irregulares, começando numa pasta e terminando em pedaços interrompidos e longos filamentos – muitas vezes, ele usava deliberadamente pincéis velhos para obter um efeito mais irregular. A tinta exulta em ser pintada, e se arrasta, coagula, abre regos e pinga. Na visão macro, tudo se entremeia com tudo numa fusão de cores, que é sua visão da beleza do mundo que contra a vontade ele tem que abandonar. Diante dessas telas, fascinados e aterrorizados, nós nos perguntamos como um homem velho teve a coragem de ser tão louco.

Na música há os últimos quartetos de Beethoven, que mais parecem meditações sonoras do que tentativas de capturar a atenção dos ouvintes. E o mesmo se pode dizer de um músico de época e estilo totalmente diferentes – o pianista de *jazz* Earl Hines. O único traço em comum entre Beethoven e Hines é o fato de que os dois tocavam piano e envelheceram. Na juventude, Hines era *showman* e chefe de banda que se apresentava em clubes noturnos pertencentes a gângsteres, mas na meia-idade foi esquecido e só redescoberto no fim da vida, quando foi convidado a dar um concerto solo no Little Theater de Nova York. Quando entrou no palco, ele informou ao público que pretendia tocar como se fosse a última vez – e o surpreendeu com uma audácia e uma exuberância sem limites. Depois disso, recusou-se a tocar com bandas ou mesmo pequenos grupos e se apresentou exclusivamente em solos de piano, um comportamento incomum para um músico de *jazz*. Nas gravações desses concertos solo, de longas e densas improvisações, cheias de súbitas mudanças de andamento e contrapontos, nas quais cada mão tocava sons não só desconexos, mas na verdade opostos, ele parece de fato estar tocando pela última vez na vida, discutindo eloquentemente consigo mesmo. Mas há sempre qualidades individuais no estilo final. A selvageria de Hines era um júbilo incontido que explodia até em baladas e *blues*. Depois de seu renascimento, ele declarou: "A pior coisa para criar rugas no rosto de um homem é a preocupação. Por que ser infeliz e colocar rugas em meu rosto, arrastar os pés e fazer todo mundo à minha volta infeliz também? Sendo quem a gente é, algo sempre acontece. O sol sempre brilha".[22]

E na literatura há Shakespeare, cujas últimas peças arrebentam com as limitações da forma, em particular com a unidade de tempo e lugar. Suas últimas obras – *Conto de inverno*, *Cimbelino*, *A tempestade*, *Péricles, príncipe de Tiro* e *Os dois nobres parentes* – são conhecidas como romances, mas aspiram à liberdade da novela. E sua linguagem é igualmente impaciente – urgente, comprimida e densa, com a sintaxe distorcida pela pressão de novas ideias que abundam no cérebro velho. Shakespeare não podia suportar o tédio da verborragia. Em *Conto de inverno*, quando Leontes grita: "Estrelas! Estrelas! E todos os outros olhos parecem carvões mortos!"[23], compreendemos que, nessas palavras, ele está comparando os olhos de sua mulher às estrelas, e afirmando que, comparados com eles, os olhos de todas as outras mulheres parecem carvões mortos.

# A era da loucura

Quanto a Tolstói, a urgência final o fez romper totalmente com a literatura em obras cujos títulos são *O que é religião? O que é arte? O que fazer?*, e, ainda mais relevante no mundo contemporâneo, "Por que as pessoas embotam os sentidos?" E, quando escrevia ficção, as histórias estão cheias de personagens amargos, confusos diante da possibilidade de extinção. *A morte de Ivan Ilitch* é um estudo das consequências da negação. Ilitch é um magistrado que vivia apenas em busca de *status* e conforto, "agradavelmente" e "decentemente", isolado pelo hábito e pela banalidade, mas que foi atingido por uma inesperada doença fatal e é obrigado a morrer sozinho, excluído pela vida de convenções que sempre adotara. A mulher e a filha mal podiam esperar pela hora de se livrarem dele e retomar a vida social, e seus colegas encararam sua morte apenas como uma oportunidade de promoção. Na falta total de recursos externos e internos, Ilitch morre "depois de três dias de gritos incessantes".[24]

Na poesia há W. B. Yeats, cujos últimos temas incluem "Uma jovem louca" e "O velho mau e cruel", que alegava que só a luxúria e a raiva podiam excitar o velho e que se colocava a retórica pergunta: "Por que o velho não deve ser louco?" Como Picasso, a imaginação de Yeats tornou-se mais forte e selvagem à medida que suas forças declinavam:

> "O que devo fazer com esse absurdo –
> Ó coração, Ó coração perturbado – esta caricatura,
> Esta velhice decrépita que se colou em mim
> Como a cauda de um cão?
>                         Nunca me senti tão
> Excitado, apaixonado, com uma fantástica
> Imaginação, não mais um olho e um ouvido
> Que esperavam o impossível –"[25]

Num de seus mais belos poemas finais, "Lápis-lazúli", Yeats pondera sobre três velhos chineses esculpidos em pedra: "Seus olhos em meio a muitas rugas, seus olhos / seus velhos olhos brilham de alegria".[26] Sempre solene e sem humor, Yeats nunca conseguiu ser alegre, mas reconhecia que a alegria era uma característica inspiradora da cultura oriental. O estilo final do Ocidente é em geral raivoso e amargo, até mesmo desesperado, mas a versão oriental, embora rejeite as convenções e adore a independência, prefere o humor, o entusiasmo e o prazer.

## O absurdo do envelhecimento

O pintor Hokusai influenciou fortemente Monet, que possuía um de seus quadros e extraiu dele a ideia de um tema obsessivamente repetido (por exemplo, *Cem vistas do monte Fuji*):

> Aos 73 anos aprendi alguma coisa sobre a verdadeira estrutura da natureza, dos animais, plantas, pássaros, peixes e insetos, e, em consequência disso, agora que estou com 80 sei que fiz mais progressos, e aos 90 deverei penetrar no mistério das coisas; aos 100 certamente terei alcançado um estágio maravilhoso e, quando estiver com 110, qualquer coisa que eu faça, seja um ponto ou uma linha, estará viva. Escrito por mim aos 75 anos, antigamente Hokusai, hoje Gwakio Rojin, o velho que é louco por desenho.[27]

Que antologia poderia ser compilada com os textos desafiadores, entusiásticos e autossuficientes dos velhos orientais! Como por exemplo "Retorno final", de Tu Fu:

> "Segurando uma vela no pátio, preciso de duas
> Tochas. Um gibão no desfiladeiro, assustado, grita uma vez.
>
> Velho e cansado, cabelos brancos, danço e canto.
> Graveto, insone... apanhem-me se puderem".[28]

# Parte 5

# O final feliz

# 14
# A felicidade do absurdo

Uma das muitas descobertas perturbadoras do século XX foi a revelação de que a vida é essencialmente absurda. Kafka foi o primeiro a desenvolver essa ideia. Em suas histórias de busca, o herói se frustra constantemente, sempre incapaz de conseguir entrar no Castelo ou ter a ajuda da Lei, mas igualmente incapaz de abandonar a busca. Em outras palavras, a busca por significado jamais o encontra, mas apesar disso deve continuar.

E, enquanto Kafka desenvolvia esse tema na literatura, os físicos chegavam à conclusão de que, no nível subatômico, nada existe a menos que seja observado. Assim, a busca pela natureza da realidade revelou que na verdade não existe realidade. Werner Heisenberg, descobridor do princípio da incerteza, declarou, desesperado, que a própria natureza era absurda.

Na filosofia, Camus comparou a condição humana ao destino de Sísifo, condenado a empurrar uma rocha montanha acima pela eternidade. Apesar de um destino absurdo, Camus acreditava que Sísifo podia ser feliz.

Depois Beckett acrescentou uma nova tendência: uma saga de busca sem busca. Em *Esperando Godot*, seus dois vagabundos modernos são muito indolentes e muito pouco curiosos para partir numa jornada em busca de significado. Ao contrário, apenas esperam que o significado venha até eles. "Godot está prestes a se revelar", eles repetem infinitamente, mesmo sabendo que ele jamais chegaria. Para Beckett, esse absurdo era hilariante.

E o riso sarcástico parece ser a única reação possível. Não há como voltar à certeza, à simplicidade e à inocência. O único caminho é o da confusão, da incerteza e da astúcia. O suspiro de assombro torna-se o grito sardônico de descrença. O absurdo é o novo sublime.

## A felicidade do absurdo

A boa notícia é que, enquanto outros recursos definham, o absurdo se multiplica, floresce e se espalha pelo mundo. Há sempre maneiras mais bizarras de passar o tempo enquanto se espera por Godot. Um funcionário de estacionamento, Bob Prior, realiza sua busca no conforto de sua casa, dedicando todo o seu tempo livre a construir cenários e personagens de *Jornada nas estrelas* com caixas do cereal Rice Krispies.[1] É o detalhe das caixas de cereal que torna a história sublime. Desprezando os simples modelos em escala, um *cover* de Elvis, James Cawley, gastou dez anos e 150 mil dólares para construir uma réplica em tamanho natural da ponte de comando da nave *Enterprise* na garagem.[2]

Para os tipos esportivos que gostam de dar espetáculo, há os concursos de glutões, um esporte que, apesar de novo, já tem seu organismo oficial, a Federação Internacional de Comilança Competitiva, que registra recordes mundiais e organiza um *ranking* e competições internacionais, desclassificando qualquer competidor que tenha um "incidente" em consequência de "urgências contrárias à deglutição". Assim como o Brasil domina o futebol, o Japão domina os concursos de glutões e tem seu campeão mundial, Takeru "Tsunami" Kobayashi, que devorou 53 *hot dogs* em doze minutos (e 8 quilos de miolos de boi em quinze minutos). Outros atletas gastronômicos são Carl "Crazy Legs" Conti, que engoliu 168 ostras em dez minutos, Oleg Zhornitskiy, que conseguiu acabar com quatro vidros de 900 gramas de maionese em oito minutos, e Don "Moses" Lerman, que consumiu sete barras de manteiga de 115 gramas em cinco minutos. Só de pensar neste último feito uma pessoa comum já teria um "incidente". A comilança tem seu paradoxo: todos os maiores glutões são magros. Kobayashi pesa apenas 60 quilos.

Aos de temperamento artístico, a arte contemporânea oferece esplêndidas oportunidades de vivenciar o absurdo. Importante instituição que goza de financiamento público pagou um artista para exibir os absorventes usados de sua namorada; outra contratou corredores e organizou corridas por uma galeria de arte a cada trinta segundos; e uma terceira contratou um artista para se filmar descendo pela parede de um estúdio nu e com um pino de segurança de escalada no gelo enfiado no reto. A Tate Britain investiu mais de 30.000 libras do dinheiro dos contribuintes na Monochrome Till Receipt (White), que é uma nota fiscal de supermercado de artigos como arroz pré-cozido, ovos em conserva, absorventes e uma lixeira de tampa móvel. É claro que a lixeira pode ser um material usado pelos artistas. Uma das enigmáticas obras, provavelmente um autorretrato, era uma lata de lixo preta cheia de ar.

# A era da loucura

Para quem tem preocupações políticas, existe a possibilidade de se tornar líder do mundo ocidental dizendo coisas como "As pessoas dizem que sou indeciso, mas não sei nada disso", "Alguém tem mão forte quando há mais pessoas jogando com as mesmas cartas" e "Sei que os humanos podem coexistir pacificamente com os peixes".[3]

Quem não se sentiria feliz de viver em um século em que tais coisas são possíveis? Senhor, como são tolos esses mortais!

Mas o mundo dos negócios, pelo menos, é muito pragmático para ser absurdo, não é? Nem um pouco. Grandes empresas pagam grandes somas a um guru administrativo que se define como "a maior autoridade mundial em pensamento criativo" e alega que, "sem querer se vangloriar", seu mais novo sistema é "a primeira nova maneira de pensamento a ser desenvolvida em 2.400 anos, desde os tempos de Platão, Sócrates e Aristóteles". Conhecido como os "Seis Chapéus do Pensamento", seu sistema requer que os executivos usem um chapéu vermelho para propor um projeto, um amarelo para listar suas vantagens, um preto para suas desvantagens e assim por diante. Mas, além dos chapéus coloridos, os que investem no sistema recebem aforismos do grande pensador desde Sócrates: "Não se pode cavar um buraco num lugar diferente cavando mais fundo no mesmo buraco", "Quando há um problema, procura-se uma solução" e "Um pássaro é diferente de um avião, embora ambos voem pelo céu".[4]

Inspirado em sua sabedoria, o empresário pode descobrir muitas maneiras absurdas de ganhar dinheiro, como, por exemplo, vender sujeira. Não a sujeira figurada da pornografia, mas sujeira de verdade. Alan Jenkins, imigrante irlandês nos Estados Unidos, ficou multimilionário vendendo sacolas plásticas cheias de terra oficial irlandesa. Sendo um astuto homem de negócios, ofereceu a um advogado de Manhattan natural da cidade irlandesa de Galway terra irlandesa suficiente para seu repouso final pelo preço razoável de 100.000 dólares – e, por apenas 148 mil dólares, despachou para um natural de Cork várias toneladas de terra irlandesa para ser usada como fundação segura para sua nova casa na América. Parece que o século XXI assiste a uma nova fase da experiência de imigração: depois de se estabelecer e enviar dinheiro para a família, o imigrante paga pela sujeira natal. Jenkins já tem um correspondente judeu na pessoa de Steven Friedman, fundador da Terra da Terra Santa, que importa terra de Israel com o selo oficial de aprovação do rabino Velvel Brevda, diretor do conselho de Geula, em Jerusalém. Há uma óbvia oportunidade de importar terra islâmica de Meca, mas um verdadeiro

# A felicidade do absurdo

visionário vai enxergar possibilidades e fundar a empresa Solo Sagrado Internacional para despachar terra de qualquer lugar do mundo.

E a ciência pragmática é tão absurda quanto o pragmático mundo dos negócios. A busca pela natureza da realidade penetra ainda mais fundo na experiência do absurdo. É difícil saber qual é mais absurdo: o micro ou o macro, a física do átomo ou a física espacial.

No início o átomo era só um núcleo cercado de elétrons, e só o elétron era misterioso. Como um moderno bissexual, ele podia ser uma partícula num momento e uma onda no momento seguinte, dependendo de quem estivesse flertando com ele. Como uma moderna celebridade, ele não existia se ninguém estivesse olhando. Isso era perturbador, mas pelo menos o núcleo era sólido e confiável. Mas então descobriu-se que o núcleo supostamente sólido podia gerar partículas misteriosas. Era um criadouro de partículas. Não, na verdade eram todas a mesma partícula: o *quark*. Portanto, só há duas partículas elementares, o elétron e o *quark*. Exceto que existem dois elétrons mais pesados, o múon e o tau, seis tipos de *quarks* e também *superquarks* conhecidos como *squarks*.

E, aparentemente, os átomos, que deveriam ser a base de tudo, só respondem por 4 por cento do universo. Os outros 96 por cento estão faltando – mas são formados provavelmente por 25 por cento de matéria escura e 75 por cento de energia escura. Os cientistas explicam, com preocupação, que não há gravidade suficiente.

Até o vácuo, o último mosteiro, não é mais casto. Parece que o vácuo não está vazio. O firmamento é uma incessante agitação de matéria transformando-se em antimatéria e de novo em matéria. Até a própria matéria é incorrigivelmente instável e inquieta, e tenta infinitamente tornar-se o seu oposto, mas também não se contenta com isso.

E o misterioso micro se mistura misteriosamente com o misterioso macro devido a um misterioso fenômeno conhecido como entrelaçamento quântico, o que significa que um evento quântico na Terra pode mudar instantaneamente as coisas em alguma galáxia distante.

Mas as galáxias não parecem estar dispostas ao entrelaçamento. Aparentemente, as estrelas estão fugindo de nós com rapidez cada vez maior. E quem poderia culpá-las depois do primeiro contato com humanos no espaço? A busca mais espetacular e mais absurda da história humana foi o pouso do homem na Lua. Nem mesmo Kafka ou Beckett juntos teriam imaginado uma fábula tão sublime. Esse fato deu início a muitas das principais características da época: a primazia da imagem sobre o conteúdo (o pouso não ofereceu nenhum

# A era da loucura

outro benefício a não ser fotos, mas as fotos foram mais valorizadas do que a rocha lunar), de valores diferenciais sobre valores absolutos (o verdadeiro objetivo dos Estados Unidos era pousar na Lua antes da União Soviética) e dos meios sobre os fins (o homem foi à Lua para mostrar que era possível ir à Lua).

Esse foi também o primeiro evento de mídia global e a apoteose da moderna tecnologia. Quase 600 milhões de pessoas assistiram ao pouso pela tevê, mas nenhuma delas tinha consciência da fragilidade da tecnologia ou da possibilidade de fracasso. O módulo lunar não acertou o local do pouso, e o computador de navegação, que tinha menos potência que um telefone celular contemporâneo, produziu sob tensão uma mensagem de erro "1202", que ninguém tinha visto até então. Imagine o que é sobrevoar a superfície lunar com o medidor de combustível quase a zero e receber como solução uma mensagem 1201. Homens de tendência filosófica teriam interpretado essa mensagem como uma prova conclusiva de que Deus tem um grande senso de humor. Mas os astronautas não tinham inclinação nem tempo para tais pensamentos. Neil Armstrong teve que assumir o controle e ver o terreno rochoso passar correndo por ele à medida que o combustível se esgotava. Apenas dez segundos antes que o combustível se esgotasse, ele encontrou uma área suficientemente plana para pousar.

Os 600 milhões assistiam e esperavam. E esperaram. Estaria Neil supervisionando o terreno, checando o equipamento ou sofrendo para proferir suas primeiras palavras? Talvez estivesse aterrorizado com sua insignificância diante do cosmo. Nada disso, Neil estava lavando os pratos. Homem organizado, ele passara o fim de semana anterior ao voo desmontando e remontando a lavadora de pratos de sua casa.

Finalmente surge Neil, seguido por Buzz Aldrin, e os dois hesitam pelo que parece uma eternidade na escada do módulo. Seria Buzz mais sensível que seu companheiro ao terror e assombro cósmico? Não, ele tinha parado apenas para fazer xixi. E esse poderia ter sido um ato de rebeldia, como fazer xixi numa piscina, porque Buzz deveria ter sido o primeiro a sair e ainda estava infeliz de ter sido rebaixado. Então, quando desceu na Lua e recebeu ordem de fotografar Neil, ele se recusou, com a desculpa de estar "muito ocupado",[5] e a única foto de Neil na Lua foi batida por ele mesmo e mostra seu reflexo no visor do companheiro. Esse é outro exemplo do poder dos diferenciais e da tendência negativa. Como disse um de seus colegas astronautas, Buzz se ressentiu mais de não ter sido o primeiro do que apreciou ter sido o segundo. Na verdade, ele alcançou uma distinção única – foi o primeiro e provavelmente o único homem a bufar de raiva ao pisar na Lua (e, melhor ainda, a defecar no mar da Tranquilidade).

# A felicidade do absurdo

Buzz tinha muitos motivos para reclamar, entre eles a roupa de baixo fornecida pela NASA. Quando voltou à Terra depois de estar perto da morte na Lua, suas primeiras palavras para a esposa foram: "Joan, será que você poderia me trazer uma das minhas cuecas Jockey amanhã de manhã?"[6] E, em consequência dos três dias de interrogatório da NASA, os astronautas perderam o tumulto da mídia, que Buzz profeticamente imaginava ser o evento real.

A excitação da mídia não tinha precedentes. Um certo reverendo Terence Mangan publicou um projeto detalhado para a construção de uma igreja na Lua, e o grupo de hotéis Hilton pensou em construir um *resort* subterrâneo (prevendo que a Lua seria o destino mais popular para a lua de mel)[7], enquanto o Nepal se ofendeu com a violação do lugar de descanso das almas dos mortos e a União dos Contadores de Histórias da Pérsia passou a acreditar que as histórias nunca mais seriam as mesmas.

E as fotografias da Apollo revelaram pela primeira vez a insignificância da Terra – um minúsculo corpo perdido numa infinidade de escuridão. Na Lua, Armstrong descobriu que podia causar um eclipse da Terra apenas erguendo o polegar. "Isso o fez sentir-se realmente grande?", perguntaram-lhe. "Não, isso me fez sentir-me realmente pequeno."[8]

Armstrong manteve a estabilidade depois de ter ido à Lua, mas Buzz Aldrin afundou no alcoolismo e na depressão.

A depressão é muitas vezes o destino da personalidade moderna – ambiciosa, faminta por atenção e ressentida, sempre convencida de merecer mais, sempre perseguida pela possibilidade de estar perdendo algo melhor, sempre sofrendo pela falta de reconhecimento e sempre insatisfeita. É preciso reencontrar a coragem e a humildade de Sísifo, que não exige recompensa, mas sabe transformar qualquer atividade em sua própria recompensa. Sísifo é feliz com o absurdo e a insignificância de seu ato de empurrar constantemente uma rocha montanha acima.

Naturalmente, ele resmunga de vez em quando. A rocha podia ser menos áspera, e a montanha, menos íngreme. Por outro lado, tanto a rocha quanto a montanha podiam ser mais cruéis. E há muito o que agradecer. Nada em sua condenação o obriga a usar um determinado caminho, e existe uma infinidade de caminhos onde cumprir a tarefa eterna. Portanto, mesmo enquanto procura o caminho perfeito, ele espera secretamente nunca encontrá-lo. Nem tampouco lhe está proibido um movimento lateral. E, se a coisa ficar difícil demais, ele pode afrouxar o passo e deixar a pedra rolar de volta. Mais tarde, o céu vai escurecer e estalar com o desgosto divino – mas Sísifo só pode dar de ombros e mostrar suas palmas vazias e ásperas.

Muitas vezes ele finge estar encurralado e volta as costas para a rocha, aparentemente para empurrá-la com mais força – mas na verdade a rocha e o homem estão se apoiando. Nesses momentos, ele sonha, quase sempre se lembrando da mulher e tendo uma terna ereção. Muitas vezes, também, ele ataca a rocha com súbita força, empurrando-a até o topo numa única corrida frenética. Os deuses odeiam essa insolência, mas o que podem fazer? E, naturalmente, existe um momento de libertação no topo, sempre antecipado e, se nunca tão emocionante quanto prometia, ainda assim é um momento para ser saboreado. Terá ele algum motivo para descer tão precipitadamente quanto a rocha? Nenhum. Ele desce caminhando com provocadora indiferença, variando os caminhos. Que fúria impotente a dos deuses! A tarefa, que deveria ser imutável, na verdade tem infinitas variantes.

Mesmo que todas as variações fossem proibidas, ainda haveria esse relacionamento cada vez mais profundo com a rocha. À medida que suas mãos passam a conhecer cada depressão e cada protuberância, a rocha parece tornar-se mais receptiva, mais cooperativa. E quem teria acreditado que frágeis mãos humanas poderiam suavizar tal aspereza? Naturalmente, há maus momentos, quando a rocha teima em não se mover e Sísifo a amaldiçoa e até a golpeia. Mas, em outros momentos, a rocha parece alegre, brincalhona até, rolando facilmente como se o provocasse. Nesses momentos o toque de Sísifo é uma carícia leve.

Todos os deuses o observam com uma desaprovação cada vez maior. Eles também podem ser espertos e sutis. Um dia eles dizem: "Sísifo, temos observado com admiração sua engenhosidade para variar seu trabalho. E decidimos aliviar seu fardo. Existe uma rocha muito melhor". Estupefato, Sísifo olha para baixo e vê uma rocha consideravelmente menor e portanto mais lisa e esférica. Ele até pode sentir as curvas encaixando-se em suas mãos quando ela rola sem esforço montanha acima. Ele nem consegue falar. Os deuses aguardam, com maligna segurança, e então acrescentam, não sem satisfação: "Você acreditou que o trabalho duro e eterno o libertaria? Nenhum homem escapa à agonia da sua escolha". Sísifo não responde. Agora sua rocha parece um peso morto, repentinamente mais pesada graças à sua imperfeição e ao seu volume. Então, de uma hora para outra, a glória da criatura humana – a oposição – inunda sua alma com um vinagre intoxicante. Ele pode desobedecer. Pode se recusar. Pode dizer não. Ou, com arrogância e humildade, revolta e aceitação, absurdo e felicidade, com um tapinha amoroso, pode dizer: "Esta é a *minha* rocha".

# Agradecimentos

Agradeço a Jennifer Iles, por ter me dado a idea de escrever este livro; a Emily McLaughlin, pelos conselhos sobre as transcrições; a Jennifer Christie, Kerri Sharp e Kristie Addis, pelas inúmeras sugestões valiosas; e à minha mulher, Martina, também ela uma estudiosa perspicaz da loucura, por boa parte da pesquisa.

E gostaria de agradecer também à Camden Council Libraries. Muitos se queixam da dificuldade de encontrar livros recentes nas bibliotecas públicas, mas as bibliotecas do bairro de Camden tinham quase todos os livros de que precisei. E, além disso, quando solicitei volumes do estoque de reserva, os funcionários foram pegá-los nos cofres sem reclamar. Eis aqui um serviço público que merece ser louvado.

# Notas

*(Quando há tradução do livro no Brasil, o título em português aparece entre colchetes.)*

CAPÍTULO 1

1. Derek Mahon, *The Yellow Book*, Gallery Press, 1997.
2. Publicado no *New York Times* e citado no *Observer* de 17 de maio de 2009.
3. Jean-Jacques Rousseau, *Collected Writtings of Rousseau*, University of New England Press, 1994.
4. Hannah Arendt, *The Human Condition* [A condição humana], University of Chicago Press, 1958.
5. John Stuart Mill, *Autobiography*, Penguin, 1987.
6. Gustave Flaubert, *Extraits de la correspondance* [Cartas exemplares], Editions du Seuil, 1963.
7. Ibid.
8. Immanuel Kant, *Groundwork for the Metaphysics of Morals* [Fundamentação da metafísica e dos costumes], Hackett, 1981.
9. Friedrich Nietzsche, *Also sprach Zarathustra* [Assim falou Zaratustra], Ernst Schmeitzner, 1885.
10. Sally Brampton, *Shoot de Damn Dog*, Bloomsbury, 2008.
11. Erich Fromm, *The Fear of Freedom* [O medo da liberdade], Routledge, 1942.
12. Citado em Henri Troyat, *Tolstoy*, Doubleday, 1967.

CAPÍTULO 2

1. Inge Kjaergaard, "Propaganda para o cérebro", Focus, Dinamarca, 2008.
2. Citado em Barry Schwartz, *The Paradox of Choice: Why More is Less* [O paradoxo da escolha: por que mais é menos], HaperCollins, 2005.
3. Martin Lindstrom, *Buyology: How Everything We Believe about Why We Buy is Wrong*, Random House Business Books, 2009.

4. Platão, *Phaedrus* [Fedro], em John M. Cooper e D. S. Hutchinson (orgs.), Plato: Complete Works, Hackett, 1997.
5. Marco Aurélio, *Meditations*, Penguin, 1964.
6. Citado em Robert Bly, *The Sibling Society*, Hamish Hamilton, 1996.
7. Citado em Karen Armstrong, *Buddha*, Weidenfeld & Nicolson, 2000.
8. Sigmund Freud, *Collected Papers*, Hogarth Press, 1970.
9. Juan Mascaro (trad.), *The Dhammapada*, Penguin, 1973.
10. Citado em Karl Jaspers, *Socrates, Buddha, Confucius, Jesus: The Paradigmatic Individuals*, Harvest, 1960.
11. Citado em Armstrong (2000), op. cit.
12. Citado em Jaspers, op. cit.
13. Ibid.
14. As estatísticas estão em John Mickçethwait & Adrian Wooldridge, *God is Back: How the Global Rise of Faith is Changing the World*, Allen Lane, 2009.
15. Spinoza, *Ethics* [Ética], Hafner Publishing, 1966.
16. Ibid.
17. Ibid.
18. Ibid.
19. Spinoza, *Ethics* [Ética], Everyman, 1993.
20. Citado em Antonio R. Damasio, *Looking for Spinoza* [Em busca de Spinoza], Vintage, 2004.
21. Citado em Henri F. Ellenberger, *The Discovery of the Unconscious*, Penguin, 1970.
22. Arthur Schopenhauer, *The World as Will and Idea* [O mundo como vontade e representação], Dent, 2004.
23. Arthur Schopenhauer, *Essays and Aphorisms*, Penguin, 1970.
24. Nietzsche (1885), op. cit.
25. Ibid.
26. Ibid.
27. Ibid.
28. Ibid.
29. Ibid.
30. Joseph LeDoux, *The Emotional Brain* [O cérebro emocional], Simon & Schuster, 1996.
31. Kenneth M. Heilman, *Matter of Mind: a Neurologist's View of Brain-Behavior Relationships*, Oxford University Press, 2002.

32. J. Cohen et al., "Separate neural systems value immediate and delayed monetary rewards", *Science*, 306, 2004.

## CAPÍTULO 3

1. Citado em Erich Fromm, *Marx's Concept of Man* [Conceito marxista do homem], Ungar, 1961.
2. Fiona Macdonald, "A truly captive audience", *Metro*, 4 de fevereiro de 2002. A citação é de Felix Paus, fundador dos Videogames Adventure Services. Outra empresa que oferece serviços semelhantes é a Spy Games. Os sites são www.semagoediv.com e www.spy-games.com.
3. Pesquisa citada no *New York Times*, 28 de outubro de 2007.
4. Julian Baggini, *Complaint: from Minor Moans to Principled Protest*, Profile, 2008.
5. Por exemplo, www.unboxing.com.
6. Alain de Botton, *The Art of Travel* [A arte de viajar], Random House, 2004.
7. David Foster Wallace, *A Supposedly Fun Thing I'll Never do Again*, Abacus, 1998.
8. O primeiro a identificar essa tendência foi Erich Fromm, que a definiu como "orientação mercadológica", a obrigação de se comercializar como produto: "Como o sucesso depende em grande parte de como alguém vende sua personalidade, a pessoa se sente um produto ou simultaneamente o vendedor e o produto a ser vendido. A pessoa não está preocupada com sua vida e sua felicidade, mas em tornar-se vendável". Em Erich Fromm, *Man for Himself*, Routledge, 1949.
9. Os três que descobriram esse inovador caminho para a fama e a fortuna são William Burroughs, Damien Hirst e Ozzy Osbourne.
10. Sêneca, *Moral Essays*, Loeb Classical Library, 1989.
11. Marco Aurélio, op. cit.
12. Sêneca, *Moral Essays*, Loeb Classical Library, 1989.
13. Ibid.
14. Ibid.
15. Marco Aurélio, op. cit.
16. Ibid.
17. Epíteto, *The Discourses*, Loeb Classical Library, 1989.
18. Marco Aurélio, op. cit.
19. Mateus 10:36.

20. Mateus 7:28.
21. Mateus 12:11.
22. Mateus 22:21.
23. Erich Fromm (1942), op. cit.
24. Jean-Paul Sartre, *Being and Nothingness* [O ser e o nada], Routledge, 2003.
25. Soren Kierkegaard, *The Sickness unto Death*, Princeton University Press, 1951.
26. Jean-Paul Sarte, *Being and Nothingness* [O ser e o nada], Philosophical Library, 1956.
27. Sartre (2003), op. cit.
28. Albert Camus, *The Myth of Sisyphus* [O mito de Sísifo], Penguin Classics, 2000.
29. Ibid.
30. Samuel Beckett, *Happy Days* [Dias felizes], Faber, 1963.

## CAPÍTULO 4

1. Jonathan Haidt, *The Happiness Hypothesis*, Heinemann, 2006.
2. Nicholas Epley & David Dunning, "Feeling holier than thou", *Journal of Personal and Social Psychology*, 79, 2000.
3. Por exemplo, Richard Layard, *Happiness: Lessons from a New Science*, Penguin, 2005.
4. Walter Mischel et al., "Predicting adolescent cognitive and self-regulatory competencies from preschool delay of gratification: identifying diagnostic conditions", *Developmental Psychology*, 26, 1990.
5. Richard Easterlin, "Explaining happiness", *Proceedings of the National Academy of Science*, 100, 2003.
6. Schopenhauer (2004), op. cit.
7. Leon Festinger, *A Theory of Cognitive Dissonance*, Stanford University Press, 1957.
8. Citado em Carol Tavris e Elliot Aronson, *Mistakes Were Made (but Not by Me): Why We Justify Foolish Beliefs, Bad Decisions and Hurtful Acts*, Pinter & Martin, 2008.
9. É difícil acreditar nessa estatística, mas ela é citada em dois escrupulosos livros de pequisa: Carol Tavris e Elliot Aronson, *Mistakes Were Made (but Not by Me): Why We Justify Foolish Beliefs, Bad Decisions and Hurtful Acts*, Pinter & Martin, 2008; e Francis Wheen, *How Mumbo-Jumbo Conquered the World* [Como a picaretagem conquistou o mundo], HarperPerennial, 2004.
10. Susan A. Clancy, *Abducted: How People Come to Believe They Were Abducted by Aliens*, Harvard University Press, 2005.

11. Louis Menand, "The devil's disciples", *New Yorker*, 28 de julho de 2003.
12. Leon Tolstói, *War and peace* [Guerra e paz], Penguin, 1957.
13. Por exemplo, Daniel Nettle, *Happiness: the Science behind Your Smile*, Oxford University Press, 2005.
14. Arthur Schopenhauer, *Parerga and Paralipomena: Short Philosophical Essays*, Oxford University Press, 1974.
15. Nettle, op. cit.
16. D. T. Lykken & A. Tellegen, "Happiness ia a stochastic phenomenon", *Psychologicl Science*, 7, 1996.
17. J. B. Handelsman, *New Yorker*, 16 de setembro de 1996.
18. Steven Rose, *Lifelines: Life Beyond the Gene*, Vintage, 2005.
19. David Blanchflower & Andrew Oswald, "Is well-being U-shaped over the life cycle?", *Social Science & Medicine*, vol. 66, nº 8, abril de 2008.
20. Richard Layard, *Happiness Lessons from a New Science*, Penguin, 2005.
21. V. Medvec, S. Madey, T. Gilovich, "When less is more: counterfactual thinking and satisfaction among Olympic medalists", *Journal of Personality and Social Psychology*, 69, 1995.
22. Schopenhauer (1974), op. cit.
23. William Shakespeare, *Henrique VIII*, ato 4, cena 2.
24. Aaron Beck, *Cognitive Therapy and the Emotional Disorders*, International Universities Press, 1976.
25. Albert Ellis e Windy Dryden, *The Practice of Rational Emotive Behavioural Therapy*, Springer, 2007.
26. Ibid.
27. Oliver James, *The Selfish Capitalist: Origins of Affluenza*, Vermilion, 2008.
28. Johah Lehrer, *The Decisive Moment: How the Brain Makes up its Mind*, Canontage Books, 2009.
29. Nettle, op. cit.
30. Schopenhauer (1974), op. cit.
31. Damasio (2004), op. cit.
32. Robert Nozick, *Anarchy, State, and Utopia*, Basic Books, 1974.

CAPÍTULO 5
1. *The Times*, 21 de agosto de 2007.
2. Sigmund Freud, *Civilization and its Discontents*, Penguin Books, 2002.
3. John Armstrong, *Conditions of Love: the Philosophy of Intimacy*, Penguin, 2002.

# A era da loucura

4. Jaspers, op. cit.
5. Christopher Peterson & Martin Seligman, *Character Strenghts and Virtues: A Handbook and Classification*, Oxford University Press, 2004.
6. Há vários exemplos em Haidt, op. cit.
7. Rainer Maria Rilke, *Briefe an einen jungen Dichter*, Insel Verlag, 1929.
8. Rainer Maria Rilke, *Letters of Life* [Cartas do poeta sobre a vida], Modern Library, 2006.
9. Joseph Campbell, *The Hero with a Thousand Faces* [O herói de mil faces], Fontana, 1993.
10. Ibid.
11. Ibid.
12. Mateus 10:34.
13. Citado em Jaspers, op. cit.
14. Franz Kafka, *The Zürau Aphorisms*, Schocken Books, 2006.
15. Franz Kafka, *The Complete Short Stories*, Vintage, 2005.
16. Farid Ud-Din Attar, *The Conference of the Birds* [A conferência dos pássaros], Penguin, 1984.
17. Correspondente à parábola islâmica de Simorgh, que é do século XII, há um aforismo judaico do Rabbi Tarphon, do século I, que se assemelha muito a Kafka: "Ninguém exige que você complete o trabalho, mas você também não é livre para desistir dele". O existencialista Karl Jaspers: "O objetivo da vida não pode ser formulado como uma afirmação inatingível e, uma vez alcançado, perfeito. Nossos estados de alma são apenas manifestações da luta ou do fracasso existencial. Está em nossa própria natureza estar no caminho". Nietzsche, pai do existencialismo, foi mais sucinto: "Não existe Ser, apenas Tornar-se". A versão de Sartre foi abstrata: "A existência precede a essência". A versão budista foi entusiasticamente concreta: "Quando lhe perguntaram 'O que é o zen?', o mestre disse: 'Seguir em frente.'" E Proust expressou seu pensamento na ficção: "Não recebemos sabedoria, precisamos descobri-la sozinhos, depois de uma jornada pelo deserto que ninguém mais pode fazer por nós, da qual ninguém pode nos poupar, porque nossa sabedoria é o ponto de vista com o qual finalmente pensamos o mundo".
18. Constantine Peter Cavafy, *Poiemata*, Ikaros, 1963.

## CAPÍTULO 6

1. "Hi-tech is turning us all into time-saster", *Observer*, 20 de julho de 2008.
2. Jerald Block, "Issues for DSM-V: internet addiction", *The American Journal of Psychiatry*, março de 2008.
3. "Driver wins £20.000 damages for stress of parking tickets", *Observer*, 8 de fevereiro de 2009.
4. Jean-Paul Sartre, *Being and Nothingness* [O ser e o nada], Routledge, 2003.
5. "Don't worry, Woody: anxiety is in the genes, study finds", *Independent*, 11 de agosto de 2008.
6. "It's not you, dear. It's me: the genetic reason why some men are just born to cheat", *The Times*, 2 de setembro de 2008.
7. John Gray, *Straw Dogs: Thoughts on Humans and Other Animals*, Granta, 2002.
8. Antonio Damasio, *Descartes's Error: Emotion, Reason, and the Human Brain* [O erro de Descartes: emoção, razão e o cérebro humano], Putnam, 1994.
9. LeDoux, op. cit.
10. Damasio (2004), op. cit.
11. Ibid.
12. Matt Ridley, *Nature Via Nurture: Genes, Experience and What Makes Us Human* [O que nos faz humanos], HarperPerennial, 2004.
13. Hilary Rose & Steven Rose (ed.), *Alas Poor Darwin: Arguments against Evolutionary Psychology*, Vintage, 2001.
14. Steven Rose, *Lifelines: Life beyond the Gene*, Vintage, 2005.
15. Para uma explicação completa, ver Norman Doidge, *The Brain that Changes itself*, Penguin, 2007.
16. D. A. Christakis et al., "Early television exposure and subsequent attentional problems in children", *Pediatrics*, 113, 2004.
17. William Shakespeare, *Hamlet*, ato 3, cena 4.
18. Editorial do *British Medical Journal*, 2 de junho de 2001.
19. Citado no *Guardian*, 13 de dezembro de 2001.
20. *Asleep at the wheel*, documentário da BBC One, 26 de outubro de 2004.
21. Muzafer Sherif, *Group Conflict and Co-operation: Their Social Psychology*, Routledge & Kegan Paul, 1966.
22. Don DeLillo, *White Noise* [Ruído branco], Viking, 1984.
23. E. J. Langer & J. Rodin, "The effects of choice and enhanced personal responsability for the aged: a field experiment in an institutional setting", *Journal of Personality and Social Psychology*, 34, 1976.

24. S. E. R. Asch, "Studies of independence and conformity: a minority of one against a unanimous majority", *Scientific American*, novembro de 1955.
25. G. S., Berns, J. Chappelow, C. F. Zin, G. Pagnoni, M. E. Martin-Skurski e J. Richards, "Neurobiological correlates of social conformity and independence during mental rotation", *Biological Psychiatry*, 5, agosto de 2005.
26. T. Blass, *Obedience to Authority: Current Perspectives on the Milgram Paradigm*, Lawrence Erlbaum Associates, 1999.
27. Philip Zimbardo, *The Lucifer Effect*, Rider, 2007.
28. Flaubert, op. cit.

CAPÍTULO 7

1. Gloria Mark et al., "Constant, constant, multi-tasking craziness: managing multiple working spheres", *Proceedings of CHI*, 2004.
2. J. Rubinstein et al., "Executive control of cognitive processes in task switching", *Journal of Experimental Psychology: Human Perception and Performance*, agosto de 2001.
3. Rene Marois et al., "Isolation of a central bottleneck of information processing with time-resolved FMRI", *Neuron*, dezembro de 2006.
4. Jonathan Sharples e Martin Westwell, "The impact of interruptions from communications technologies upon the ability of an individual to concentrate upon a task", *Institute for the Future of the Mind*, 2007.
5. A. Newberg et al., "The measurement of regional cerebral blood flow during de complex cognitive task of meditation: a preliminary SPECT study", *Psychiatry Research: Neuroimaging*, 106, 2001; e O. Flanagan, "The colour of happiness", *New Scientist*, 178, 2003.
6. Meister Eckhart, *Die Deutschen und Lateinischen Werke*, Verlag, 1936.
7. Spinoza, *Ethics* [Ética], Oxford University Press, 2000.
8. Albert Ellis, *The Myth of Self-Esteem*, Prometheus Books, 2005.
9. R. F. Baumeister et al., "Exploding the self-esteem myth", *Scientific American*, 292, janeiro de 2005.
10. Oliver James, *Affluenza*, Vemilion, 2007.
11. Carol. S. Dweck et al., "Praise for intelligence can undermine children's motivation and performance", *Journal of Personality and Social Psychology*, 75, 1998.
12. William Shakespeare, *Como gostais*, ato 5, cena 1.
13. D. Kahneman et al., *Well-Being: The Foundations of Hedonic Psychology*, Russell Sage, 1999.

14. Bly, op. cit.
15. "Out of the ether, creating the persona of celebrity", *New York Times*, transcrito no *Observer*, 4 de novembro de 2007.
16. Rilke (1929), op. cit.
17. T. S. Eliot, "Ash Wednesday", em *Collected Poems*, Faber, 1974.
18. Citado em Hannah Arendt, *The Life of the Mind*, Harvest, 1981.
19. Charles Wright, *Negative Blue: Selected Later Poems*, Farrar, Straus and Giroux, 2000.
20. Jules Laforgue, *Selected Writings of Jules Laforgue*, Greenwood, 1972.
21. Relatado em "A little less conversation", *Guardian*, 11 de outubro de 2008.
22. Juan Ramón Jiménez, *The Complete Perfectionist*, Doubleday, 1997.

## CAPÍTULO 8

1. "Hard to eat oranges are losing a-peel", *Metro*, 3 de junho de 2008.
2. "To think or not to think, ponder de pensive French", *New York Times*, transcrito no *Observer*, 29 de setembro de 2007.
3. Pierre Bayard, *How to Talk About Books You Haven't Read* [Como falar dos livros que não lemos], Granta, 2008.
4. Mascaro, op. cit.
5. Eclesiastes 7:6.
6. Wheen, op. cit.
7. Gray, op. cit.
8. Ibid.
9. Ibid.
10. Arendt (2001), op. cit.
11. Primo Levi, *The Drowned and The Saved* [Os afogados e os sobreviventes], Joseph, 1988.
12. Barry Schwatz, *The Paradox of Choice: Why More Is Less* [O paradoxo da escolha: por que mais é menos], HarperCollins, 2004.
13. Ben R. Newell, "Think, blink ou sleep on it? The impact of modes of thought on complex decision making", *Quarterly Journal of Experimental Psychology* [no prelo].
14. Chuang Tsu, *The Inner Chapters*, Counterpoint, 1998.
15. Arendt (2001), op. cit.
16. Ibid.

17. Atistóteles, *The Nicomachean Ethics* [Ética a Nicômano], Dent, 1949.
18. Anthony Storr, *Solitude*, Flamingo, 1989.
19. Jonah Lehrer, "The eureka hunt – why do good ideias come to us when they do?", *New Yorker*, 28 de julho de 2008.
20. Spinoza, *Ethics* [Ética], Heron, 1980.
21. Arendt (2001), op. cit.

CAPÍTULO 9

1. Kierkegaard (1951), op. cit.
2. Citado em Andrew Smith, *Moondust: In Search of The Men Who Fell to Earth*, Bllomsbury, 2005.
3. R. Kubey et al., "Television addiction is no mere metaphor", *Scientific American*, fevereiro de 2003.
4. Richard E. Nisbett, *The Geography of Thought: How Asians and Westerners Think Differently... and Why*, Free Pressm 2003.
5. Walter Benjamin, Hannah Arendt e Harry Sohn, *Illuminations*, Vintage, 1999.
6. Ibid.
7. Marcel Proust, *Remembrance of Things Past* [Em busca do tempo perdido], Chatto & Windus, 1981.
8. James Joice, *Ulysses* [Ulisses], The Bodley Head, 1960.
9. William Shakespeare, *Henrique IV*, parte II, ato 5, cena 5.
10. Citado em Caleb Crain, "Twilight of the books", *New Yorker*, 24 de dezembro de 2007.
11. Marcel Proust, *Against Sainte-Beuve e other essays*, Penguin, 1988.
12. Jonah Lehrer, *Proust Was a Neuroscientist* [Proust era um neurocientista], Houghton Mifflin, 2007.
13. Maryanne Wolf, *Proust and The Squid: The Story and Science of The Reading Brain*, Icon, 2008.
14. Carl Landhuis et al., "Does childhood viewing lead to attention problems in adolescence? Results from a longitudinal study", *Pediatrics*, 120, 3 de setembro de 2007.
15. Heather A. Lindstrom et al., "The relationships between television viewing in midlife and the development of Alzheimer's disease in a case-control study", *Brain and Cognition*, 58, 2 de julho de 2005.
16. Flaubert, op. cit.

# Notas

CAPÍTULO 10

1. Para mais detalhes, ver Barbara Ehrenreich, *Dancing in the Streets: A Histoy of Collective Joy*, Granta, 2007.
2. Citado por Peter Avery na introdução de *The Rubaiyat of Omar Khayyam*, Penguin, 1981.
3. Jelaluddin Rumi, The Essential Rumi, HarperCollins, 1995.
4. Spinoza (1966), op. cit.
5. Susan Greenfield, *ID: The Quest for Meaning in the 21$^{st}$ Century*, Hodder & Stoughton, 2008.
6. Jill Bolte Taylor, *My Stroke of Insight*, Hodder & Stoughton, 2008.
7. Ibid.
8. Por exemplo, A. Newberg et al., "The measurement of regional cerebral blood flow during the complex cognitive task of meditation: a preliminary SPECT study", *Psychiatry Research: Neuroimaging*, 106, 2001; e O. Flanagan, "The colour of happiness", *New Scientist*, 178, 2003.
9. Mihaly Csikszentmihalyi, Flow: *The Classic Work on How to Achieve Happiness*, Rider, 2002.
10. Daisetz Taitaro Suzuki & Erich Fromm, *Zen Buddhism and Psychoanalysis*, Souvenir Press, 1974.
11. Nietzsche (1885), op. cit.
12. Ibid.
13. Friedrich Nietzsche, *Daybreak: Thoughts on the Prejudices of Morality*, Cambridge University Press, 1992.
14. Nietzsche (1885), op. cit.
15. Friedrich Nietzsche, *Beyond Good and Evil* [Além do bem e do mal], Modern Library, 1968.
16. Citado em Suzuki & Fromm, op. cit.
17. Friedrich Nietzsche, *Ecce Homo*, Modern Library, 2000.
18. William Shakespeare, *Sonho de uma noite de verão*, ato 3, cena 2.
19. Ibid.

CAPÍTULO 11

1. Erich Fromm, *The Fear of Freedom* [O medo da liberdade], Routledge & Kegan Paul, 1960.

2. "As office attitudes shift, love blossoms in cubicles [Quando as atitudes mudam no escritório, o amor floresce nos cubículos], *New York Times*, transcrito no *Observer*, 25 de novembro de 2007.
3. Nicholson Baker, *The Mezzanine*, Granta, 1989.
4. Ibid.
5. Joshua Ferri, *Then We Came to the End*, Viking, 2007.
6. Ibid.
7. Adrian Gostick e Scott Christopher, *The Levity Effect: Why it Pays to Lighten up*, John Wiley, 2008.
8. Stephen C. Lundin et al., *Fish! A Remarkable Way to Boost Morale and Improve Results*, Hodder & Stoughton, 2001.
9. "On anger" [Sobre a raiva], em Sêneca, *Dialogues and Letters*, Penguin, 1997.
10. Frederick Herzberg, *The Motivation to Work*, John Wiley, 1959.
11. Edward L. Deci & Richard M. Ryan, *Intrinsic Motivation and Self-Determination in Human Behaviour*, Plenum Press, 1985.
12. Edward Deci et al., "A meta-analytic review of experiments examining the effects of extrinsic rewards on intrinsic motivation", *Psychological Bulletin*, 125, 1999.
13. Mateus 6:28-29.
14. Alexandre Soljentsin, *One Day in the Life of Ivan Denisovich* [Um dia na vida de Ivan Denissovitch], The Bodley Head, 1971.
15. Wim Meeus e Quinten A. W. Raaijmakers, "Obedience in modern society: the Utrecht studies", *Journal of Social Issues*, 51, 1995.
16. Erich Fromm (1960), op. cit.
17. Hannah Arendt, *On Revolution* [Da revolução], Faber & Faber, 1964.

CAPÍTULO 12
1. Jeffry Simpson et al., "The association between romantic love and marriage", *Personality and Social Psychology Bulletin*, 12, 1986.
2. Erich Fromm, *The Art of Loving* [A arte de amar], George Allen & Unwin, 1957.
3. Stendhal, *De l'amour* [Do amor], Garnier Frères, 1959.
4. Ibid.
5. Helen Fisher, *Why We Love: The Nature and Chemistry of Romantic Love*, Holt, 2004.
6. D. Marazziti et al., "Alteration of the platelet serotonin transporter in romantic love", *Psychological Medicine*, 29, 1999.
7. Giuseppe Tomasi di Lampedusa, *The Leopard* [O leopardo], Collins Harvill, 1960.

8. Em Leon Tolstói, *The Kreutzer Sonata and Other Stories*, Penguin, 2008.
9. Avner Offer, *The Challenge of Affluence: Self-Control and Well-Being in the United States and Britain since 1950*, Oxford University Press, 2006.
10. Rilke (2006), op. cit.
11. Fromm (1957), op. cit.
12. Citado em James Gleick, *Chaos: Making a New Science*, Penguin, 1989.
13. John Milton, *Paradise Lost* [Paraíso perdido], Wordsworth, 1994.
14. Rush W. Dozier, *Why We Hate: Understanding, Curbing and Eliminating Hate in Ourselves and Our World*, Contemporary Books, 2002.
15. Alex Comfort, *The Joy of Sex* [Os prazeres do sexo], Quartet Books, 1972.
16. Alex Comfort & Susan Quilliam, *The New Joy of Sex*, Mitchell Beazley, 2008.
17. B. Whipple et al., *The G Spot and Other Discoveries about Human Sexuality*, Holt, Rinehart & Winston, 1982.
18. Macdonald, op. cit.
19. David Levy, *Love and Sex with Robots: The Evolution of Human-Robot Relationships*, Duckworth, 2008.
20. D. Read et al., "Diversification bias: explaining the discrepancy in variety seeking between combined and separated choices", *Journal of Experimental Psychology*, 1, 1995.

CAPÍTULO 13

1. Rainer Maria Rilke, *Duino Elegies*, Carcanet Press, 1989.
2. Blanchflower & Oswald, op. cit.
3. "The body may age, but romance stays fresh", *New York Times*, transcrito no *Observer*, 25 de novembro de 2007.
4. Douwe Draaisma, *Why Life Speeds up as You Get Older: How Memory Shapes our Past*, Cambridge University Press, 2004.
5. "A rise in midlife suicides confounds researchers", *New York Times*, transcrito no *Observer*, 2 de março de 2008.
6. L. Carstensen & J. A. Michels, "At the intersection of emotion and cognition", *Psychological Science*, 14, 2005.
7. Howard S. Friedman, "Psychosocial and behavioural predictor of longevity", *American Psychologist*, fevereiro de 1995.
8. George E. Vaillant, *Aging Well: Surprising Guideposts to a Happier Life from the Landmark Harvard Study of Adult Development*, Little, Brown & Co., 2002.

9. H. van Praag et al., "Functional neurogenesis in the adult hippocampus", *Nature*, 415, 2002.
10. William Shakespeare, *Os dois nobres parentes*, ato 5, cena 4.
11. Rilke (2006), op. cit.
12. E. M. Cioran, *The Trouble with Being Born*, Quarter Books, 1993.
13. Sigmund Freud, *The Complete Psychological Works*, Hogarth Press, 1970.
14. Homero, *The Odissey* (Odisseia), William Heinemann, 1962.
15. Citado em Jaspers, op. cit.
16. Marco Aurélio, op. cit.
17. Citado em John Updike, *Due Considerations*, Hamish Hamilton, 2007.
18. Citado em John Richardson, *Late Picasso*, Tate Gallery, 1988.
19. Ibid.
20. Ibid.
21. Ibid.
22. Citado em Whitney Balliett, *Collected Works: A Journal of Jazz*, St. Martin's Press, 2000.
23. William Shakespeare, *Conto de inverno*, ato 5, cena 1.
24. Leon Tolstói, *The Death of Ivan Ilych and Other Stories*, Wordsworth, 2004.
25. William Yeats, *Collected Poems*, Macmillan, 1939.
26. Ibid.
27. Citado em J. LaFarge, *A Talk about Hokusai*, W. C. Martin, 1896.
28. Tu Fu e David Hinton, *The Selected Poems of Tu Fu*, Anvil Press, 1990.

CAPÍTULO 14
1. Sarah Hills, "It's time for snap, crackle and Spock", *Metro*, fevereiro de 2008.
2. Alex Godfrey, "Enterprise reprised", *Guardian*, 2 de maio de 2009.
3. Jacob Weisberg, *The Deluxe Election-Edition Bushisms*, Simon & Schuster, 2004.
4. Citado em Wheen, op. cit.
5. Citado em Smith, op. cit.
6. Ibid.
7. Ibid.
8. Ibid.

# Índice remissivo

aceleração do tempo, 183
Adão e Eva, 176
*Adbusters*, 29, 45
Aldrin, Buzz, 126, 202-3
alegria profissional, 43, 48, 155
Allen, Woody, 68
Alzheimer, mal de, 133, 190
amigos e amizade, 100, 131
amor, 11, 14, 39, 40, 49, 54, 97, 125, 130, 137, 166-81
amor-próprio, 97
Ann Summers, 179
anticonsumismo, 45
Aquiles, 190
Arendt, Hannah,
    sobre a bondade, 14
    sobre a falta de consideração, 163
    sobre a felicidade, 13
    sobre as revoluções, 164
    sobre o mal, 115
    sobre o pensamento, 116-20
    sobre o trabalho, 150
Aristóteles, 13, 52, 118, 200
Armstrong, John, 65
Armstrong, Neil, 126, 202-3
arte conceitual, 95
arte,
    como representação da vida, 83
    da bajulação, 156
    entusiasmo e, 144
    no cinema, 123
    questionamento da, 194
Asch, Solomon, 89
atenção, 30, 66-7, 90, 127-8, 175, 188
Attar, Farid Ud-Din, 71, 186
autoajuda, 12, 17, 51, 66, 97-8
autoconhecimento, 30
autoconsciência, 43, 98, 135, 170
autodeboche, 46
autoestima, 96, 98
autoridade franca, 18

BADvertising Institute, 29
Baggini, Julien, 39
Bailey, Nick, 40
bajulação, 157-8, 160, 164
Baker, Nicholson, 151-2, 161-2
Ball, Harvey R., 44

Bayard, Pierre, 108
BBC, 38, 105
Beck, Aaron, 61
Beckett, Samuel, 50, 198, 201
Beethoven, 193
Benjamin, Walter, 127-8
Berlusconi, Silvio, 108
Berns, Gregory, 89
Big Bopper, 182
Blake, William, 108
Block, Jerald, 78
Bly, Robert, 100
BMJ ver *British Medical Journal*
Bogart, Humphrey, 91
bom humor profissional, 155-7
Brampton, Sally, 17
Brevda, Velvel, 200
British Broadcasting Corporation *ver* BBC
*British Medical Journal* (BMJ), 85-6
Buda/budismo, 12, 29-34, 46, 52-3, 57, 61-2, 65-8, 70, 96, 127-8, 140, 162, 175
Burberry, 60
Burroughs, William, 143
busca, 64-72

calvinismo, 136
Campbell, Joseph, 69-70
Camus, Albert, 50, 198
Cash, Johnny, 142
Cavafy, C. P., 72
Cawley, James, 199
celebridade, 37, 54, 84, 87, 92, 100, 114, 124-5, 129, 136, 140, 182
Cézanne, Paul, 95

Christopher, Scott, 156
Chuang Tzu, 117
Cícero, 103, 190
Cioran, E. M., 189
Clancy, Susan, 55-6
comocionismo, 99
compras, 26, 27, 29, 40-2, 45, 78, 86, 93, 95, 112, 150, 179, 185, 190
computadores, 79, 96, 123, 153, 154, 202
conformidade, 60, 88-9, 128
    consciência de, 150
Confúcio, 65, 68, 98
consciência de si *ver* autoconsciência
Conselho de Geula, 200
Contrarreforma, 136
crise da meia-idade, 185-7
Cristo/cristianismo, 18, 29-32, 47-8, 52, 65, 70, 96, 141, 158, 162
cruzeiros de luxo, 41-2
Csikszentmihalyi, Mihaly, 140-1
*culture jamming*, 29, 45

Damasio, Antonio, 63, 81
Dante, 170
de Beauvoir, Simone, 66
de Botton, Alain, 41
Deci, Edward L., 160
DeLillo, Don, 88
depressão, 13, 14, 17, 20, 61-2, 72, 78, 79, 89, 98, 113, 118, 155, 165, 185-7, 203-4
desapego/isolamento/afastamento, 30, 53, 69, 71, 72, 92-106, 139, 143, 153, 173, 187
desígnio divino, 82
Dhammapada, 30, 32

## Índice remissivo

Diana, princesa de Gales, 85, 114
Dioniso, 142
dissonância cognitiva, 55
diversidade, 87-8
divertimento passivo, 141; *ver também* televisão
Dunning, David, 52
Duvalier, Jean-Claude ("Baby Doc"), 56
Dweck, Carol, 98

Easterlin, Richard, 53
Eckhart, Meister, 96
Eclesiastes, 68, 108
ecoturismo, 103
ego, 30, 34-8
Eichmann, Adolf, 115, 163
Eliot, T. S., 102
Ellington, Duke, 83
Ellis, Albert, 61-2, 87, 97
energia escura, 201
Epíteto, 46-7, 62
Epley, Nicholas, 52
escolha, 116
escribas, 47
*estoicos*, 40, 44, 46-50, 62, 82, 88, 116, 139, 158, 172
*éthos* de grupo, 49
existencialismo, 48-50, 63, 66, 88, 91, 116-7, 212

fariseus, 47-9, 71, 153
felicidade, 11-9, 33-4, 44, 50-3, 58-60, 62, 89, 101, 103, 115, 137, 170, 172, 174-5
Ferrari, Joseph, 77
Ferris, Joshua, 153-7

Festinger, Leon, 54
ficção científica, 114, 194
Fisher, Helen, 171
Flaubert, Gustave,
 sobre a felicidade, 14-5
 sobre a leitura, 133
 sobre o absurdo, 91
Freud, Sigmund, 16, 19, 30, 32, 34-6, 48, 57, 61-2, 64-5, 82, 189
Friedman, Howard, 187
Friedman, Steven, 200
*Friends*, 100
Fromm, Erich, 66
 *A arte de amar*, 168
 autoridade anônima, 17-18
 caráter autoritário, 48
 sobre o amor, 168, 175
 sobre o poder, 163
 sobre o trabalho, 150, 175

gênero,
 como base para escolha, 124
 diferença, 64-5
 felicidade e, 52
 igualdade, 87
 sexo e, 179
 sociedades tradicionais e, 124
 transexuais e, 11, 179
Gilgamesh, 69
GlaxoSmithKline, 78
Gorbatchev, Mikhail, 109
Gostick, Adrian, 156
Grafenberg, Ernst, 178
*Grande Gatsby, O*, 102
Grant, Cary, 142
gratidão, 110, 114, 122, 135, 156, 187-8

Gray, John, 79-81, 110

hábito, 53, 84, 145, 162, 164, 174, 189
Hadid, Zaha, 102
Haidt, Jonathan, 52, 61
Hart, Gary, 85-6
hedonismo, 115, 172
Heilman, Kenneth, 35
Heisenberg, Werner, 176, 198
Hepburn, Katharine, 91
Herzberg, Frederick, 159-60, 162
Hines, Earl, 193
Hokusai, Katsushika, 195
Homero, 129, 190

*id*, 19, 25-35
inteligência artificial, 180
internet,
    autopromoção através da, 38
    avatares na, 124
    salas de bate-papo, 85, 124
    vício da, 78
    *ver também* computadores, jogos de computador, tecnologia móvel

Jackson, Mary, 35
James, Oliver, 62, 98
Jaspers, Karl, 65-6, 68
Jiménez, Juan Ramón, 105-6
jogos de computador,
    crescimento dos, 123
    fantasia e, 123-5
    internet e, 123, 124
    títulos, 124
    *ver também* computadores, internet, tecnologia móvel

*Jornada nas estrelas*, 199
Jovem Werther, 170
Joyce, James, 71, 128-31, 137, 139

Kafka, Franz, 29, 57, 71, 198, 201
Kant, Immanuel, 15
Kierkegaard, Soren, 48, 49, 65, 124
*koan*, 143

Laforgue, Jules, 103
Lampedusa, Giuseppe Tomasi di, 172
Lao-tsé, 68
LeDoux, Joseph, 35, 81
leitura, 128-3
    em grupo, 104
    em silêncio, 104
leveza, 156
Levi, Primo, 116
liberdade, 12, 14, 42, 44, 49, 116-7, 124, 127, 168, 193
    abdicação da, 150
    essência da, 49
Libet, Benjamin, 80, 81
linguagem, 142, 156-7, 162, 193
    amor e, 168
    bibliotecas e, 104
    de sinais, 141
    hemisfério cerebral esquerdo e, 119
    mal uso da, 200
    palavras banidas da, 85
    pensamento e, 115
livre-arbítrio, 79-83
London Review, 106
Lykken, David, 58

## Índice remissivo

*Magic Christian, The*, 144
*Mágico de Oz, O*, 69
Mahon, Derek, 12
Mangan, Terence, 203
maniqueísmo, 15, 80, 115, 137
*Manual diagnóstico e estatístico de transtornos mentais* (DSM), 77-8, 96
Mara, 29
Marco Aurélio, 46-7, 165
   sobre a felicidade, 13
   sobre a morte, 191
   sobre o *id*, 29
Marx, Karl, 16, 36, 64
matéria escura, 201
meditação transcendental, 139
meditação, 103, 118, 120, 129, 131, 139, 153, 193
Menand, Louis, 56
metafísica, 31, 183
Milgram, Stanley, 90
Mill, John Stuart, 14
Milton, John, 176
Mischel, Walter, 53
misoginia, 66
Modern Toss, 29
Monet, Claude, 192, 195
monotonia hedonista, 53
Montaigne, Michel de, 190
mortalidade, 67, 68, 189-90; *ver também* imortalidade
Morte em Veneza, efeito, 184
Mother, 95
Movimentos pela libertação, 38
Museu de Brinquedos Sexuais, 178

Natal, 18

nazismo, 44, 47, 90, 115, 143
Nettle, Daniel, 62
neurociência, 18, 28, 30, 64
   amígdala e, 35, 81, 187
   amor e, 171
   conformidade e, 91-2
   córtex pré-frontal e, 35, 81, 94-5, 119, 139, 187
   determinismo e, 79-80, 82, 84, 90
   drogas e, 137-8
   emoção e, 32, 81
   envelhecimento e, 187-8
   euforia e, 139
   hemisférios direito e esquerdo do cérebro, 119, 133, 138-9
   intencionalidade e, 83
   leitura e, 133
   lobotomia e, 35
   luta e, 63
   meditação e, 139
   multitarefas e, 95-6
   neurogênese e, 187
   *neuromarketing* e, 28
   plasticidade do cérebro e, 84
   Spinoza e, 62-3
   tomada de decisão e, 80-2
*New York Times*, 151
Nietzsche, Friedrich, 15, 55, 65-6, 141-4
   dança e, 142
   entusiasmo e, 142-3
   misoginia e, 66
   moralidade e, 109, 143
   movimento de liberação dos anos 1970, 141
   sobre o eterno retorno, 38
   sobre o *self*, 29, 34

transcendência e, 142
Noon, Z-Un, 78
Nozick, Robert, 63

obsessão pelos intestinos, 183-4
Organização Mundial da Saúde, 98, 187

paganismo, 96, 136
paixão, 128, 168-73
pandoxia, 65
panteísmo, 136-7
Panter, Kristeen, 85
paraíso, 104, 122, 136-7, 191
Pasolini, Pier Paolo, 141
paternalismo benigno, 150
Paxil, 78
Paz, Octavio, 192
pecado original, 31-2, 80, 115
pensamento dirigido, 116-7
Peterson, Christopher, 66-7
Pfizer, 78
Picasso, Pablo, 191-2, 194
Pinker, Steven, 83
Platão, 29, 126, 190, 200
politicamente correto, 43, 48
pornografia, 124, 178-9, 200
pouso na Lua, 126, 201-3
*Prazeres* do sexo, *Os*, 177
prerrogativas de direito, 36-50, 57, 79, 84, 86-8, 108, 135, 138, 159, 168
Presley, Elvis, 142, 190 *cover* de, 199
Prior, Bob, 199
propaganda, 17, 28, 127
   *Adbusters* e, 29
   agências, 95, 153, 156
   como entretenimento, 28, 43

direta, 28
*Then We Came to the End* e, 153
Proust, Marcel, 60, 71, 106, 128-33, 139, 212
psicanálise, 34
psicologia,
   diferenciais, 56, 60, 159, 202
   emoções negativas, 60
   escolha, estudo da, 116
   evolucionária, 64, 79, 83
   expectativa, 128-9, 128
   falsa lembrança, 55
   felicidade, 52
   fluxo da experiência, 140-1
   grupos, 87-9
   hábito, 53, 162, 165, 180
   motivação, 159-60
   multitarefas, 93
   passagem de tempo, 183
   virtude, 66-7

*quark*, 201
   *superquark*, 201
queixas contemporâneas, 39
Quigley, Joan, 109

rádio,
   como ruído ambiente, 92, 105
   déficit de atenção associado a, 105
   desapego da vida e, 96
   em espaços públicos, 92, 104
Reagan, Ronald, 108, 109
redes sociais,
   bibliotecas e, 104
   *websites*, 100

# Índice remissivo

responsabilidade pessoal, 32, 48, 57, 68, 78-81, 88, 90, 168
Ridley, Matt, 82
Rilke, Rainer Maria,
   Buda e, 162
   panteísmo e, 137
   sobre a beleza, 184
   sobre a dificuldade, 68, 162
   sobre a solidão, 102
   sobre o envelhecimento, 184, 189
   sobre relacionamentos, 175
Rose, Steven, 58, 83
ruído, 58, 100, 106
   artificial, 105
   submarino, 104
   transtorno de déficit de atenção e, 105
*Ruído branco*, 88
Rumi, Jelaluddin, 136

Sade, marquês de, 143
Sartre, Jean-Paul, 43, 109, 116-7
   absurdo, 50
   autenticidade, 49
   autoconsciência definida por, 46, 56, 88
   existencialismo, 48-5, 65-6
   misoginia de, 65-6
   responsabilidade, 79, 82
   sobre a escolha, 48, 79, 82, 116
   sobre a liberdade, 49
   sobre a má-fé, 49
   sobre a mortalidade, 68
   sobre o desapego, 96
Satã, 17, 29, 108, 142
Schopenhauer, Arthur, 29, 53 142, 142
   Buda e, 63
   misoginia de, 66, 106
   sobre a antecipação, 39
   sobre a felicidade, 62-3
   sobre a positividade da dor, 60
   sobre a posse, 53-4
   sobre a vontade de viver, 33, 122
   sobre o caráter, 57
   Spinoza e, 62-3
Schwartz, Barry, 116
Seligman, Martin, 66-7
Semana sem Tevê, 29
Sêneca, 46, 158
Serpico, Frank, 18
sexo, 128, 140
   anal, 177, 179
   *bondage*, 92, 177-9
   brinquedos, 177, 179
   casual, 128
   dinheiro e, 38, 44
   e relacionamentos, 107
   envelhecimento e, 184-92
   fantasia, 123-6, 178
   grupal, 11
   manuais de, 180
   museu do, 177
   necessidade, 33
   paixão e, 168, 171
   parques temáticos, 177
   Picasso e, 194
   ponto G, 178
   pornografia e, 124, 178-9, 200
   *Prazeres do sexo, Os* 177
   reconciliação, 180
   robôs, 180
   satisfação no, 178, 180

sequestro e, 179
*sex shops*, 178
tântrico, 135
transexuais e, 11, 179
turismo sexual, 103
virtual, 124, 180
zen, 212
sexual,
   atração, 12, 33, 39, 168
   aventura, 45
   como tirania, 177
   desempenho, 39, 52
   disfunção, 56
   identidade, 178
   liberação, 38, 100
   orientação, 18, 38, 64, 79, 84, 87, 126, 178, 200
   relacionamentos, 176-9
   repressão, 33
   satisfação, 180
Shakespeare, William, 54, 61, 84, 99, 131, 188, 193
Shaw, Bob, 114
Sherif, Muzafer, 88
silêncio, 100, 103-6, 117
Sócrates, 12, 15, 65-6, 68, 72, 200
solidão, 100, 102, 117, 133, 151
Soljenitsin, Alexandre, 177
Southern, Terry, 144
Spinoza, Baruch, 68
  Buda e, 32-3, 53, 57, 62, 65, 82, 162
  excomunhão de, 33
  Freud e, 57, 62, 82
  Herzberg e, 162
  morte de, 33
  neurociência e, 68

panteísmo e, 136
Schopenhauer e, 63
sobre a mente, 120
sobre o esforço, 32, 162
sobre amor-próprio, 97
Springsteen, Bruce, 134
Stendhal, 170-1
Storr, Anthony, 118-9
sufismo, 29, 71, 136
superego, 36
Suzuki, D. T., 140

Tate Britain, 199
Taylor, Jill Bolte, 138-9
tecnologia móvel, 126
   autopromoção através da, 37, 134
   avatares e, 124
   bibliotecas e, 108
   *e-mail* e, 100
   iPod, 26
   mensagens de texto e, 92, 100
   pouso na Lua e, 201
   propaganda e, 19
   redes sociais e, 100;
   salas de bate-papo e, 85, 100
   Skype, 100
   vício da, 78
   *ver também* computadores, jogos de computador, internet
televisão, 19, 53, 81, 108, 117, 184
   a arte imita a vida na, 46
   anúncios como diversão 28, 46
   assistir menos, 28
   celebridade, 38
   como ruído ambiente, 105, 127
   Csikszentmihalyi e, 141

em espaços públicos, 104
horário nobre, 17
internet e, 38, 93, 105
isolamento da vida e, 92, 96
*merchandising* na, 28
queixas contemporâneas e, 39
*reality shows*, 38, 102
sexo e, 177
*sitcoms*, 46
*talk shows*, 18, 126
tirania da, 126
transtorno de déficit de atenção associado à, 84, 127, 152
YouTube e, 40
Tellegen, Auke, 58
teorias conspiratórias, 85, 103, 114
Tequila, Tila, 100
terapia cognitiva, 61-2
terapia cognitivo-comportamental, 62-3, 186
terapia racional emotiva comportamental, 61-2
Teresa, madre, 27
Terra da Terra Santa, 200
Thomas, Dylan, 191
*Times, The* 64
Tolstói, Leon,
    *A morte de Ivan Ilitch*, 194
    *Felicidade conjugal*, 172
    *Guerra e paz*, 56
    sobre a felicidade, 172-3
    sobre o amor, 19
    sobre o trabalho e o amor, 19
tomada de decisão, 80-3, 115-7

transcendência, 40, 49, 66-7, 134-45
transtorno de ansiedade social, 78
transtorno de despersonalização, 96
transtorno de personalidade antissocial (TPA), 77
transtorno de pressão do tempo, 77-8
transtorno do vício do transtorno (TVT), 78
Tu Fu, 195
turismo, 107

Ulisses, 71, 129, 165, 190
União dos Contadores de História da Pérsia, 203
Universidade de Saúde e Ciência do Oregon, 78

verdade absoluta, 117
viagem, 40-1, 45-6, 93, 103, 150

Wallace, David Foster, 42
Wheen, Francis, 109
Wickmaratne, Renuka, 109
Wii, 40
Wolf, Maryanne, 133
Wordsworth, William, 137
Wright, Charles, 103

Yeats, William Butler, 194
YouTube, 40

zen-budismo 140, 143, 181
Zimbardo, Philip, 90
Zoloft, 78

Para conhecer outros títulos da Editora Alaúde, acesse o site **www.alaude.com.br**, cadastre-se e receba nosso boletim eletrônico com novidades